KB239399

아시아 민주주의

민주주의의 지구화와

아시아 민주주의

이정옥 · 권대근 지음

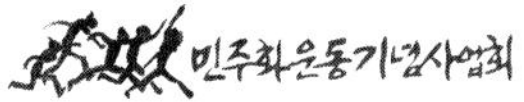

■ 차 례

■ 서 문

Ⅳ. 부록

2008년 11월 1일부터 7일까지 미국 대통령 선거 현장에 있었다. 콜로라도 주의 덴버 시에서 오며가며 만나는 사람들은 덴버시민이 아니라 스웨덴 스위스 독일 스코틀랜드 버뮤다 니카라과 네팔 태국 등 세계 각국에서 온 자원봉사자들이었다. 워싱턴에서 만난 일본의 여성 참의원은 일본에서 국회가 열리는 회기 중인데도 보좌관을 이끌고 자신이 지지하는 후보를 위해 버지니아에서 가가호호 후보자의 유권자 등록을 돕는 자원봉사 활동을 했다고 한다. 어느 날 자신의 지역구인 일본 나고야에서 텔레비전으로 미국 대선후보의 연설을 듣고 그를 돕는 것이 일본의 민주주의를 진전시킬 뿐 아니라 자신이 정치인으로 활동해야 하는 동기를 부여해준다는 확신이 든 순간 휴스턴으로, 신시내티로, 버지니아로 긴 참여의 장정을 이어나갔다고 한다. 2008년 미국대통령 선거는 미국인들만의 선거가 아니라 지구시민들의 선거라는 것이 곳곳에서 확인되었다.

미국에서만이 아니다. 2008년 민주주의에 관심을 가진 전 세계인의 이목을 집중시켰던 또 하나의 선거가 네팔 총선이었다. 수백 년간 이어온 왕정이 공화정으로 바뀌고 오랫동안 무장투쟁을 했던 집단이 시민사회와 국제사회의 중재로 마침내 총선에 참여하여 공화정의 기초를 마련하기 위한 제헌의회를 구성하게 되었다. 이런 변화를 이루어 낸 것은 일차적으로는 네팔 국민자신의 의지였지만 네팔의 평화와 민주주의를 염원하는 국제사회의 격려와 지원도 한몫을 하였다. 네팔 선거에도 평화와 민주주의에 관심을 가지는 전 세계적 차원의 선거 자원봉사 활동이 이어졌다.

그런가하면 지난 6월에 아일랜드에서 치러진 개정 유럽연합 헌법 비준안에 대한 국민투표는 아일랜드 국민들의 투표였지만 유럽 전체의 투표나 마찬가지였다. 아일랜드의 투표결과를 유럽연합 각 국은 물론 유럽연합에 아직 가입하지도 않은 스위스에서도 언론인은 물론 일반 시민들까지 화제로 삼고 끝없는 토론을 이어갔다. 유럽전역 뿐 아니라 전 세계인의 관심 사안으로 2008년 내내 지속적으로 논의되고 또 논의되었다. 유럽연합은 다른 지역보다 앞서 경제통합에 이어 정치통합의 구도를 마련하고 유럽연합 의회구성, 유럽연합 헌법채택이라는 초국적 정치체제 구성의 실험을 앞서서 하고 있기 때문에 아일랜드 국민들의 결정은 유럽연합 전체 결정이나 다름없는 효과를 발휘하기 때문이다. 국민국가 단위에서 치러지는 특정국가의 선거가 이제는 국경을 넘어 지구시민들의 공통의 관심으로 부상하게 된 것이다.

특히 미국발 금융위기의 여파가 쓰나미처럼 전 세계를 강타하면서 특정국가에서의 정책 결정은 해당국가의 국민만의 관심사에 머물지 않는다는 것이 분명하게 입증되고 있다. 전 세계가 시장을 통해 연결되어 있다면 정치적으로도 상호 연결되어 있는 것이다. 특정국가에서 일어나는 전쟁, 특수한 정책결정은 전 세계적인 반향을 일으킬 수밖에 없다는 사실을 점점 더 많은 사람들이 깨달아가면서 민주주의의 지구화가 빠른 속도로 진전되고 있다. 10년 전과는 비교가 되지 않을 정도로 점점 더 많은 사람들이 다른 나라의 정치문제에 더 많은 관심을 기울이게 되었고 이름이 비슷한 정당들이 더 많이 생겨나고 있으며 특정국가에서 이룩한 개혁입법은 다른 나라에도 쉽게 모방이 이루어지고 있다.

민주주의의 지구화는 자연스러운 흐름이면서 동시에 인위적인 개입의 결과이기도 하다. 경제발전을 지원하기 위한 개발원조와 같은 방식으로 특히 시장경제로 처음 문을 연 구 동구권 국가들의 복수정당제 구성, 선거제도 도입과 시행을 지원하는 프로그램이 1990년대에 걸쳐 집중적으로 등장하게 되면서 민주주의 지원 또는 민주주의 증진 교류 프로그램이 확산되기에 이르렀다. 정당 차원의 교류, 언론 사법부 의회 시민단체간의 교류협력을 비롯하여 여러 다양한 교류협력이 이루어지고 있다. 지역차원의 공통의 기준을 설정하고 해당기준을 충족하도록 지원하는 유럽연합 내의 동서 협력의 방식은 유럽 이외의 지역에서의 민주주의 교류협력의 참고 자료가 되었다. 그 결과 민주화의 정도를 측정하려는 시도가 활발하게 일어났으며 민주화의 기준에 대한 글로벌 스탠더드를 마련하려는 노력도 이루어지게 되었다. 이러한 기준은 자연 비민주국가 또는 실패한 국가에 대한 개입을 정당화하는데 활용되었다.

민주주의의 이름으로 이루어지는 국제사회의 개입은 초기 동구권에 대한 지원에서는 별다른 저항을 받지 않았지만 코소보 사태부터 인도주의직 개입의 정당성에 관한 문제, 주권과 인권의 충돌문제에 대한 다양한 담론을 불러 일으켰고 이라크 전쟁을 거치면서 내정 간섭, 시장 개척을 위한 명분, 경제개발을 위한 도구적 차원 등으로 여러 가지로 비판을 받아왔다. 특히 식민지 지배 피지배의 경험, 냉전시대의 치열한 이념경쟁의 대상이 되었던 비서구 국가들은 서구중심의 민주주의 지원 프로젝트에 대한 신뢰를 보내지 않았기 때문에, 1990년대 후반에 가속화된 민주주의 국제협력 프로그램은 투입된 노력에 비해 생각만큼 원활하게 진전되지 않고 있다.

그렇지만 민주주의는 미완의 제도로 끊임없이 관심과 돌봄을 필요로 하고 지원을 필요로 하는 것이 현실이다. 민주주의는 자연적으로 주어진 것이 아니라 가꾸고 만들어야만 하는 근대의 프로젝트의 일환이기 때문이다. 그것은 인위적으로 교육되어야 하고 일정한 긴장을 필요로 한다. 그런 의미에서 민주주의 국제협력은 "타인의 얼굴을 통해 나를 확인하는 작업", "타인의 과오를 통해 나를 다잡는" 것, 다시 말해서 자국의 민주주의 발전의 자양분, 효과적인 민주시민교육 현장인 셈이다. 민주주의가 퇴행하는 곳, 권위주의 정부에서 이루어지고 있는 인권침해의 사례들이 바로 민주주의의 소중함을 다시 일깨우는 산 교재이기 때문이다. 그런 의미에서 민주주의 국제협력은 일방적인 지원이 아니라 상호 격려발전 효과를 만들어낼 때 그 목적을 다 한다고 할 수 있다. 민주주의 지원국을 자처하는 미국이 교류협력의 혜택의 직접적인 수혜자였다는 것이 미국 대통령선거를 통해 구체적으로 확인되었다. 민주주의 발전 역사가 긴 나라나 신생민주국가나 모두 국제 교류협력을 통해 민주화가 더 진전될 여지가 있다는 것을 확인해 준 셈이다.

시장의 세계화와 민주주의의 지구화

한때는 세계화라는 말이 유행하더니 요즘은 지구화라는 단어가 더 자주 눈에 띠는 것 같다. 세계화로 번역하건 지구화로 번역하건 영어식 표현은 글로벌리제이션 그대로이다. 세계화라는 말에는 우리를 중심에 두고 전 세계를 상대로 시장을 개척한다는 뉘앙스가 풍기는데 반해 지구화는 지구의 둥근 개념이 먼저 다가오기 때문에 중심이 따로 없이 전 지구적 공통의 과제, 공동운명체라는 느낌을 풍긴다. 같은 원어를 두고 번역어를 어떻게 선택하는가에 따라 이렇게 의미가 달라지는 것은 글로벌리제이션 현상 자체가 다차원적이기 때문이다. 더구나 같은 현상에 대해 해석하는 방식도 다를 수 있게 마련이다.

2000년 11월 경 스페인의 코르도바에서 '제3의 길을 넘어서'라는 국제회의에 참가한 적이 있다. 당시 선거를 통해 승리를 거두었던 브라질민중당(PT)과 콜롬비아 멕시코 스코틀랜드 네덜란드 등 주로 유럽과 중남미의 정당인 시민단체 활동가 학자들이 함께 모여 세계화 시대의 새로운 의제에 대해 열띤 논의를 펼쳤다. 참가자들 중에는 시장의 세계화를 장려하는 다보스포럼에 대응하여 시장의 세계화에 따르는 사회문제를 집중적으로 조명하는 세계사회포럼의 기획자도 있었고, 콜롬비아 반군과의 평화협정을 체결하는 임무를 띠고 있는 콜롬비아 시민단체 관계자도 있었고, 자유무역이후 실업문제를 걱정하는 멕시코의 사회학자도 있었다. 물론 중남미 참가자들을 제외하고는 유럽에서 온 학자들이 대부분이었다.

회의가 열린 스페인의 작은 소도시 코르도바에는 절반은 고딕식 성당, 나머지 절반은 이슬람 사원 형식으로 된 성당이 있었다. 이슬람 사원은 천정이 낮고 공간이 기둥으로 분할된 데 비해 고딕식 성당은 공간이 트여있고 지붕이 높았던 것으로 기억한다. 코르도바라는 도시에서 조우한 이슬람 문명권과 기독교 문명권의 상징이었다. 그것은 지구화, 세계화의 상징물이다. 국경을 넘는 것은 문물을 교류히는 것, 때로는 공평한 교환을 위한 것도 있지만 원거리 무역에는 흔히 폭리와 약탈 침략도 동반되는 것이 보통이었다. 코르도바의 특별한 성당은 이슬람 사원양식과 고딕식 성당 건물이 반쪽씩 공존하는 형식으로 남아있지만 이면에는 치열한 전투와 권력 다툼이 있었음을 쉽사리 짐작할 수 있다. 마찬가지로 코르도바 시 한복판에 있는 콜럼버스의 동상, 세빌 성당에 안치된 콜럼버스의 시신은 스페인 사람들에게는 자랑이었지만 멕시코 콜롬비아 브라질에서 온 참가자들은 너나없이 특별한 표정을 지었던 것으로 기억한다.

국경을 넘는 일은 근대로 오면서 더욱 빈번해졌다. 교통의 발달,

통신 수단의 비약적인 발달은 점점 지구화를 촉진하고 있는 것이다. 테크놀로지의 발달을 통해 시장의 통합은 가속적으로 이루어지고 있지만 민주주의의 지구화라는 개념은 여전히 낯설다.

민주주의의 지구화를 이야기하기 시작하는 것은 불균형적인 시장만의 세계화를 규제할 수 있는 새로운 통치 방식을 요구하기 때문이다. 새로운 규율과 통치의 방식이 만들어지기 위해서는 서로 합의할 수 있는 공통의 정신적 가치가 필요하다. 인간의 삶은 물질적인 차원으로만 분리할 수 있는 것이 아니기 때문이다. 물질적 삶과 정신적 삶은 한데 통합되어 있다.

정신적 통합의 글로벌 스탠더드는 인권과 민주주의라는 키워드로 모아지고 있다. 자유무역이 보호무역의 논리, 공정무역의 논리와 충돌하는 것처럼 인권과 민주주의의 글로벌 스탠더드는 각 국민국가의 주권, 문화적 전통이라는 개념과 충돌을 일으키면서 가는 길이 더디다. 인권개념은 프랑스 인권선언, 유엔인권선언을 통해 반복적으로 강조되고 인권의 글로벌 스탠더드가 유엔을 통해 느리지만 제도화의 길로 걸어가고 있는데 비해 민주주의는 여전히 국민국가 차원의 문제로 인식되고 있다. 그렇지만 시장이 국민국가 단위로 작동하면서 전 세계적 차원과 연결되어 있는 것과 마찬가지로 민주주의도 전 세계적 차원과 연결되어 있다.

우리 사회에서 시장의 세계화를 강조하는 목소리는 크다. 시장의 세계화에 뒤지면 경쟁에 낙오하는 것으로 이해하고 있고 교육조차도 시장의 세계화를 위한 경쟁력 제고에 초점이 맞추어져 있다. 반면 전 지구적 차원에서의 인권과 민주주의에 대한 관심은 이차적이거나 아예 논외로 여겨진다. 그렇지만 시장은 추상적인 숫자가 아니다. 바로 사람들인 것이며 그런 의미에서 시장과 정치영역은 분리된 것이 아니다. 한 인간이 유권자인 동시에 소비자인 것이다. 시장이 정치와 바로 연결되어 있다는 사실을 외면하게 되면 그토록

개척하고자 하는 시장도 사실은 개척되지 않는다는 것을 해외 시장
개척 경험이 많은 선진국들이 보여주고 있다. 시장개척에 앞장선
나라들이 민주주의 지원에 더 적극적인 것은 다 그만한 이유가
있는 것이다.

시장의 세계화만 일방적으로 강조하는 것만으로도 모자랐는지
시장의 세계화를 강조하는 입장과 민주주의의 지구화를 강조하는
사람들 사이에 갈등과 대립이 빚어지는 정도에 이르고 있다. 게다
가 이미 글로벌 스탠더드가 되면서 지구촌 사회를 지배하고 있는
민주주의를 그 자체의 목적으로 보기 보다는 경제발전의 수단쯤으
로 보는 인식을 부끄럽지 않게 내보이고 있는 경향마저 나타나고
있다.

시장의 세계화에 눈을 감으면 시장경제 속에서 낙오한다는 것은
상식으로 통용되고 있다. 그런데 같은 논리가 민주주의와 관련되어
서 적용되지 않고 있다. 민주주의의 지구화를 인식하지 못하고 국
민국가의 틀 안에 갇히게 되면 지구촌 사회의 낙오자가 된다는
사실을 깨닫고 있는 사람은 의외로 드물다. 지구촌 사회에 눈과
귀를 열어두지 않고 국민국가 안에서의 민주주주의만을 고집하게
되면, 설사 형식적으로 민주주의 제도를 갖추었다고 해도 보편적
가치를 내면화하고 비전을 공유하지 않게 되기 때문에 민주화가
뿌리를 내리지 못하고 내용이 공허해지는 것은 자명한 일이다.

민주주의의 지구화와 국민국가의 주권, 문화적 전통

민주주의의 지구화는 주권이나 토착문화 전통과 충돌을 일으킨
다. 개인의 천부인권을 기초로 하고 있는 민주주의는 공동체 우선
주의, 혈연·지연을 토대로 한 민족주의, 아시아적 가치와 대립하
는 것으로 인식되었다. 더구나 식민지체험을 통해 근대국가를 형성

해간 대다수의 비서구권 국가에서는 민주주의가 '서구적'인 것으로 거부의 대상이 되면서 봉건주의나 연고주의의 틀을 유지시키는 것을 정당화하고 있다.

민주주의의 지구화, 민주주의의 글로벌 스탠더드에 대한 합의는 인권영역에서 보다 훨씬 어렵다. 인권의 보편성은 프랑스 인권선언, 유엔의 인권선언 등을 통하여 끊임없이 재확인되고 있다. 더 나아가 최근 등장하고 있는 문화적 권리 등과 같이 '권리'에 포함되는 영역을 확대해가고 있을 뿐 아니라 각각의 협약 비준국의 수를 늘려가는 한편 협약비준 당사국들의 실행의무를 강화함으로써 글로벌 인권레짐을 제도화하고 있다. 인권의 개념이 각종 협약으로 제도화된데 비해 민주주의의 기준은 복수정당제, 자유롭고 공정한 선거, 법치, 집회 및 결사의 자유, 표현의 자유 등 여러 가지 기준이 등장하고 있지만 아직 보편적으로 합의되고 있는 틀이 마련되지 않고 있기 때문이다.

중국과 베트남은 자유무역을 통한 시장의 세계화는 받아들이면서도 복수정당제를 민주주의의 기준으로 받아들이지 않고 있다. 법제정 과정의 투명성이 확보되지 않고 정부의 정책 집행의 정당성을 요구하는 시위가 일상화되고 있는 나라에서는 법치의 개념에 대한 맥락적 해석을 주장하고 있다. 민주주의 역사가 오랜 국가도 이주민과 외국인에 대한 시민권 부여에 인색할 뿐 아니라 다수결주의에 따른 소수자의 정치적 의사를 체계적으로 수렴하지 못하고 있다. 자유롭고 공정한 선거를 민주주의의 근간으로 강조하고 있지만 낮은 투표율 문제, 선거과정에서의 금권의 개입 문제 때문에 선거를 통해 구성되는 정치적 대표성에 끊임없는 문제제기가 이어지고 있다. 사회가 다양해지고 따라서 정치적 욕구 역시 그에 비례하여 다양화해지는데 정당이 민의를 수렴하고 대변할 수 있는 효율적인 창구인가에 대한 의문과 도전이 민주주의 역사가 오래된 국가들에서나 신생 민주국가들에서나 제기되고 있다. 그 외에도 대의제 기능의 정합성의 문제, 선출직에 비해 상대적으로 기술 관료의 영향력이 증대하는 문제 등은 어떤 나라에서나 다 등장하고 있는 새로운 도전들이다.

아무리 역사가 오래된 민주주의라고해도 소수자의 문제, 이익집단과 공공성 사이의 긴장의 문제, 민의의 동원과 조작의 문제라는 난제를 아직 속 시원하게 해결하지 못하고 있다. 특정국가가 민주주의 국가인가 비민주주의국가인가를 측정하는 기준에 대해서는 논의가 분분한 것은 사실이지만 민주적 통치를 지향한다는 점에서는 공통적이다. 또한 비서구 국가에서 민주화의 과정은 도미노 효과를 실제로 발휘했다. 아시아의 민주화 과정은 1986년 필리핀을 필두로 한국 대만 말레이시아, 인도네시아 태국 네팔로 이어지고 있다. 그런 의미에서 다양한 논의에도 불구하고 민주주의의 지구화가 지속되고 있음을 확인할 수 있다. 민주주의가 인권의 보편성을 기초로 한다고 해서 다양성을 부정하는 것은 결코 아니다. 민주주의는 각 나라의 전통과 문화 경제발전의 정도에 따라 다양한 제도를 개발할 수 있다.

민주주의의 지구화와 한국 민주주의

지금 한국 민주주의는 외포와 내연이 함께 역동적으로 변화하고 있다. 작게는 조직 내부에서의 권위주의로부터의 탈피, 토론문화 확립에서 비롯하여 크게는 '민주 국가'라는 전 국가적 성격의 재규정이 필요한 시점에 서 있는 것이다. 한국 민주화의 새로운 질적 변화를 추동할 수 있는 적극적인 연구와 그 결과의 시민사회 정착이 시대적 과제가 되고 있는 것이다. 그러나 최근 들어 급격하게 확산되고 있는 민주주의에 대한 부정과 냉소, 경제논리 우선주의로 인해 민주주의의 보편화와 생활화가 앞으로 나아가는 것이 아니라 오히려 뒤로 후퇴하고 있는 측면마저 나타나고 있다.

뿐만 아니라 민주주의를 국민합의의 가치로 채택하고 있으면서도 무엇이 진정한 민주주의인가에 대한 논의가 분분하다. 대의제 민주주의의 근간인 선거 참여율의 지속적인 하락, 위임된 엘리트에 대한 사회적 신뢰 저하 등은 민주주의는 과정의 산물이라는 점을 다시 한 번 더 확인시키고 있을 따름이다. 그런 의미에서 한국의 민주화 과제는 여전히 진행 중인 과제이다.

한편, '아시아적 가치(Asian Value)'로 대변되는 '선 경제성장, 후 민주화'라는 담론이 신흥공업국의 사례를 근거로 설득력 있게 제시되면서 아시아는 여전히 민주주의에 대한 가치 정립과 제도적 틀이 안착되지 않은 지역으로 남아있는 상태이다. 아시아적 가치는 아시아 특정 국가의 경제성장의 견인차가 되면서 경제성장을 위해 '전통'의 이름으로 민주주의 발전을 유보하는 것을 정당화하고 있다. 사실 그 동안 한국과 대만, 그리고 태국을 제외한 대부분의 국가들은 '민주화 이전 국가'로 분류되어 왔다. 그러나 사회주의 체제 안에서의 자본주의적 경제를 적극적으로 추진하고 있는 중국과 베트남, 아직 강한 권위주의적 흐름 속에서 점진적인 변화를 모색하고 있는 미얀마와 라오스, 새로운 민주주의의 단계로 접어들고 있다고 평가되는 필리핀, 민주화의 진전도에 있어 혼재된 평가를 받는 인도네시아와 말레이시아 등 대부분의 국가들이 현재 '민주화 이행'의 과정 속에 있다.

이들 국가의 민주화와 관련해 아시아의 민주 국가인 인도나 일본이 아시아 다른 국가에 미치는 영향이 미미한 데 반해, 한국의 민주화가 가진 교훈적 요소와 영향은 상당히 의미 있는 것으로 평가되고 있다. 그 이유는 이들 아시아 사회에서 민주화를 위해 해체 시켜야 할 봉건적 잔재와 식민지 유산 등이 남아있고 그것을 해체하기 위한 사회운동의 동력이 끊임없이 요구되기 때문이다. 저항적 민주화운동을 통해 민주화를 달성한 한국의 사례에 대해 교류와 협력을 이들 아시아 국가들이 바라는 이유도 여기에 있다. 현 시점에서 우리가 한국의 민주화 경험을 주변 국가와 공유하고 확대된 민주화를 위해 지원하는 일은 국제 개발에 기여함은 물론, 동아시아 지역의 안보환경의 안정화와 한국의 영향력 확보에 매우 중요한 일이라 하겠다.

따라서 우리의 민주화운동과 민주주의의 경험을 바탕으로 진행되는 국제교류협력은 국제사회의 민주주의와 발전에 기여할 뿐 아니라, 한국의 자긍심을 높임과 동시에 우리 사회의 민주주의를 더욱 심화·발전시키는 하나의 원동력으로 기능할 것이다.

민주주의 국제협력사업의 첫발을 내디디면서

한국은 불과 한 세대 안에 개발원조의 수여국에서 공여국으로 탈바꿈했던 것처럼 권위주의체제에서 국제사회의 지원을 받고 민주화를 이룩한 나라에서 이제는 국제협력을 통해 민주주의 지원당사국로 거듭나려는 시도를 하고 있다. 이것도 불과 한 세대 안에 이루어진 일이다. 한국의 압축적 경험은 현재 지원을 받고자 하는 나라의 상황에 대한 이해와 공감을 용이하게 한다. 이것은 민주주의 국제협력 사업의 후발주자로서 한국이 갖는 비교우위 사항이다. 게다가 한국은 다른 민주주의 지원국가들처럼 식민지 지배라는 과거사의 부담을 안고 있지 않다. 민주주의 지원국들에 대한 피지원국들의 불신을 고려해볼 때 한국은 상대적으로 민주주의 국제협력 과정에서 상대국가와 신뢰를 형성하기 쉬운 위치에 있다. 권위주의 정권에서 벗어나기 위한 민주화운동의 경험과 기억이 생생하고 각종 민주주의 제도를 정비해가는 과정에 있기 때문에 아직도 권위주의체제에 있는 국가나 민주적인 제도와 법제를 정비하고자 하는 나라와의 교류협력을 보다 효율적으로 추진할 수 있는 상대적인 장점이 있다. 그렇지만 민주주의 국제협력에 대한 오해와 비효율성 등이 이미 국제사회에서 지적되고 있기 때문에 후발주자로서 한국은 철저하게 수요자 중심의 입장에 서고자 한다. 바로 이런 이유 때문에 민주주의 국제협력 사업을 시작하면서 기존의 국제협력 사업에 대한 평가와 수요자 입장에서 희망을 담는 의식의 지형도를 작성하고자 했고, 이 책은 그 기획의 산물이다.

민주주의의 지구화 속도가 가속화되고 한국의 아시아 시장 진출이 활발해지면서 아시아에서의 한국의 정치적·사회적 책임에 대한 요구가 높아지고 있다. 한국 민주화의 심화 발전이라는 국내 차원의 과제와 함께 아시아를 비롯한 국제사회에서의 한국에 대한 기대에 부응하여 민주화운동기념사업회는 민주주의 국제협력 사업을 체계적으로 기획하게 되었다. 2008년에 처음으로 국제사업단을 발족하고 기반조성연구에 착수하였다. 기반조성연구의 목적은 민주주의 국제협력 사업의 후발주자인 한국에서 시행하는 새로운 국제협력 사업의 좌표를 정확하게 잡기 위함이다. 좌표를 잡기 위해 우선 한국에서 그간 시행되어온 국제협력 사업에 대한 평가와 민주주의 관련 국제협력 사업의 가능성을 진단하는 작업에 착수하였다. 공공기관, 시민사회의 영역에서 국제협력 사업을 담당한 경험이 있는 전문가와 해당 분야 전공학생들을 대상으로 하는 조사연구를 시행하였다. 두 번째는 한국에 대한 민주주의 국제협력 사업에 대한 요구가 상대적으로 높은 아시아 10개국에 대한 조사연구를 시행하였다. 아시아에서 그간 시행된 프로그램을 평가하고 새로운 프로그램에 대한 요구를 담아냄과 동시에 앞으로의 교류 협력을 함께할 파트너 개척이라는 현실적 목적을 겸한 연구 조사였다. 세 번째는 민주주의 국제협력을 구상하고 기획하는 공여국과 수여국을 함께 망라하는 전 세계적 차원의 전문가에 대한 조사를 실시하였다.

　이 책은 참으로 여러 사람들의 도움으로 세상에 나오게 되었다. 조사 설문지의 기획과정에서는 이성훈님 이동욱님 안병진님 장준호님이 참여해 주셨고, 김상돈님 박지연님은 방대한 조사 자료의 통계분석을 총괄 담당해 주셨다. 그 외에 송은혜님 한세영님은 국내 설문조사와 면접조사를 담당하였고 글로벌 차원의 조사를 위해서는 이성훈님 차명제님 나효우님 유혜선님의 도움을 받았다. 통계분석결과를 집필하고 편집하는 일은 권대근님 이충훈님 박영선님 최재인님 한지원님 권해석님 박진영님이 전담해 주셨다. 민주화운동기념사업회 국제사업단의 김 신님 박문진님 이주영님의 뒷바라지가 없었다면 집단적 작업이 빛을 보지 못했을 것이다. 민주주의 국제협력 기반조사를 위해 어려운 가운데 지원을 아끼지 않으셨던 함세웅 이사장님, 유영표 부이사장님, 문국주 상임이사님을 비롯한 민주화운동기념사업회 모든 분들의 배려와 격려는 이 연구 결과를 만들어내는 실질적인 동력이었다.

　민주주의의 지구화 과정에서 공동체를 형성하려는 바램을 가지고 자신의 경험과 평가라는 귀중한 지적자산을 우리를 믿고 내어주신 한국, 아시아, 전 세계의 응답자들은 바로 이 책의 공저자나 다름이 없다. 지구촌 민주주의 발전을 위해 세계를 뛰고 있는 그 분들에게 이 연구 결과가 조금이라도 두움이 되기를 바라는 마음 간절하다. 수많은 분들의 격려와 뒷바라지에도 불구하고 연구과정, 연구결과에 따르는 실수나 결함은 전적으로 연구책임자의 탓이라는 것을 고백하고 싶다.

2008년 12월

연구책임자　이 정 옥

민주주의의 지구화
(Globalization of Democracy)

이행기의 사회적 현실에서 민주주의에 대한 위협은 심각한 문제이다. 폭력과 부패, 안보 위협은 민주주의를 이끌고자 하는 지도자와 민주적 제도에 대한 정당성 및 신뢰성을 저해한다. 심지어 이행기의 민주주의에 대한 이러한 위협은 민주적 체제 전체에 대한 의심을 낳는다. 유엔은 바로 이러한 과제들을 해결해야 할 책임, 즉 민주주의를 지원하고 증진할 책임을 지고 있다.

> – 유엔민주주의기금 4차 고문위원회 회의(UNDEF 4th Advisory Board meeting)에서 반기문 유엔 사무총장의 연설. 뉴욕 2007년 4월 10일

우리는 민주적 가치의 보편성을 확인한다. 민주주의 공동체(Community of Democracies)는 민주주의를 발전시키고, 민주주의를 통해 보장되는 인권, 근본적 자유를 증진하는 데 헌신할 것을 결의한다. 우리는 각 국에서의 민주주의 발전과 지역적, 국제적 차원에서 민주주의 증진을 위한 협력을 위해 끊임없는 노력을 경주할 것이다.

> – '서울 행동 계획– 민주주의: 평화와 번영을 위한 투자(Seoul Plan of Action – Democracy: Investing for Peace and Prosperity)', Community of Democracies 2차 각료회의. 서울 2002년 11월 12일)

민주주의는 전 지구적으로 확산되고 있다. 인민(people)의 의지에 기반한 거버넌스(governance) 질서로서 민주주의는 피치자에 의한 통치(rule of the ruled)를 가능하게 하는 유일한 대안으로 인정되고 있다. 심지어 여전히 독재를 유지하고 있는 체제나 민주주의를 유보하고 있는 체제에서도 스스로의 레짐(regime)을 '민주적'이라고 부르는 것을 선호한다. 적어도 대부분의 사람들의 의식 속에서 민주주의는 최선의 정치체제이자 추구해야 할 가치와 목표로 인식되고 있다. 국제사회의 현실에서 아직 민주주의가 충분히 구현되지는 않았으며, 오히려 심각한 민주주의의 후퇴나 정체가 21세기에 나타나고 있음에도 불구하고, 민주주의는 규범적 가치(normative value)로서 일종의 글로벌 스탠더드(global standard)를 형성하고 있다. 새로운 글로벌 스탠더드가 정치적·사회적·문화적 규범으로서 확립되어 가는 과정에서 민주주의의 지구화(globalization of democracy)가 심화되고 있다.

그러나 민주주의의 지구화는 현실 속에서 끊임없는 지체와 후퇴를 거듭하고 있다. 민주주의의 지구화 흐름이 지역(region)과 개별 국가 차원에서 강력한 충격을 주었거나 변화의 모멘텀(momentum)을 제공했다고 볼 수는 없다. 민주주의를 거부하는 전통적인 어법은 여전히 강력한 힘을 발휘하고 있다. 즉 자국의 사회문화적 수준이 민주주의를 받아들이기에는 충분히 성숙하지 않았다는 주장이나 자국의 비민주적 레짐이 인민을 위한 진정한 민주주의라는 언설이 세계 곳곳에서 정당화되고 있다. 나아가 민주주의는 추구해야 할 목표임에 분명하지만, 당면한 사회적·경제적 위기를 타개하기 위해 민주주의를 다소 유보할 수 있다는 담론이나 약간의 정치적 개혁 및 자유화 조치를 취하면서 전체적인 민주화 과정을 지체시키는 정치적 전략도 세계 도처에서 나타나고 있다. 현 시기 국제사회에는 이처럼 보다 세련된 방식으로 민주주의를 거부하는 전략이 나타나고 있으며, 한편으로는 극단적 근본주의에 기초하여 민주주의 원리 자체에 대해 근원적으로 거부하는 세력이 강력한 영향을 미치는 경우도 나타나고 있다.

여전히 다수의 인류가 비민주적 체제의 지배하에 있다는 현실은 규범적 지평(normative horizon)에서 민주주의의 글로벌 스탠더드와 심각한 괴리를 보이고 있다. 세계의 어떤 정치 지도자도 규범적으로는 민주주의를 거부하지 않는다. 하지만 규범적 글로벌 스탠더드의 수용이 모든 정치 지도자가 민주주의를 실행(practice)하고 있다는 것을 의미하지는 않는다. 대개의 비민주적 레짐의 경우, 정치 지도자와 엘리트들, 전통적인 사회문화적 지배세력은 독재 및 권위주의적 체제와 특권을 포기하려 하지 않으며, 민주적 거버넌스를 발전시키고자 하는 의지를 결여하고 있다. 그러나 현재 국제사회는 민주주의를 거부하고 시민의 인권과 자유를 침해하고 있는 지배 체제에 대한 실질적인 개입과 해결의 기제를 가지고 있지 않다. 전 지구적 규범으로서 민주주의는 실천적 측면에서는 도덕적 호소와 원칙의 강조를 넘어서지 못하고 있다.

민주주의의 지구화가 겪고 있는 보다 큰 어려움은 민주화 과정의 복잡성과 포괄성에 기인한다. 즉 한 사회에서 민주주의가 정착되는 과정은 법과 제도, 정책의 이식만으로는 결코 성취될 수 없으며, 시민사회의 역량 강화, 민주적인 갈등해결 방식의 내재화와 민주주의 원칙에 대한 광범위한 합의 형성 등 총체적이고 포괄적인 변화 과정을 통해 가능하다. 설령 정치 지도자와 엘리트 집단이 민주화 과정에 시동을 걸었다고 하더라도 민주주의 공고화 과정은 신생 민주주의가 충분히 감당할 수 없을 정도로 많은 과제와 장애물로 이루어진 지난한 도정(道程)이다. 어찌 보면 신생 민주주의 사회에서 민주화 과정상의 끊임없는 지체와 후퇴는 불가피하다고 할 수 있을 것이다. 하지만 이와 같은 지체와 후퇴가 민주주의에 대한 시민의 자신감과 확신을 저해하거나 독재세력, 군부 등에 의한 민주화의 역전으로 연결될 수 있다는 점이 문제이다.

결국 민주주의의 규범적 기준과 현실의 실행 사이의 불일치는 민주주의를 위한 의식적인 개입을 요청한다. 민주주의의 전 지구적 확산이 논의와 이념 수준에 머물지 않고 비민주적 레짐의 민주화 이행 및 신생 민주주의의 공고화(consolidation), 위기에 처한 민주주의의 회복으로 현실화되기 위한 국제사회의 노력이 필요한 것이다. 의지와 역량이 결여된 상황에서 민주주의에 대한 의지와 역량, 그리고 확신을 형성하기 위해서는 외부적인 지지와 지원이 반드시 필요하다.

이러한 맥락에서 국제기구와 확립된 민주주의(established democracy) 국가들은 다른 국가의 민주화에 대한 지원과 민주주의 심화·발전을 위한 지원을 실행하고 있다. 일반적으로 외부 행위자에 의해 이루어지는 민주주의 촉진 프로젝트를 민주주의 지원(democracy assistance), 민주주의 증진(democracy promotion)이라고 지칭한다.[1] 민주

---

1) democracy assistance, democracy aid, democracy promotion등의 다양한 용어가 사용되고 있지만 각 용어가 엄밀하게 구분되어 사용되지는 않고 있다. 즉 특정한 지원의 방식이나 유형을 지칭하기 위해 해외 민주주의에 대한 지원에 대한 분절적 용어를 확정하는 경우는 없다는 것이다. 동일한 필자에게서 assistance, aid, promotion이 혼재되어 사용되는 경우가 많다. 본서의 필자들은 assistance나 promotion과 같은 용어가 지원을 제공하는 측만을 부각시킨다고 평가하고 있다. 민주화와 민주주의 심화·발전 과정은 결국 해당 국가와 사회의 인민들이 주도하여 스스로의 민주주의를 성취하는 과정이다. 곧 민주주의의 지구화를 이루는 주체는 어디까지나 지원을 받는 국가의 인민이라는 것이다. 따라서 필자들은 지원을 제공하는 측이 지원을 받는 측과의 협력을 통해 민주주의 정착을 촉진해 나간다는 의미에서 '민주주의 국제협력(international cooperation for promoting democracy)'이라는 용어를 사용하는 것이 올바르다고 판단하고 있다. 물론 이하의 서술에서는 민주주의 지원, 민주주의 증진, 민주주의 국제협력과 같은 용어가 혼재되고 있지만, 필자들의 기본적인 문제의식이 민주주의를 위한 일방적인 지원과 개입보다는 건설적 협력 관계를 통한 민주주의의 동반 발전에 있다는 점을 재차 확인하는 바이다.

주의의 전 세계적 확산과 확립을 위한 다양한 행위자들의 활동은 전 지구적 규범으로서 민주주의를 현실화하기 위한 활동이다. 곧 민주주의가 글로벌 스탠더드로 자리를 잡았다면 민주주의 증진을 위한 지원 활동 또한 국제사회의 규범으로 인정되고 있는 것이다. 국제사회의 규범을 현실로 실현하려는 활동, 가령 빈곤 감소를 위한 국제 개발협력(international development cooperation), 분쟁 예방과 평화 정착을 위한 다양한 평화유지 활동(peace-keeping operation)은 그 활동 자체가 규범적인 성격을 지닌다. 즉 선진 국가들이 국제사회의 책임에 걸맞게 인권, 개발, 평화, 인간 안보 등의 이슈에 적극적인 노력을 기울이는 것이 하나의 규범적 행동으로 받아들여지고 있다는 것이다. 동일한 맥락에서 민주주의의 지구화를 촉진하기 위한 민주주의 국제협력 또한 국제사회가 민주주의를 확립한 국가에게 강력하게 요청하고 있는 규범적 활동이라고 할 수 있다.

민주주의의 지구화를 향한 역사적 전환

현재 민주주의 국제협력을 위해 전 세계의 국제기구, 지역기구, 민주주의를 확립한 국가의 기관들, 민간기구 및 NGO들이 수행하고 있는 활동은 애당초 현황 파악이 불가능할 정도로 다양하다. 전 세계적으로 수조원의 자금이 민주주의 증진 프로젝트에 소요되고 있으며, 셀 수 없이 많은 전문가와 활동가들이 민주주의 지원을 위해 활동을 벌이고 있다. 북미와 서유럽의 확립된 민주주의 국가들은 저마다 자신들의 민주주의 역사와 전통에 기반한 민주주의 국제협력 시스템을 구축하고, 국가적 외교정책의 핵심으로 국제 민주주의 증진을 중시하고 있다.

사실 정치적 이념의 전 세계적 확산과 발전을 위한 협력의 역사는 상당히 오래되었다. 거슬러 올라가면 역사적으로 각 문화권마다

독특한 통치 이념과 체제가 종교적 기반을 바탕으로 확산되어 가거나, 군사적 침략과 지배를 계기로 확산되는 경우는 무수히 많았다. 근대에 와서는 시민혁명의 이념 확산과 이에 대한 반작용으로 보수적 체제유지 세력의 동맹이 충돌하기도 하였으며, 제국주의 국가 간의 세력 규합 및 통치 이념 확산이 격렬한 충돌을 벌이기도 하였다. 정치적 이념과 체제를 위한 폭력적 개입 내지 국제적 상호 원조 혹은 양국 간의 협력은 특별히 새로운 현상이라고 볼 수 없는 셈이다.

여기서 민주주의를 위한 본격적인 국제협력의 양상은 근대 국가의 성립 시기이후 자유, 평등, 연대를 중심으로 하는 근대적 가치가 특정한 이데올로기의 형태로 조직되면서 나타나기 시작한다. 자유주의 이념에 근간하여 경제 원조를 중심으로 한 국제협력과 사회주의에 근간하여 노동자계급 연대를 추구한 국제협력의 양상은 이미 19세기부터 등장하기 시작하였다. 전후 공산주의 세계 전략에 기반을 둔 국제적 협력체제가 탄생하고 이에 대한 자유 진영의 대응으로서 자유민주주의 국제협력은 유럽에서 이루어진 미국의 민주주의 지원책으로 구체화되기 시작한다. 한편 공산주의 혹은 사회민주주의 국제협력에 대한 자유 진영의 대응은 자유민주주의 국제협력을 추동하였으며, 전후 유럽에서 이루어진 미국의 민주주의 지원 정책으로 구체화되었다. 이후 냉전시기 양진영에 의해 제3세계에 대한 경쟁적인 원조와 지원이 강력한 정치적 의도에 기반하여 실행되었다. 그러나 냉전시기 양진영이 주장하는 민주주의를 위한 활발한 협력 및 지원은 엄밀하게 말해서 민주주의 증진을 위한 협력이라기보다는 민주주의를 가장(假裝)한 냉전적 맥락의 외교전략이라고 할 수 있다. 양진영은 서로 대립되는 시스템을 각각 진정한 민주주의라고 주장하면서 오히려 제3세계의 독재와 권위주의, 심지어 대량 학살과 같은 인권 위기를 묵인하거나 조장했다. 칠레와 체코에서는 양진영이 앞장서서 민주주의의 실현을 방해하기까지 했으며, 세계 곳곳에서 독재체제가 무장할 수 있도록 군사적 지원을 아끼지 않았다. 따라서 80년대까지 양진영이 주장하는 민주주의 국제협력은 그 진정성에 대해 의심을 받을 수밖에 없었으며, 실제로 민주주의자들에 의해 강력한 비판을 받을 수밖에 없었다.

민주주의 국제협력의 역사적 전환은 90년대 냉전의 붕괴와 함께 시작되었다. 민주주의 국제협력에서 냉전의 정치적 맥락이 제거되면서 비민주적 레짐에 대한 국제적 개입과 민주주의 세력에 대한 지원이 정당성을 확보하게 된다. 이로 인해 보다 많은 행위자들이 민주주의 국제협력의 무대에 등장하게 되었으며, 민주주의 증진을 지원하기 위한 활동의 양적, 질적인 발전이 이루어졌다. 특히 국제기구, 독립적인 기관과 비정부기구의 적극적인 참여는 민주주의 국제협력이 특정 국가의 정치적 이해관계에서 벗어나 민주주의 심화·발전을 위한 진정성있는 활동으로 국제사회에 인식되는 계기가 되었다. 하지만 냉전의 해체가 갖는 의의는 민주주의 국제협력에 정당성을 부여하는 계기만으로 협소하게 규정지어질 수 없다. 냉전의 해체는 국제사회의 구성 원리 근간에 대한 강력한 변환을 추동하였으며, 그 결과 민주주의의 지구화가 시작되는 계기가 되었다.

냉전의 해체에 힘입은 국제관계의 근본적인 변화는 국제사회의 글로벌 스탠더드를 '주권(sovereignty)'에서 '인권(human right)'과 '인민주권(popular sovereignty)'으로 대체했다. 그간 주권 국가의 신성성(sanctity)은 모든 국제적 규범을 초월하는 최고의 원리로 받아들여지면서 때로는 독재와 권위주의, 인권 침해와 폭력을 정당화하는 수단으로 기능하였다. 그러나 국제관계의 변화는 주권 국가의 경계를 모호하게 하고 다양한 층위에서의 상호작용 및 상호연관을 심화시켰다. 또한 초국경적 행위자들의 활동이 증대되고, 국제적 결정과정이 주권 국가의 향방에 결정적인 영향을 미치게 되었다. 일련의 변화는 노벨평화상 수상 당시 유엔 사무총장 코피 아난(Kofi Annan)의 연설에서 명확하게 드러난다.

　　오늘날의 국경은 개별 국가 사이에 존재하지 않는다. 힘있는 자와 힘없는 자, 자유로운 자와 억압 받는 자, 특권을 가진 자와 소외된 자 사이에 국경이 존재한다.

　　주권의 신성성이 침식되면서 주권이라는 이름하에 희생되거나 소외되었던 인권(특히 소수자의 권리 문제)과 인간 안보, 나아가 자유와 민주주의의 문제가 강력하게 대두되었다. 국제법과 국제규약이 무력한 형식에서 실질적인 국제적 규범으로 자리매김하면서 개별 국가의 근본적인 인권에 대한 보호 의무를 강제하는 국제적 인권 레짐이 형성되었다. 만일 개별 국가가 인권에 대한 자신의 의무에 충실하지 못할 경우, 국제사회는 이러한 상황에 적극적으로 개입할 수 있는 정당성을 확보하게 된다. 나아가 인권 위기상황에 국제사회가 개입하는 것은 전 지구적 규범을 실현하기 위한 의무적 행동이라는 의식이 정착되기에 이른다.[2] 곧 인권 증진을 위한 국제협력이 그 자체로 하나의 규범적 의무로 설정되고 있는 것이다.
　　비록 다양한 비판과 의심이 제기되고 있지만 인권의 보호와 증진

---

2) 인권의 글로벌 스탠더드가 국제적 인권 레짐을 형성하고 있다는 사실은 이미 현실에서 충분히 목격되고 있는 바이므로 특별한 설명을 요하지 않는 주제이다. 국제사법재판소(International Court of Justice), 국제형사재판소(International Criminal Court)는 주권을 뛰어 넘는 보편적 국제 규범을 대변하고 있다. 뿐만 아니라 수많은 국제기구 및 지역기구, 국제적 인권 단체들은 개별 국가의 인권 규범 준수를 강제하고 있으며 독립적인 인권 기관과 인권옹호 단체의 활동을 지원하고 있다. 인권 영역에서 선행된 개별 국가 및 사회에 대한 적극적인 개입과 지원은 전 지구적 규범의 실현을 위한 국제적 차원의 노력을 대표하고 있으며, 민주주의 국제협력의 단초를 제공하고 있다.

을 위한 외부적 개입 및 지원은 일정한 정당성을 확보해 왔다. 민주주의 국제협력은 인권 영역이 확보한 보루에 기반하여 양적·질적 발전을 이루어왔다고 할 수 있을 것이다. 특히 민주주의에 대한 권리(right to democracy)가 보편적 인권의 일환으로 인식되기 시작하면서, 냉전 해체 이후 90년대 민주주의 국제협력은 크게 활성화되었다. 인권 영역의 국제협력이 구축한 전 지구적 가치 규범에 따른 국제적 개입, 지원, 협력의 진지(陣地)가 민주주의의 글로벌 스탠더드를 추구하는 국제적 개입, 지원, 협력을 자극하고 발전시켜 온 것이다. 실제로 주권의 신성성을 내세워 민주주의 국제협력을 거부하는 행위는 적어도 공식적인 수준에서는 통용될 수 없는 행동으로 인식되고 있다. 심지어 독재와 권위주의 국가의 정치 지도자들도 민주주의의 글로벌 스탠더드에 대한 고려 때문에 형식적으로라도 선거 감시(election monitoring)나 인권 감시(human right monitoring)를 수용하고, 자국 내에서의 국제기구 및 민간기구의 활동을 보장하고 있다.

한편 민주주의 국제협력의 발전은 개발 이슈와 민주주의 이슈가 상호 융합적인 관계 설정을 하면서 촉진되었다. 즉 민주주의와 경제개발 사이의 관계에 대한 인식 전환이 민주주의 국제협력의 확산에 결정적인 계기가 되었다. 개발과 민주주의 간의 긍정직인 상관관계에 대한 인식이 확고하게 자리를 잡게 되면서 빈곤 퇴치와 지속적 경제발전을 위한 국제개발원조(international development assistance)의 핵심 이슈로 민주주의가 설정된다. 경제개발을 위해서도 반드시 민주주의가 필요하다는 주장이 지지를 얻으면서 민주주의 증진을 위한 국제협력 행위자들의 활동이 보다 넓은 활동 공간과 보다 풍부한 가용자원은 물론 활동에 대한 국내외적 지지를 확보하게 된 것이다.

민주주의와 개발 사이의 관계에 대한 인식 전환은 90년대 국제개발협력기구 및 국제금융기구들이 굿 거버넌스(Good governance)[3]에 대해 강조하기 시작하면서 본격화된다. 수십 년에 걸쳐 천문학적 단위의 공적개발원조(Official Development Assistance)가 저개발국에 공여되었지만 빈곤의 문제는 더욱 심화되고 있는 현실에서 국제개발협력 진영은 문제의 원인을 거버넌스의 문제로 이해하기 시작했다. 즉 수원국(recipient country)의 비효율적인 행정체계와 사회 전반에 만연한 부패 문제, 법치의 부재에 기인한 불확실성 등으로 인해 개발원조가 효과를 거두지 못하고 있다는 진단이 이루어졌다. 즉 경제개발은 단순히 자원과 기술의 문제가 아니라 정치적 의사결정과 이해 조직의 구조, 즉 거버넌스에 기초하는 문제라는 것이다.

따라서 개발협력의 핵심 의제로서 굿 거버넌스가 제기된다. 굿 거버넌스 이슈는 독재나 권위주의와 같은 일방적 통치를 지양하고, 다양한 사회 구성원의 의사에 기반한 효율적인 결정이 도출될 수 있도록 국가 운영 시스템에 대한 개혁을 추구한다. 나아가 굿 거버넌스 이슈는 지대추구적, 약탈적 행위자들을 제어하고, 정치적 의사결정과 이해 조직 과정이 효율적인 사회 발전으로 연결될 수 있도록 일련의 개혁을 추구한다. 이 때 세계은행과 경제협력개발기구(OECD), 유엔개발계획(UNDP) 등을 중심으로 이루어진 굿 거버넌스 논의는 거버넌스의 책임성(accountability), 투명성(transparency), 참여

---

3) ‘굿 거버넌스(Good Governance)’는 한 사회 및 국가의 경영에 참여하는 다양한 행위자들, 즉 정부와 시민사회, 기업 등이 서로 협력하여, 투명하고 합리적이며 효율적인 운영을 추구하는 것을 통칭하는 용어로 사용되어 왔다. 즉 효율적인 의사결정의 과정과 효율적인 정책 형성을 이루기 위한 제반 행위자 간의 상호협력 및 소통 과정을 일방적인 지배 및 통치 행위와 구분하여 지칭하는 것이다. 그 동안 국내에서는 ‘훌륭한 협치(協治)’ ‘선정(善政)’ 등 다양한 용어로 번역이 되었으나 아직 분명히 합의-정리된 단어는 존재하지 않는다. 본 보고서에서는 ‘governance’를 용어 그대로 ‘거버넌스’로 사용하여, ‘Good Governance’를 ‘굿 거버넌스’라는 말로 일관되게 대체할 것이다.

(participation), 대응성(responsiveness) 등의 민주주의 요소들을 포괄하고 있다.

굿 거버넌스 논의는 점차 민주적 거버넌스(democratic governance)에 대한 논의로 전환된다. 빈곤층과 같이 사회적으로 소외된 집단이 자신들의 요구를 의사결정과 자원 배분 과정에 반영하지 못하고 있는 상황에서 빈곤 문제의 핵심이 존재한다는 인식이 점차 정당성을 확보하게 된다. 즉 빈곤 문제를 절대적인 가용자원에 대한 경제적 문제가 아니라 자원의 배분 과정에 대한 정치적 문제로 인식하는 변화가 일어났다. 굿 거버넌스의 민주화를 통해 권위에 의한 배분 과정에서 소외된 집단의 권리를 옹호하는 것이 개발협력의 중심 의제로 등장한 것이다. 여기에 더해 굿 거버넌스 논의는 실제로 굿 거버넌스가 현존하는 정치적 지배세력을 설득하고 강제함으로써 구축될 수 있는 것이 아니라는 반성적 평가를 낳았다. 즉 시민사회의 정치적 리더십을 강화하고 민주적 권리를 확장시켜 나가는 가운데, 거버넌스 개혁을 위한 추진력을 얻을 수 있다는 것이다. 결국 굿 거버넌스 논의는 사회의 절대 다수를 이루는 빈곤층과 취약 계층이 정치적 권리를 획득하고 의사결정 과정을 이끌어 갈 수 있는 민주적 거버넌스에 대한 강조로 전환되었다.

물론 개발과 민주주의 간의 관계에 대한 논쟁은 여전히 존재하지만, 대체로 국제개발협력에서 민주적 거버넌스는 전략적 핵심 의제으로 받아들여지고 있다. 국제기구와 선진 공여국의 개발협력기구에서 민주적 거버넌스를 구축하기 위한 지원은 개발협력 자금의 상당 비중을 차지하고 있다. 뿐만 아니라 민주적 거버넌스 이외의 개발협력 영역에서도 민주주의는 제반 활동의 근간으로 자리 잡고 있다. 민주주의 국제협력 행위자들은 개발협력 프로그램을 계기로 보다 용이하게 개도국에 개입하여 민주주의 증진을 위한 다양한 활동을 펼칠 수 있게 되었다. 무엇보다 막대한 규모의 개발협력

자금을 바탕으로 민주주의 국제협력은 양적 측면에서 폭발적인
성장을 이루게 되었다.

민주주의 국제협력의 전개

역사적 전환 이후 민주주의의 전 지구적 확산을 위한 논의와
대화, 공동 행동, 네트워크 조직 등이 활발하게 구성되었다. 민주주
의의 전 지구적 확산을 위한 정부, 시민사회의 국제적 연대와 협력
을 촉진하기 위한 노력은 다양한 차원에서 이루어졌다. 민주주의의
지구화를 위한 민주주의 국제협력의 새로운 논의의 장을 간단하게
정리하면 다음과 같다.

 ● ICNRD(International Conference for New or restored democracies)

ICNRD는 유엔 지원 하에 이루어진 최초의 민주주의 국제협력으
로 유엔의 후원 하에 민주주의 국제협력의 이론적·현실적 기반을
마련함으로써 이후 유엔의 민주주의 국제협력 구상에 큰 영향을
미쳤다. 유엔총회는 1988년 12월에 유엔 후원의 ICNRD를 창립하기
로 결의하고, 제1회 회의에 13개국이 참여한 후 2008년 현재 선진국
에서 개발도상국에 이르는 100여개 국가가 참여하고 있다.[4)
ICNRD는 신생 민주주의와 회복된 민주주의(New or restored democracies)
가 국내외적으로 다양한 도전에 직면하였다고 판단하고, 사회 모든
구성원이 민주화 과정의 수혜자가 되며, 새로운 체제에 완전히 참
여할 수 있도록 보장하기 위한 노력을 경주하는 한편 민주적 거버

---

4) ICNRD 총회는 1988년부터 2008년 현재까지 총 6회 개최되었다. 제1회
   회의는 1988년 필리핀 마닐라에서, 제2회 회의는 1994년 니카라과 마나과
   에서, 제3회 회의는 루마니아 부쿠레슈티에서, 제4회 회의는 2000년 베냉
   의 코토누에서, 제5회 회의는 2003년 몽골의 울란바토르에서 제6회 회의
   는 2006년 카타르에서 개최되었다.

넌스와 개발 이슈에 관한 관점을 교환하기 위한 포럼을 개최하고 있다. ICNRD는 국제협력을 통해 개별 국가의 민주화를 달성할 수 있다는 개념에서 비롯된 것으로 1980년대 필리핀의 제안으로 시작되었다. 즉 국가 간 협력을 통해 민주화 과정에서 직면하게 되는 위험을 극복할 수 있다는 것이다. 이러한 생각은 이후에 개최된 회의에서도 지속되었고, UN은 1994년에 ICNRD 프로세스에 참여하였다. 당시 UN 사무총장이었던 부트로스 부트로스 갈리(Boutros Boutros-hali)는 ICNRD에서 UN이 할 수 있는 구체적 역할을 강조하였는데, 그는 UN이 ICNRD 프로세스 참여를 통해 다각적 차원에서 효율적으로 신생 민주주의가 당면한 문제를 해결하고, 민주화 문제와 전망을 기획하는 역할을 할 수 있을 것으로 보았다.

● 민주주의 공동체(Community of Democracy)

민주주의 공동체(Community of Democracies, 이하 CD)는 민주주의를 위한 정부 간 기구로써 민주주의 규범과 경험을 전 세계에 확산시키기 위한 목적으로 2000년에 창설되었다. CD는 바르샤바에서 열린 초대 회의의 폐회식에서 바르샤바 선언(Warsaw Declaration)을 제창하고 민주주의의 핵심 원칙인 공정한 선거, 의사 표현의 자유, 교육에 대한 접근 기회의 균등화, 법치주의 존중, 집회의 자유 등을 지지하고 존중할 것에 합의하였다. 코피아난 유엔 사무총장은 폐회선언에서 CD는 글로벌 민주주의를 향한 긍정적인 행보라고 칭송하며 UN이 그 자체로써 민주주의 공동체가 될 때 비로소 인권보장과 자유 증진이라는 유엔헌장의 이상을 실현하는데 한 단계 더 나아갈 수 있을 것이라고 하였다.

2000년 6월 25일부터 27일까지 이틀 간 바르샤바에서 제1회 총회가 개최된 이후 2002년에는 서울에서 제2회 총회가 개최되어 '서울 행동 계획(Seoul Plan of Action)'이 채택되었고, 2005년에는 산티아고에

서 제3회 총회가 개최되어 '산티아고 선언(Santiago Commitment)'이 공
표되었으며, 2007년에는 말리공화국의 수도 바마코에서 '바마코 합
의(Bamako Consensus)'가 발표되었다. 2009년 총회는 포르투갈에서 개
최될 예정이다.

CD는 민주주의 정착을 위해 민주주의가 뿌리 내린 지역에서는
민주주의에 대한 지원을 강화하고, 민주주의가 위협받는 지역에서
는 민주주의를 보호해야 한다는 국제적 합의 달성을 목적으로 한
다. 이를 위하여 바르샤바 회의 참석자들은 민주주의 거버넌스 확
대와 관련된 국제적 활동과 결의안을 지지하기 위해 연맹과 코커스
(caucus)를 만들어 국제기구 및 지역기구의 민주주의 관련 이슈와
협력할 것을 합의하였다. 2004년에는 UN으로부터 민주주의 코커
스(Democracy Caucus) 자격을 부여받았다. 회원국 현황을 살펴보면
2007년 현재 칠레, 인도, 폴란드, 체코, 미국, 말리, 멕시코, 포르투갈,
남아프리카, 대한민국, 필리핀, 몽골, 모로코, 엘살바도르, 이탈리아,
리투아니아, 케이프베르데(Cape Verde)의 17개국이 회원으로 가입되
어 있다.5)

● Campaign for UN Democracy Caucus
UN Democracy Caucus는 2000년 바르샤바에서 개최된 민주주의
공동체(Community of Democracy) 회의에 참석한 100여 국 정부 대표들
이 민주적 거버넌스 확산을 위해 국제기구와 지역기구에 코커스
(Caucus) 설치를 합의한 것이 그 모체이다. 이후 참가국들의 지속적
노력으로 2004년에 UN Democracy Caucus(UNDC)가 창설되었다. 이
에 따라 UNDC의 회원은 제2회 CD 장관회의에 초청된 국가들로
구성되었으며, 이들은 일련의 회의를 개최하여 민주주의와 인권에

---

5) CD의 역사와 관련해서는 다음의 웹사이트 참조. http://en.wikipedia.org/
wiki/Community_of_Democracies.

관한 4개의 결의안을 도출하였다. CD와 UNDC의 관계는 상호보완적인데 CD는 바르샤바 선언에서 제안된 민주적 가치와 제도를 회원국과 전 세계에 확산하는 것을 목적으로 하고, UNDC는 이러한 민주적 가치를 유엔에서 증진하는 것을 목적으로 민주적 거버넌스 심화와 인권과 민주적 행위 강화를 위한 유엔회원국의 노력을 통합·조정하는 기능을 수행한다. UNDC는 UN총회와 UN 인권위원회가 개최되는 동안 정기적으로 열린다.

국제사회에서 민주주의 국제협력에 대한 활발한 논의가 이루어지고 민주주의 증진을 위한 국제적 운동과 네트워크가 형성되면서 국제기구, 지역기구, 개별 국가의 민주주의 지원기관, NGO 등의 다양한 행위자들이 민주주의 국제협력에서 자신들의 역할을 확대해 가고 있다. 대표적인 국제기구로서 유엔은 민주주의를 국제적 차원의 규범으로 격상시키는 데 결정적인 역할을 했다. 유엔은 종래의 핵심 의제인 평화와 개발 의제에 인권 의제를 글로벌 스탠더드로 격상시켰으며, 현재는 민주주의를 핵심 의제로 격상시키기 위해 노력하고 있다. 또한 선거 지원을 통한 민주화 지원 임무를 수행해 왔으며, 개발협력의 일환으로 민주주의 제도 구축을 위한 지원 활동을 수행해 왔다. 최근에는 유엔민주주의기금(UNDEF)을 창설하여 민주주의 지원 프로그램을 실행하고 있다. 또한 EU를 비롯한 지역기구들도 회원국에 민주주의를 지원하는 기구를 출범시키고 다양한 프로그램을 실행하고 있다. 특히 회원국 내의 민주주의 상황을 감시하고, 민주주의를 위협하는 심대한 변화에 대해 공동으로 대응하는 시스템을 구축하고 있다. 특히 EU의 경우에는 가입 조건을 통하여 동유럽과 남동부유럽 지역의 민주화 이행과 민주주의 공고화에 기여해 왔다. 여기에 더해 선진 민주주의 국가들의 개발협력기구와 민주주의 지원기관들은 전 지구적 민주주의 확산 노력에서 중요한 역할을 수행하고 있다. 북미와 유럽의 개발 협력기구들은 공적개발원조(ODA)의 상당액을 민주적 거버넌스 프로그램 추진을 위해 활용하고 있다. 각 국의 민주주의 전통에 기반한 다양한 민주주의 기관 및 재단들은 각각의 특색을 잘 나타내는 민주주의 지원 프로그램을 갖추고 적극적인 활동을 펼치고 있다. 이들 민주주의 기관 및 재단들은 정당과 시민사회, 지역 공동체의 민주주의 역량을 강화하여 수원국의 자체적인 민주주의 동력이 형성될 수 있도록 다양한 지원 활동을 펼치고 있다. 또한 인도주의적 지원 및 구호를 실행하는 재단들의 경우에도 시민교육과 시민사회 강화와 같은 프로그램을 운영하고 있다. 전 세계 수많은 NGO들에 의해 실행되고 있는 민주주의 국제협력 활동은 이루 언급할 수 없을 정도로 다양하다. 이와 같은 행위자의 다양성과 활동의 다양성은 민주주의 국제협력이 현재 국제사회의 규범적 의무로 인식되고 있다는 사실을 확인시켜 주고 있다.

전 지구적 민주주의를 향하여

규범적 글로벌 스탠더드는 반드시 그 실행을 보증하지는 않는다. 하지만 전후 자결주의에 대한 글로벌 스탠더드가 결국은 식민지 독립이라는 결과를 가져왔듯이 규범의 설정은 그 자체로 혁신적인 변화를 준비하는 것과 다름이 없다. 현 시기 국제사회의 민주주의에 대한 글로벌 스탠더드는 인민에게 권력을 되돌려주는 변화의 대장정에 시종을 울렸다. 규범을 현실로 만드는 길에서 수많은 행위자들이 민주주의 국제협력을 추진하며 민주주의의 지구화를 이끌어 가고 있다.

그러나 민주주의 국제협력은 90년대의 폭발적인 발전 이후, 급격한 위축을 경험해야 했다. 미국의 대테러 전쟁이 민주주의의 이름으로 이루어지면서, 국제사회에서 이라크 전쟁과 민주주의 지원이 동일시되는 결과를 낳았다. 따라서 민주주의 국제협력은 이라크 전쟁과 함께 정당성을 결여한 행위로 취급 받기에 이르렀다. 독재와 권위주의 체제는 이라크 전쟁을 근거로 외부의 민주주의 지원을 거부하는 행위를 정당화하기 시작했다. 민주주의 국제협력은 패권 국가의 정치경제적 이익과 밀접하게 결부된 신제국주의적, 일방주의적 정책이라는 인식이 민주주의의 거부자들은 물론 민주주의의 옹호자들 사이에서도 광범위하게 확산되어 갔다. 결국 전 지구적 민주주의 확산을 위한 노력은 중대한 기로에 서게 되었다.[6]

그러나 민주주의 국제협력은 수많은 국제기구, 지역기구, 확립된 민주주의 국가의 독립적 기관 및 재단은 물론 비정부 기구들의 헌신적인 노력을 통해 이루어지고 있다. 민주주의 국제협력은 반드시 군사적인 개입이나 일방주의적 체제 이식 및 정권교체를 의미하는 것은 아니다. 다양한 행위자만큼이나 다양한 민주주의 이념과 사상이 존재하며, 시민사회와 지역 공동체 수준에서 끈질기게 민주적 리더십과 민주주의 문화를 정착시키고자 하는 노력이 이루어지고 있다. 즉 미국의 일방주의적 민주주의 외교의 이미지가 전 세계에 걸쳐 이루어지고 있는 민주주의 국제협력의 존재 의의 자체를 훼손하게 하는 것은 정당하지 못한 일이다. 또한 현재 민주주의

---

6) 민주주의 지원 혹은 민주주의 증진 정책에 대한 비민주적 체제로부터의 강한 비판은 상당히 설득력 있는 근거를 가지고 있다. 실제로 미국이 민주주의를 내세우면서 전쟁을 수행하는 동시에, 정치경제적 이유로 파키스탄, 이집트, 사우디아라비아, 요르단 등과 긴밀한 관계를 형성한 것은 분명 이율배반적인 행동이다. 동시에 이라크, 아프가니스탄, 관타나모 등지에서 이루어진 수용자와 민간인에 대한 광범위한 인권 침해 및 폭력은 미국의 민주주의 의제의 정당성을 크게 침식했다. 결과적으로 민주주의 국제협력은 이러한 이율배반적인 행위들로 인해 정당성에 큰 상처를 입었을 뿐만 아니라 민주주의 지원에 대한 수원국의 신뢰마저도 훼손되고야 말았다.

국제협력이 당면한 어려움이 전 지구적 규범으로서 민주주의의 정당성을 훼손할 수는 없기 때문에 글로벌 스탠더드를 확장해 나가기 위한 민주주의 국제협력의 근본적 의의 또한 축소될 없는 것이다. 전 지구적 민주주의를 향한 대장정은 계속되어야 하며, 일련의 문제점과 난관들을 해결해 나가기 위한 국제협력이 더욱 긴밀하게 이루어져야 할 것이다.

한편으로 미국의 대테러 전쟁은 민주주의 국제협력에 귀중한 교훈을 안겨 주었다. 전쟁 이후 아프가니스탄과 이라크에서 이루어진 민주주의 증진 프로젝트는 심각한 도전에 직면했다. 지난 수십년간 축적된 민주주의 지원, 민주주의 증진 프로젝트의 지식과 경험에도 불구하고 한 사회에 민주주의를 정착하고자 하는 프로그램이 성공하는 것은 여전히 어려운 일이라는 사실이 확인되었다. 물론 민주주의 국제협력이 괄목할만한 민주주의 발전을 이루어낸 사례도 상당히 많이 있으나, 국제사회가 주목해야할 부분은 민주주의 국제협력의 실패를 줄이고 보다 많은 국가와 사회에서 민주주의 정착이 가능하도록 스스로를 개혁해 나가는 일일 것이다.

외부에 의한 민주주의 지원과 증진 프로젝트의 성공과 실패는 결국 지원을 제공받는 국가와 사회에 얼마나 적합한 프로그램이 실행되었는가의 여부에 따라 결정된다. 해당 국가와 사회의 상황에 대한 정확한 이해가 필수적이며, 필요한 프로그램의 방식 및 유형, 가용자원의 동원 등 모든 요소가 해당 사회와 국가에 적합한 것이어야 한다. 민주주의 국제협력의 역사를 통해 효과적인 '맞춤형 지원(customized assistance)'을 위한 수많은 연구와 조사가 이루어져 왔다. 하지만 이러한 연구와 조사는 일정 수준에서 종료될 수 있는 것이 아니며, 끊임없이 상황 변화를 주시하고 새로운 발견을 위한 노력을 지속해야 할 주제이다.

종합하면, 최근 민주주의 국제협력이 당면한 어려움은 민주주의의 지구화를 위한 민주주의 국제협력이 지속적인 자기 개혁과 발전을 추구해야 한다는 사실을 확인시켜 주고 있다. 본 연구서는 이러한 맥락에서 이루어진 기초적 연구·조사의 성과물이다. 전 지구적 민주주의를 향한 대장정에 본 연구서의 미력한 성과가 도움이 되기를 기대한다.

Ⅰ. 민주주의의 지구화, 아시아의 의식지도
– 아시아 수요조사의 의의와 목적

　〈민주주의의 지구화와 아시아 민주주의〉는 '민주주의 국제협력 아시아 수요조사(이하 아시아 수요조사)'에 대한 조사분석 보고서이다. 아시아 수요조사는 현 시기 국제사회의 중요한 흐름인 민주주의 지구화의 맥락에서 아시아가 당면해 있는 민주주의의 현실과 민주주의 국제협력에 대한 아시아 국제교류협력 전문가들의 의식지형을 파악하기 위해 기획되었다.

　민주주의 국제협력 아시아 수요조사는 민주화운동기념사업회가 실시한 민주주의 국제협력 수요조사의 일환으로 이루어졌다. 민주주의 국제협력 수요조사는 향후 한국이 민주주의 증진을 위한 국제사회의 노력에 동참하여 중요한 역할을 수행하기 위해 필요한 준비 작업으로서 의의를 지닌다. 한국 민주주의의 경험과 성과를 바탕으로 해외 민주주의의 심화와 발전에 기여하기 위해서는 민주주의 국제협력의 구체적인 전략과 방향성을 설정할 필요가 있다. 바로 이러한 전략과 방향성을 설정하기 위한 기초적인 정보와 근거들을 수집하는 것에서 본 수요조사의 의의가 있다고 할 수 있다.

　민주주의 국제협력 수요조사는 세 가지 수요조사로 구성되었다. 수요조사의 대상에 따라 글로벌 수요조사, 국내 수요조사, 아시아 수요조사가 각각 진행되었다. 각 수요조사는 민주주의 국제협력에 대한 응답자들의 인식과 평가 및 전망을 확인한다는 데에서는 동일한 목적을 가지고 있다. 하지만 조사 대상이 상이하기 때문에 응답 결과를 통해 확인하고자 하는 중점 내용에서는 다소 차이가 있다.

첫째, 글로벌 수요조사에서는 민주주의 국제협력의 현황이 무엇인지 파악하는 데 중점을 두었다. 즉 민주주의 증진을 위한 지원·협력이 이루어지는 전반적인 양상을 확인하는 것을 목적으로 조사가 이루어졌다고 할 수 있다. 글로벌 수요조사는 전 세계에 걸쳐 정부 및 공공기관 종사자와 시민사회 활동가 및 민주주의 관련 기관의 담당자들이 가지고 있는 민주주의 국제협력에 대한 의식을 파악하는 데 중점을 두고 진행되었다. 특히 공여국(donor country)과 수원국(recipient country) 간 응답의 차이에 주목하여 민주주의 증진을 위한 지원·협력을 제공하는 측과 지원·협력을 제공받는 측의 의식 차이를 확인하고자 했다. 또한 민주주의 국제협력에 대한 응답자들의 의식에서 지역(region)에 따른 차이가 어떻게 나타나는지 확인하고자 했다.

둘째, 국내 수요조사에서는 한국의 국제교류협력 담당자들이 가지고 있는 민주주의 국제협력에 대한 의식을 확인하는 데 중점을 두었다. 특히 국내 수요조사에서는 일반적인 국제교류협력과 민주주의 증진을 위한 교류 협력에 대한 응답자들의 의식을 비교 분석함으로써 민주주의 국제협력이 한국에서 어떻게 받아들여지고 있는지 확인하고자 했다.

셋째, 아시아 수요조사에서는 아시아 10개국에서 민주주의 국제협력에 대한 의식이 어떻게 나타나는지 확인하는 데 중점을 두었다. 즉 민주주의 국제협력의 수원국이라고 할 수 있는 아시아 10개국의 민주주의 국제협력에 대한 의식의 지형도를 확인하는 것이 아시아 수요조사의 목적이라고 할 수 있다. 아시아 수요조사는 민주주의 국제협력에 대한 아시아 전체의 의식 지형을 확인하는 동시에 각 국가별로 나타나는 응답자들의 구체적인 의식 양상을 확인하는 데 초점을 두고 진행되었다.

여기서 아시아 수요조사가 지니는 의미는 특별하다. 한국이 민주주의 국제협력에 참여하게 될 때, 전략적인 집중이 이루어질 지역이 바로 아시아이기 때문이다. 민주주의 국제협력의 초보자로서 한국은 지리적, 문화적, 심리적 거리가 가까운 아시아에서부터 민주주의 국제협력을 시작하게 될 것이다. 지역 단위의 연관과 상호 의존이 심화되고 있는 상황에서 한국은 아시아 지역 협력을 강화해 나가야 한다는 요청을 받고 있다. 이미 다양한 국제교류협력기관과 시민사회단체에서 이루어지는 국제교류협력이 아시아에 집중되고 있으며, 아시아에서 많은 성과들을 산출하고 있다. 시민사회의 민주주의 활동의 경우에도 아시아와의 국제 연대를 중심으로 다양한 활동이 이루어지고 있다. 따라서 아시아를 민주주의 국제협력의 전략적 집중 지역으로 설정하는 것은 큰 무리가 없어 보인다.

한국이 향후 아시아 민주주의 증진을 위한 국제협력 · 지원에서 비중 있는 역할을 수행하기 위해서는 아시아의 상황과 수요를 명확히 확인할 필요가 있다. 특히 남아시아와 동남아시아 국가들이 처해 있는 민주주의 상황과 향후 민주주의 개혁의 과제, 국제직 협력 · 지원에 대한 수요는 면밀한 조사를 통해 확인되어야 할 내용이다. 아시아 수요조사는 곧 한국의 민주주의 국제협력이 본격적으로 시작되기 위한 기반을 형성하는 작업인 것이다.

한편 아시아 10개국에 대한 민주주의 국제협력 수요조사는 '맞춤형' 협력 · 지원을 위한 준비 작업이다. 민주주의 증진을 위한 국제적 차원의 다양한 노력들은 수많은 성과를 낳았지만 동시에 수많은 한계와 부작용을 노출해 왔다. 역사적으로 한 국가의 민주주의 증진을 위한 외부의 협력 · 지원이 실질적으로 해당 국가의 민주주의 심화와 발전에 기여하지 못한 사례가 빈번히 나타나고 있다. 이와 같이 다소 실망스러운 결과들은 민주주의 국제협력의 의의 자체에 대한 회의를 가져오기도 한다. 대부분의 경우 외부 지원·협력이 실질적으로 해당 국가의 민주주의 발전에 기여하지 못하는 이유는 민주주의 국제협력 프로그램이 현지의 정치적, 사회적, 문화적 상황에 충분히 기반을 두지 못했거나 현지의 수요와 요구에 부합하지 못하는 경우라고 할 수 있다. 즉 해당 국가와 사회에 '맞춤형 지원(customized assistance)'이 이루어지지 못했기 때문에 민주주의 국제협력 프로그램의 효과성(effectiveness)이 현저히 저하되는 것이다. 따라서 민주주의 국제협력 프로그램이 본격적으로 실행되기에 앞서 협력 대상 국가(partner country)에 대한 면밀한 상황 분석과 수요조사가 필수적이다.

아시아 수요조사의 의의는 맞춤형 지원을 통한 민주주의 국제협력 프로그램의 효과성 제고만으로 한정되지 않는다. 아시아 10개국의 정부 및 공공기관 종사자와 시민사회 활동가 및 민주주의 관련 기관의 담당자들이 원하는 협력·지원 프로그램을 확인함으로써 현지 주도 하의 민주주의 증진 역량(capacity for promoting democracy by local initiative)을 육성·발전시킬 수 있을 것이다. 다시 말해 지원·협력을 받는 수원국의 자체적인 민주주의 동력을 확보하고 지속적이고 장기적인 민주주의 심화 발전을 이루어낼 수 있도록 하는 데 민주주의 국제협력이 기여해야 할 것이다. 이러한 목적에 적합한 민주주의 국제협력 프로그램을 개발하기 위한 전략적 모색의 일환으로서 아시아 수요조사가 의의를 지니는 것이다.

Ⅱ. 아시아 지도의 조각 찾기
─ 아시아 수요조사의 진행

　민주주의 국제협력 수요조사의 측정문항개발은 크게 네 단계의 절차를 거쳐 이루어졌다. 1단계에서는 국제교류 관련 국내외 선행 조사를 검토하고 국내외 전문가들의 면담결과를 토대로 여러 차례에 걸친 전문가 자문회의와 전략기획회의를 통해 기본적인 조사모형을 구상하였다. 2단계에서는 국내외 국제교류 기존 설문조사문항을 검토하고 글로벌 수요조사, 국내 수요조사, 아시아 수요조사의 설문문항을 개발하였다. 3단계에서는 설문지의 규모, 자기기입식 가능성 여부, 내용의 타당성 등을 고려하여 우선순위를 정하고 문항을 개발하였다. 마지막 단계에서는 개발 측정문항을 전략기획회의를 거쳐 설문실시 문항으로 최종 선택하였으며 분석 의도에 따라 문항을 재배열하였다.

　이 과정에서 국제기구와 해외 민주주의 지원기관의 조사연구 결과를 확인하고 한국의 민주주의 국제협력 개념에 적합한 모형을 개발하고자 했다. 또한 민주주의 국제협력전문가는 물론 다양한 관련 연구자와의 협의가 진행되었다. 한편 아시아 각국의 학자 및 시민사회 활동가 등과의 개별 면담과 포커스 그룹 인터뷰를 통해 아시아 민주주의 상황에 적합한 설문문항의 구체적인 틀을 형성하였다.

아시아 수요조사의 설문지 배포와 설문조사 실행은 2008년 6월 5일부터 2008년 10월 31일까지 이루어졌다. 설문조사 시기가 길어진 것은 각 국가별로 설문조사 담당기관 및 담당자를 선정하는 데 어려움이 따랐기 때문이다. 또한 아시아 각국에서 민주주의 활동을 펼치고 있는 단체들이 충분한 표본 집단을 확보하는 데 많은 어려움이 따르기도 하였다. 따라서 설문조사결과가 한국에 도착하기까지 국가별로 시기상의 차이가 발생한 것이다.

각 국가별 담당자들은 민주주의 증진과 관련된 정부 및 공공기관 종사자와 시민사회단체 활동가, 관련 연구자 등을 중심으로 설문조사를 진행하였다. 여러 가지 어려운 상황에도 불구하고 민주주의 국제협력 아시아 수요조사를 성공적으로 실행한 아시아 각국의 담당자들은 다음과 같다.

아시아 수요조사 실행 기관과 담당자

국 가	현지 협력기관	담당자
인도네시아	Urban Community Mission	Carla June Natan
필리핀	아시아 NGO 센터	성혁수
말레이시아	SUARAM	Moon Hui
방글라데시	Community Development Library	Mohuiddin Amad
스리랑카	IMADR	Nimalka Fernando
인도	India Habitat Center	Raj Liberhan
네팔	Center for Public Health and Environmental Development	Ram Charitasah
대만	Taiwan Association for Human Rights	Rebecca C. Fan
캄보디아	SILAKA	Thida Khus
몽골	Center for Human Rights and Development	Mandkhaitsetsen

이상의 과정을 거쳐 아래의 표와 같이 전체 1,400부의 설문지가 수거되었으며 국가별로 수거된 설문지의 양은 다소 상이하다. 이는 국가별 상황에 따라 설문조사의 진행이 일률적으로 이루어지기 어렵기 때문에 발생한 결과이다. 국가별로 응답의 표본이 상이하기 때문에 본 조사는 국가 간 단순 비교보다는 각 국가별로 응답 간의 상대적 비중에 초점을 두고 분석을 진행하였음을 밝히는 바이다.

아시아 수요조사 대상 국가별 설문 참여자 수

국가	설문지 부수	비중
몽골	202	14.4%
방글라데시	152	10.9%
캄보디아	263	18.8%
인도	169	12.1%
인도네시아	144	10.3%
말레이시아	31	2.2%
네팔	169	12.1%
필리핀	86	6.1%
스리랑카	136	9.7%
대만	48	3.4%
총계	1,400	100%

본 조사 연구에서는 국제교류 실태를 분석하기 위해서 기술통계와 평균차이검증(t검증과 ANOVA), 그리고 교차분석(이차원분할표와 다차원 분할표)을 실시하였다. 기술통계에서는 본 연구에서 사용된 국제교류 실태변인들의 수준을 탐색하기 위하여 기술적으로 분석하였다. 평균차이검증에서는 국제교류 실태의 각 영역에

대해 국제교류 실무담당자들이 속한 단체활동유형, 사회 인구학적 특성에 따라 국제교류의 정도와 그 차이가 있는지를 t검증과 분산 분석(ANOVA)을 사용하여 분석하였다. 교차분석에서는 응답자들의 단체활동유형, 사회 인구학적 특성에 따라 국제교류 실태의 수준과 관계양상을 분석하였다. 이상의 분석방법에 사용된 프로그램은 SPSS 12.0 version이다.

Ⅲ. 민주주의 지구화 흐름 속의 아시아
- 아시아 수요조사결과 분석

1. 조각과 전체 - 아시아 수요조사분석의 개요

아시아 수요조사분석은 총 다섯 차원에 걸쳐서 아시아 10개국 응답자들이 민주주의의 현실과 민주주의 국제협력에 대해 느끼는 문제점과 요구를 파악하고자 했다. 다섯 차원의 첫 번째 차원에서는 민주주의 국제협력이라는 새로운 국제적 움직임에 대해서 응답자들이 가지고 있는 기본적인 인식과 태도를 확인하고자 했다. 두 번째 차원에서는 해외의 민주주의 관련 지원을 받았거나 협력 프로그램을 실행했던 경험에 기반을 두어 응답지들이 민주주의 국제협력 프로그램의 효과성에 대해 어떤 평가를 내리고 있는지 확인하고자 했다. 세 번째 차원에서는 응답자들이 자국 민주주의의 상황과 난관에 대해 어떤 평가를 내리고 있는지 확인하고자 했다. 네 번째 차원에서는 응답자들이 해외의 민주주의 지원, 협력기관으로부터 어떤 종류의 지원 및 협력을 원하고 있는지 확인하고자 했다. 마지막으로 다섯 번째 차원에서는 응답자들이 가지고 있는 한국 민주주의에 대한 평가와 향후 협력의 방향성 및 전망을 확인하고자 했다.

다섯 차원 중 첫 번째 민주주의 국제협력에 대한 기본 인식 및 정향 부분에서는 응답자들이 가지고 있는 민주주의 국제협력에 대한 일반적인 이해와 민주주의 지원에 대한 인식, 민주주의 국제협력의 동기에 대한 인식 등에 대한 조사결과를 분석했다. 구체적 내용으로는 개발 및 경제발전과 민주주의 사이의 관계에 대한 응답자들의 인식을 파악함으로써 이들이 민주주의 국제협력의 개념과 민주주의 국제협력의 필요성을 어떻게 이해하고 있는지 확인했다. 그리고 어떤 종류와 형태의 민주주의 국제협력이 필요한지를 파악함으로써 응답자들의 일반적인 선호가 무엇인지 확인하고자 했다. 또한 공여국들이 민주주의 국제협력에 나서고 있는 이유에 대해 응답자들이 어떻게 인식하고 있는지 파악함으로써 수원국의 입장에서 민주주의 지원 및 민주주의 증진에 대해 어떤 인상을 가지고 있는지 확인하고자 했다.

다섯 차원 중 두 번째 민주주의 국제협력의 경험에 기반을 둔 평가 부분에서는 응답자들이 가지고 있는 민주주의 국제협력의 경험을 바탕으로 프로그램의 효과성과 프로그램 실행 과정에 나타난 장애 요인들을 확인하고자 했다. 구체적 내용으로는 응답자들이 경험에 기반을 두어 평가했을 때 가장 효과적인 프로그램과 가장 효과적이지 못한 프로그램이 무엇인지 확인했다. 이때 효과적인 프로그램과 효과적이지 못한 프로그램에 대한 평가를 동시에 확인한 것은 하나의 프로그램이 일부에게는 매우 효과적인 동시에 다른 집단에게는 매우 비효과적인 것으로 받아들여질 수 있기 때문이다. 이와 같은 경우 해당 프로그램은 효과성 면에서 상당한 논란이 있거나 프로그램의 구체적인 내용에 따라 그 효과성이 상이하게 나타날 수 있는 것으로 이해할 수 있을 것이다. 한편 효과성 평가에 이어 응답자들의 경험 속에서 민주주의 국제협력의 장애 요인이 무엇인지 확인했다. 민주주의 국제협력의 장애 요인에 대한 평가는 향후 지원과 협력에서 반드시 고려해야 할 측면을 포괄한다고 하겠다.

다섯 차원 중 세 번째 자국의 민주주의 상황에 대한 평가 부분에서는 응답자들이 자국 민주주의 수준과 상황, 문제점에 대해 어떻게 평가하는지를 파악했다. 이와 같은 평가는 각국의 민주주의에 대한 응답자들의 주관적인 평가를 확인함으로써 어떤 지점에 지원이 집중적으로 이루어져야 하는지 방향성을 모색하는 데 목적이 있다. 구체적 내용으로는 응답자들이 자국 민주주의 핵심 이슈라고 간주하는 영역을 파악함으로써 각국의 민주주의 상황에서 핵심 초점이 되고 있는 영역이 무엇인지 확인했다. 그리고 일련의 민주주의의 결함이 존재할 때 이러한 결함이 나타나는 원인을 응답자들이 각각 어떻게 진단하고 있는지 확인함으로써 어떤 제도와 문화적 요소의 강화가 필요한지 확인했다. 이어서 응답자들이 자국의 민주주의를 강화, 발전시켜 나가는 데에 핵심 고리를 무엇이라고 생각하고 있는지 파악함으로써 향후 지원 및 협력의 방향을 모색하고자 했다.

다섯 차원 중 네 번째 민주주의 국제협력에 대한 수요 부분에서는 응답자들이 민주주의 국제협력을 필요로 하고 있는지 그리고 필요로 하고 있는 프로그램 방식은 무엇인지 확인했다. 민주주의 국제협력에 대한 일반적인 수요분석은 다섯 번째 차원인 한국의 민주주의 국제협력에 대한 수요와의 비교항으로 의의를 지닌다.

다섯 차원 중 다섯 번째 한국 민주주의에 대한 인식과 기대 부분에서는 응답자들이 한국의 민주주의를 어떻게 평가하고 있으며 향후 한국이 민주주의 국제협력에 참여하여 어떤 역할을 수행해주기를 요구하는지 확인했다. 특히 이 부분에서는 교육 프로그램의 방향에 대한 수요를 확인하였다. 교육 프로그램에 초점을 맞춘 것은 글로벌 수요조사의 결과 국제협력 담당자들에게 가장 선호되는 방식인 동시에 가장 효과성이 높은 방식으로 확인된 교육 프로그램에 대해 응답자들의 보다 구체적인 수요를 확인하고자 하기 위함이다. 다섯 번째 차원에 대한 결과 분석을 통해 한국에게 요구되고 있는 민주주의 국제협력에서의 역할이 무엇이며 민주주의 국제협력에서 한국적 비교 우위가 무엇인지 파악하였다.

아시아 수요조사는 이상의 구조를 바탕으로 총 10개국의 조사결과를 정리하는 것으로 구성되었다. 분석 결과는 각 국가별로 질문에 대한 응답의 비중이 어떻게 나타나고 있는지에 주목하여 서술되었다. 국가별로 표본의 규모가 상이하기 때문에 국가간 비교는 각 응답의 비중 순위에 따른 비교만으로 제한하였다. 즉 A응답이 국가에 따라 몇 번째 순위의 비중을 가지는 응답인지를 주로 확인했다는 것이다. 또한 각 국가별로 비중이 높은 응답들에 주목하여 분석을 진행하였다. 이와 같은 분석을 통해 국가별로 어떤 요소가 중시되고 있는지, 어떤 문제가 쟁점이 되고 있는지, 어떤 종류의 인식이 우세한지를 파악하였다.

2. 조각 맞추기 - 결과 분석

2.1. 민주주의 국제협력에 대한 기본 인식 및 정향

민주주의 국제협력에 대한 일반적인 인식 및 정향을 파악하기 위해 본 조사에서는 설문 참여자들이 민주주의와 경제발전 간의 관계에 대해 어떤 인식을 가지고 있는지 확인했다. 민주주의 국제협력의 필요성에 대한 국제사회의 인식 확산은 민주주의와 경제발전 간의 관계에 대한 새로운 인식에 기반을 두어 있다. 즉 민주주의의 안정적인 발전이 지속가능한 경제발전의 토대가 된다는 인식이 1990년대부터 논의가 시작되어 현재는 일종의 글로벌 스탠더드로 자리 잡고 있으며, 이러한 새로운 인식 변화로 인해 보다 적극적인 민주주의 국제협력이 다양한 행위자들에 의해 진행되고 있는 것이다.

경제개발과 민주주의가 상호의존적이고 상호 연관적이라는 데
대해 아시아 10개국의 응답자들은 전반적으로 동의하는 입장을 보
이고 있다. 아시아 10개국 전체 응답자의 87.8%가 동의 응답을 선택
하고 있다. 즉 경제개발과 민주주의가 상호 긍정적인 연관 관계
하에서 선순환적인 영향을 주고 있다는 데 대해 다수의 응답자들이
인식을 공유하고 있다는 것이다. 캄보디아를 비롯한 대부분의 국가
에서 90%에 이르는 응답자가 경제개발과 민주주의 간의 긍정적
상호 관계에 대한 동의 입장을 보이고 있다. 이 때 경제개발과 민주
주의 간의 상호의존성과 상호 연관성에 대해 부정적인 응답의 비중
이 대만의 경우 25.0%, 몽골의 경우 24.3%, 스리랑카의 경우 18.1%
로 상대적으로 높게 나타나고 있다. 즉 대만, 몽골, 스리랑카에서
경제개발과 민주주의 간의 상호연관성에 대해 동의하지 않는 의견
이 다른 지역보다 높은 비중으로 나타나고 있는 것이다.

경제개발과 민주주의는 상호의존적이며 상호연관적이다

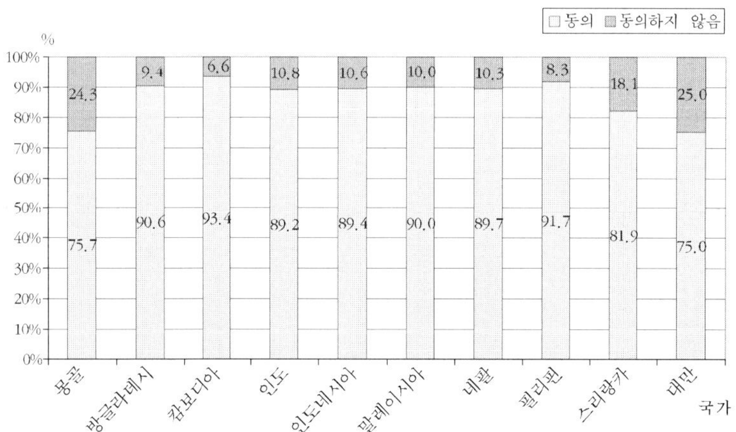

〈그림 1〉 경제개발과 민주주의의 상호의존성에 대한 국가별 찬반 입장

민주주의와 경제개발이 동시에 성취될 수 있으며, 동시에 성취되어야 한다는 데 대해서는 긍정적 응답의 비중이 감소하고 있음을 확인할 수 있다. 민주주의와 경제개발의 상호연관성에 대해서는 높은 비중으로 긍정적인 응답이 나타나고 있지만, 양자를 동시에 달성해야 한다는 데 대해서는 동의의 비중이 축소되고 있는 것이다. 물론 전체의 67.0%가 민주주의와 경제개발의 동시 성취에 대해 동의하는 입장을 밝히고 있지만 이와 같은 비중은 앞서 언급한 양자의 상호연관성에 대한 응답보다 축소된 수치이다.

국가별로 보면 민주주의와 경제개발의 동시 성취에 대한 동의 입장이 말레이시아의 경우 93.5%, 필리핀의 경우 83.7%로 다른 국가에 비해 상대적으로 높은 비중을 보이고 있다. 또한 인도의 경우에도 동의 입장이 77.0%로 상대적으로 높은 비중을 보이고 있다. 이들 3개국을 제외하면 나머지 7개국에서는 전반적으로 동의 입장의 비중이 65%이하로 나타나고 있다. 특히 앞서 민주주의와 경제개

민주주의와 경제개발은 동시에 성취되어야 한다

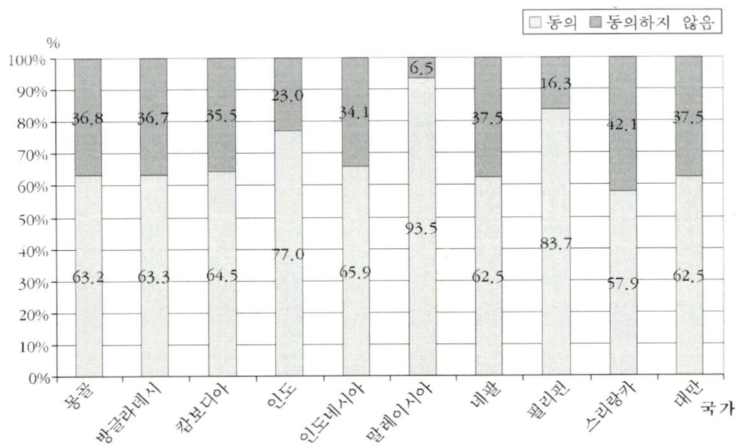

〈그림 2〉 민주주의와 경제개발의 동시 성취에 대한 국가별 찬반 입장

발의 상호연관성에 대해 부정적인 응답의 비중이 높았던 몽골, 스리랑카, 대만에서 각각 36.8%, 42.1%, 37.5%의 비중으로 민주주의와 경제발전의 동시 성취에 대해 부정적인 응답이 나타나고 있다.

이와 같은 결과는 민주주의와 경제발전이 상호 연관되어 있다는 데에는 동의하지만 양자가 반드시 동시에 달성되어야 할 필요는 없다는 일부 응답자들의 의견이 반영된 결과라고 할 수 있다. 즉 민주주의와 경제발전 사이에 일종의 선후 관계나 중요도의 우선순위가 존재할 수도 있다는 인식이 응답자들 일부에서 나타나고 있다는 것이다.

민주주의와 경제발전의 관계에 있어서 경제발전이 민주주의에 긍정적인 영향을 미친다는 데 대해 아시아 10개국의 응답자 전체의 70.8%가 동의하는 입장을 나타내고 있다. 특히 인도네시아의 경우 83.5%, 대만의 경우 83.3%, 네팔의 경우 81.4%의 응답자가 경제발전이 민주주의를 이끈다는 데 대해 동의하는 응답을 보이고 있다.

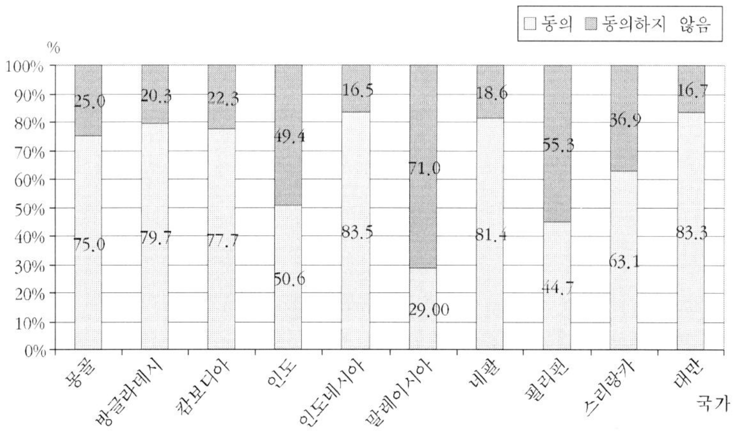

〈그림 3〉 경제개발 우선론에 대한 국가별 찬반 입장

뿐만 아니라 몽골, 방글라데시, 캄보디아 등에서도 경제발전이 민주주의에 긍정적인 영향을 미친다는 응답의 비중이 높게 나타났다. 반면 말레이시아의 경우 29.0%의 응답자만이 경제발전이 민주주의를 이끈다는 데 대해 동의했으며, 71.0%는 동의하지 않는다는 입장을 보이고 있다. 또한 필리핀, 인도에서도 경제발전이 민주주의에 미치는 긍정적 영향에 대해 동의하지 않는다는 응답의 비중이 상대적으로 높았다.

결국 경제발전이 민주주의를 이끄는 요소로서 기능하고 있는지에 대한 질문에 대한 응답에서 국가별로 일정한 편차가 나타나고 있는 셈이다. 즉 대만과 같이 경제발전이 민주주의를 이끈다는 데 대한 동의 응답이 현저히 많은 경우와 말레이시아와 같이 동의하지 않는다는 응답이 현저히 많은 경우, 인도와 같이 동의 응답과 동의하지 않는다는 응답이 비슷한 비중을 보이는 경우가 공존하고 있는 상황이다. 이는 곧 국가별 상황과 맥락에 따라 경제발전이 민주주

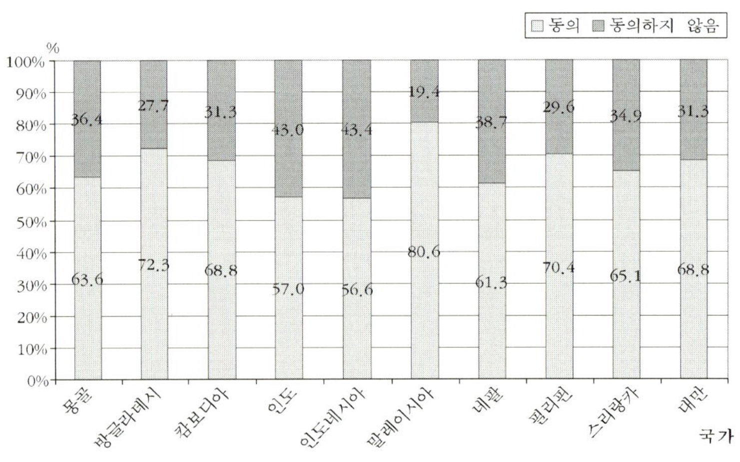

〈그림 4〉 민주주의 선행론에 대한 국가별 찬반 입장

의에 미치는 영향에 대한 평가가 상이하게 나타나고 있다는 사실을 확인하게 해 주고 있다.

한편 민주주의 발전이 경제발전에 앞서 선행되어야 한다는 데 대해서는 아시아 10개국에 걸쳐 동의 의견이 높게 나타나고 있다. 여기서 주목해야 할 것은 말레이시아와 필리핀, 인도의 응답 결과 이다. 민주주의 발전이 경제개발에 우선한다는 데 대해 말레이시아 의 경우 80.6%가 동의 응답을 했고 19.4%가 동의하지 않는다는 응답을 하고 있다. 또한 필리핀의 경우 동의 응답이 70.4%, 동의하 지 않는다는 응답이 29.6%의 비중을 보이고 있다. 인도의 경우 동의 응답이 57.0%, 동의하지 않는다는 응답이 43.0%를 나타내고 있다. 이와 같은 응답 결과는 앞서 경제개발이 민주주의를 이끈다는 데 대한 응답 결과의 대체적으로 반대 양상을 보이고 있다. 즉 이들 세 국가의 응답자들에게 민주주의와 경제개발이 우선순위에 있어 서 대립되는 관계에 있다고 인식하고 있는 셈이다. 즉 민주주의 발전의 우선성에 동의하는 경우에 경제발전이 민주주의를 이끄는 요소라는 데 대해 반대 입장을 표명하게 된다는 것이다.

또한 경제개발이 민주주의를 이끈다는 데 대한 반대 응답에 비교 했을 때, 민주주의 발전이 경제개발에 앞서서 우선시 되어야 한다 는 데 대해서 반대하는 응답의 비중이 현저하게 높아져 있음을 확인할 수 있다. 특히 대만의 경우 경제발전이 민주주의를 이끈다 는 데 대해 16.7%가 동의하지 않는 입장이었지만 민주주의가 경제 발전에 선행해야 한다는 데 대해서는 31.3%가 반대 응답을 하고 있다. 즉 민주주의 발전이 선행되어야 할 핵심적 과제라는 사실에 대해 동의하는 입장이 다수를 이루기는 하지만 여전히 민주주의와 경제개발 사이의 우선성에 대해서 의견 충돌이 나타나고 있는 셈이 다.

결론적으로 아시아 10개국의 응답자들 사이에서 민주주의와 경

제발전의 관계에 대한 합의가 완전하게 형성된 것은 아니라고 할
수 있다. 민주주의의 정착과 심화가 지속적인 경제발전과 지속가능
한 개발을 가능하게 하는 전제 조건이라는 인식이 국제기구와 서구
민주주의 지원기관 등을 중심으로 확산되고 있지만 모든 이들이
이와 같은 내용에 동의하고 있는 것은 아니라는 사실을 알 수 있다.
즉 때로는 민주주의를 희생해서라도 경제발전과 같은 목표를 추구
해야 한다는 입장, 혹은 경제발전을 위해 민주주의는 차후에 발전
시켜야 한다는 입장이 상존하고 있는 것이다. 민주주의가 국제사회
의 보편적 규범으로서 인식은 되고 있지만 실질적인 가치 규범으로
서 정착되지 못했다는 사실을 확인할 수 있는 설문 결과라고 할
수 있을 것이다.

보편적 가치 규범으로서 민주주의가 확고하게 정착되지 못하고
있는 상황은 다른 질문에 대한 응답에서도 잘 드러난다. 민주주의
와 같은 보편적 가치가 전통적 가치보다 우선한다는 데 대해 10개

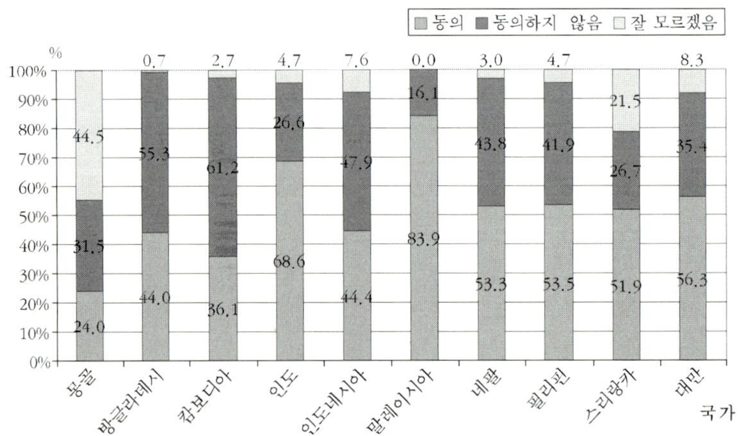

〈그림 5〉 보편적 가치(민주주의)의 우선성에 대한 국가별 찬반 입장〉

국 전체 응답자의 46.5%가 동의한 반면, 42.2%가 동의하지 않는다는 응답을 보이고 있다. 말레이시아의 경우 보편적 가치가 우선한다는 데 대해 83.9%가 동의 입장을 보이고 있으며 인도, 네팔, 필리핀, 스리랑카, 대만에서 모두 동의 응답이 높은 비중을 보이고 있다. 한편 몽골, 방글라데시, 캄보디아, 인도네시아에서는 보편적 가치가 전통적 가치보다 우선한다는 데 대해 동의하지 않는다는 응답의 비중이 높게 나타나고 있다.

결국 민주주의와 같은 보편적인 가치와 전통적인 가치 사이의 우선성에서도 민주주의가 확고한 가치 규범으로 인식되지 못하는 상황인 셈이다. 종합하면 민주주의가 국제사회에서 일종의 규범적 기준(normative standard)으로 인식되고 있으며 민주주의와 경제발전 사이의 상호의존적 관계에 대한 인식이 확산되었지만 여전히 민주주의와 경제발전의 관계, 민주주의 발전의 우선성과 가치 규범으로서의 위상에 대한 상이한 입장이 공존하고 있다는 점을 확인할 수 있다.

2.1.1. 민주주의 국제협력에 대한 인식
2.1.1.1. 민주주의 국제협력은 필요한가?

자국 민주주의 증진을 위한 국제협력·지원의 필요성에 대한 응답에서 아시아 10개국의 응답자 전체의 30.3%가 '매우 필요', 27.0%가 '필요'하다는 응답을 보이고 있다. 전체 응답자의 절반이 넘는 비중이 민주주의 증진을 위한 국제협력·지원의 필요성에 대해 긍정적인 응답을 하고 있는 것이다.

개별 국가 차원에서도 전반적으로 민주주의 증진을 위한 국제협력·지원의 필요성에 대해 긍정적인 응답이 주를 이루고 있다. 하지만 일부 국가에서 필요성에 대한 부정적인 응답(불필요, 매우 불필요)이 높은 비중으로 나타나는 경우가 보이고 있다. 가령 방글라데시의 경우 응답자의 11.4%가 '매우 불필요', 21.5%가 '불필요'를 선택하고 있다. 인도의 경우에도 응답자의 14.5%가 '매우 불필요', 13.3%가 '불필요'를 선택하고 있다. 네팔에서도 응답자의 10.4%가 '매우 불필요', 14.0%가 '불필요'를 선택하였고 인도네시아에서도 응답자의 10.9%가 '매우 불필요', 6.3%가 '불필요'를 선택해 비교적 높은 비중의 부정적 응답을 보이고 있다. 반면 몽골, 캄보디아, 말레이시아, 필리핀, 스리랑카, 대만에서는 민주주의 증진을 위한 국제협력·지원의 필요성에 대한 부정적 응답의 비중이 상대적으로 낮게 나타나고 있다.

특히 민주주의 증진을 위한 국제협력·지원의 필요성에 대한 부정적인 응답의 비중이 높게 나타난 방글라데시, 인도, 네팔의 경우에는 '보통'을 선택한 응답의 비중도 높게 나타나고 있으며 이로 인해 긍정적 응답(필요, 매우 필요)의 비중이 다른 지역에 비해 현

자국 민주주의 증진을 위한 국제 협력·지원의 필요성

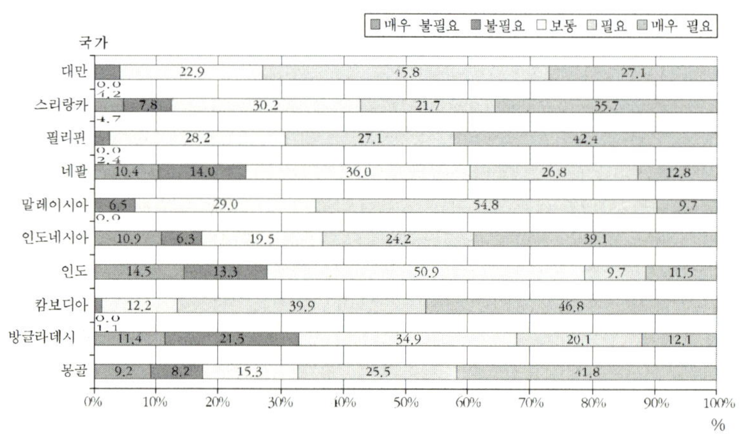

〈그림 6〉 자국 민주주의 증진을 위한 국제협력·지원의 필요성에 대한 국가별 응답 결과

저히 낮게 나타나고 있다. 즉 이들 3개국의 경우에는 민주주의 증진을 위한 국제협력·지원에 대한 필요성이 응답자들 사이에서 높게 나타나지 않고 있는 것이다. 이와 같은 결과는 민주주의 국제협력에 대한 거부감이나 실제 민주주의 국제협력의 효과에 대한 의문 등이 복합적으로 작용하여 나타난 결과라고 할 수 있을 것이다.

2.1.1.2. 어떤 지원 방식이 필요하다고 생각하는가?

자국 민주주의 증진을 위해 필요한 국제협력·지원의 방식에 대해 대만을 제외한 9개국에서 모두 '교육 훈련'을 선택한 응답의 비중이 가장 높게 나타났다. 특히 인도네시아 77.6%, 방글라데시

자국 민주주의 증진을 위해 가장 필요한 국제 협력 지원의 방식

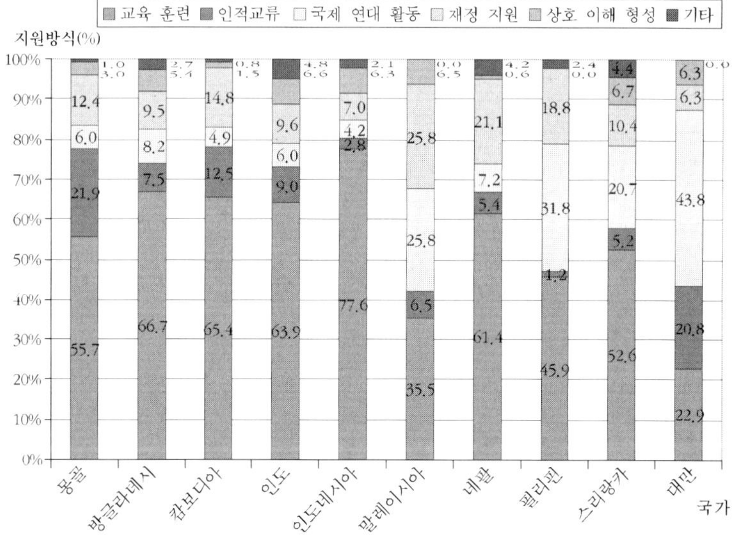

〈그림 7〉 자국 민주주의 증진을 위해 가장 필요한 국제협력 지원의 방식에 대한 국가별 응답 결과

66.7%, 캄보디아 65.4%, 인도 63.9%의 응답자가 '교육 훈련'을 가장 필요한 민주주의 국제협력 방식으로 꼽고 있다. 이들 4개국의 경우, 캄보디아 응답자의 14.8%가 '재정지원'의 필요성에 대해 응답한 것을 제외하면 '교육 훈련' 이외의 다른 방식을 선택한 응답의 비중이 10% 내외에 그치고 있다. 즉 민주주의 국제협력의 방식으로서 '교육 훈련'에 대한 선호가 현저하게 높게 나타나고 있는 것이다.

한편 말레이시아의 경우 '교육 훈련'을 선택한 응답의 비중이 35.5%로 상대적으로 낮은 반면 '국제연대활동'과 '재정지원'의 필요성에 대한 응답의 비중이 각각 25.8%로 상대적으로 높게 나타나고 있다. 또한 필리핀의 경우에도 '교육 훈련'을 선택한 응답의 비중이 45.9%로 상대적으로 낮은 반면 '국제연대활동'과 '재정지원'의 필요성에 대한 응답의 비중이 각각 31.8%, 18.8%로 상대적으로 높게 나타나고 있다. 또한 스리랑카의 경우에도 '국제연대활동'을 선택한 응답의 비중이 20.7%, '재정지원'을 선택한 응답의 비중이 10.4%를 나타내고 있다. 말레이시아, 필리핀, 스리랑카에서 교육 훈련과 함께 국제연대활동과 재정지원의 필요성에 대한 응답의 비중이 비교적 높게 나타나고 있는 것이다.

한편 몽골의 경우에는 '인적교류'를 선택한 응답의 비중이 21.9%로 상대적으로 높게 나타났으며, 네팔에서는 '재정지원'을 선택한 응답의 비중이 21.1%로 상대적으로 높게 나타나고 있다. 특히 대만은 '교육 훈련'을 선택한 응답의 비중이 22.9%로 현저하게 낮았으며 '국제연대활동'(43.8%), '인적교류'(20.8%)를 선택한 응답이 상대적으로 높은 비중을 보이고 있다.

결국 교육 훈련에 대한 선호가 가장 높게 나타나는 가운데 국제연대활동과 재정지원에 대한 응답도 상당한 비중을 보이고 있다고 할 수 있다. 또한 일부에서는 인적교류를 선택한 응답의 비중도 높게 나타나고 있다. 즉 국가별로 국제연대활동, 재정지원, 인적교류 간의 응답 비중 순위에서 차이가 나타나고 있는 것이다. 이 때 상호 이해 형성을 가장 필요한 국제협력·지원의 방식으로 선택한 응답의 비중이 전반적으로 낮은 것도 조사결과의 특징이라고 할 수 있다.

2.1.1.3. 어떤 형태의 네트워크가 필요하다고 생각하는가?

자국에서 가장 효과적인 국제협력 네트워크의 유형에 대한 질문에서 아시아 10개국 전체 응답자의 39.0%는 '비정부 간 네트워크', 38.5%는 '정부 간 네트워크'를 선택했다. 일반적으로 응답자들이 비정부기구 간의 네트워크나 정부 간 네트워크를 통한 국제협력을 선호하고 있다고 할 수 있을 것이다.

자국에서 가장 효과적인 국제협력 네트워크 유형

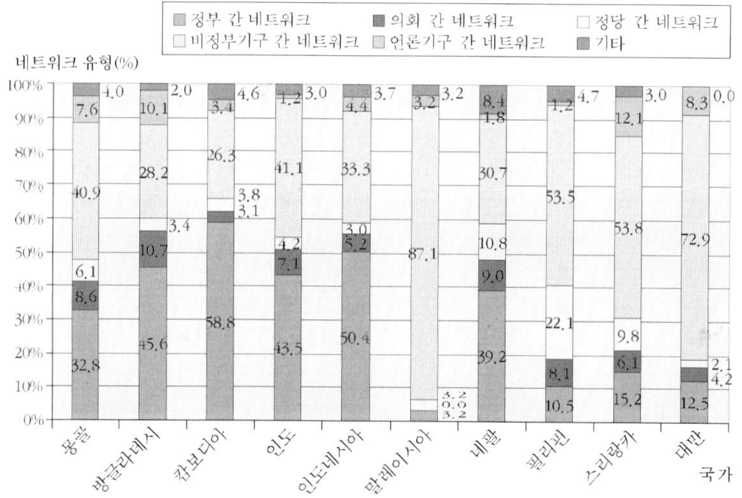

〈그림 8〉 자국에서 가장 효과적인 국제협력 네트워크 유형에 대한 국가별 응답 결과

그러나 이와 같은 응답 결과는 국가별로 상당한 차이를 보이고 있다. 말레이시아, 스리랑카, 대만, 필리핀에서는 '정부 간 네트워크'가 효과적이라는 응답의 비중이 현저히 낮게 나타나는 대신 '비정부기구 간 네트워크'가 효과적이라는 응답의 비중은 현저히 높게 나타나고 있다. 말레이시아 87.1%, 필리핀 53.5%, 스리랑카 53.8%, 대만 72.9%의 응답자가 '비정부기구 간 네트워크'를 통한 국제협력이 가장 효과적이라고 응답한 것으로 나타나고 있다.

반면 방글라데시, 캄보디아, 인도네시아에서는 가장 효과적인 국제협력 네트워크 유형으로 '국가 간 네트워크'를 선택한 응답의 비중이 '비정부기구 간 네트워크'를 선택한 응답의 비중보다 높게 나타나고 있다. 또한 몽골, 인도, 네팔의 경우에도 '정부 간 네트워크'가 가장 효과적이라는 응답이 근소한 차이로 '비정부기구 간 네트워크'가 가장 효과적이라는 응답보다 높은 비중을 보이고 있다.

비정부기구 간 네트워크와 국가 간 네트워크를 선택한 응답이 각 국가별로 높은 비중을 차지하고 있는 가운데 다른 네트워크 유형에 대한 응답은 10%를 넘지 못하는 양상을 보이고 있다. 그러나 방글라데시에서 응답자의 10.7%가 '의회 간 네트워크'를 선택했으며 10.1%는 '언론기구 간 네트워크'를 선택하고 있다. 이와 같은 결과는 다른 국가에 비해 상대적으로 높은 비중이라고 할 수 있다. 또한 필리핀에서 '정당 간 네트워크'가 가장 효과적인 국제협력 네트워크 유형이라는 응답이 22.1%에 달해 다른 국가에 비해 현저히 높은 비중을 보여 주고 있다. 스리랑카의 경우에도 12.1%가 '언론기구 간 협력'을 선택하여 다른 국가들에 비해 상대적으로 높은 비중을 보이고 있다. 즉 일부 국가별로 정부 간 네트워크와 비정부기구 간 네트워크 이외의 의회, 정당, 언론기구 간 네트워크도 중시되고 있다는 사실을 확인할 수 있다.

 민주주의 국제협력의 동기에 대한 인식

 어떤 동기에서 민주주의 국제협력이 이루어진다고 생각하는가?

민주주의 증진을 위한 국제협력·지원에 있어서 수원국의 입장에 있는 아시아 10개국에서 민주주의 국제협력의 동기에 대해 어떤 인식을 가지고 있는지 확인했다. 즉 주요 공여국들의 협력, 지원 프로그램의 의도나 동기에 대해 아시아에서 어떻게 생각하고 있는지 확인한 것이다.

응답 결과는 제시된 문항에 대해 전반적으로 분산된 양상을 보이고 있다. 아시아 10개국의 응답자 전체의 22.5%가 '국제사회의 일원으로서의 인식 제고'를 민주주의 국제협력의 핵심 동기로 선택하고 있으며 18.7%가 '경제적 효과', 15.4%가 '국제사회에 대한 책임',

민주주의 국제 협력의 핵심 동기

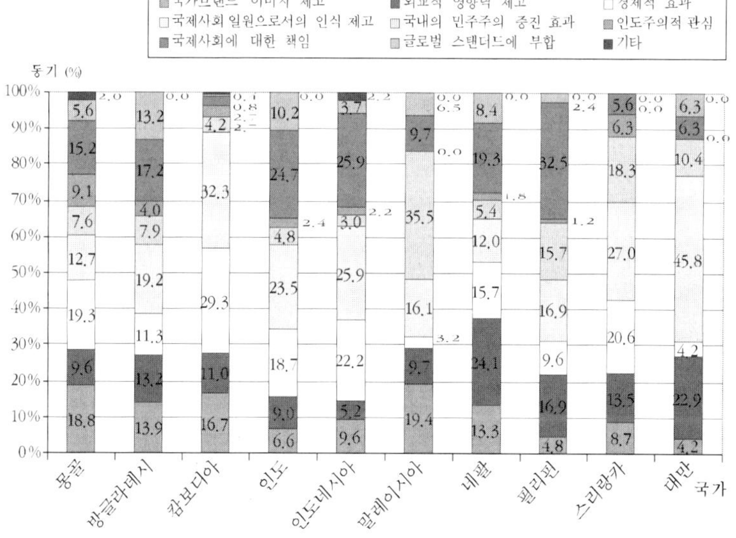

〈그림 9〉 민주주의 국제협력의 핵심 동기에 대한 국가별 응답 결과

12.8%가 '외교적 영향력 제고', 12.5%가 '국가 브랜드 이미지 제고'를 선택하고 있다. '국내 민주주의 증진 효과'와 '글로벌 스탠더드에 부합하는 활동으로서의 의의', '인도주의적 관심'이 민주주의 국제협력의 동기라는 응답은 각각 8.1%, 5.6%, 3.7%로 낮은 비중을 보이고 있다. 하지만 응답 전체에서는 낮은 비중을 보일 수 있으나 각 국가별 응답으로 살펴보면 높은 비중을 보이는 경우도 나타나고 있다. 즉 국가별로 응답이 상당히 상이하게 나타나고 있다는 것이다.

몽골의 경우에는 '경제적 효과'가 민주주의 국제협력의 의도나 동기라는 의견이 19.3%로 가장 큰 비중을 차지하고 있다. 이어서 '국가 브랜드 이미지 제고'가 민주주의 국제협력의 핵심 동기라는 응답이 18.8%로 나타나고 있다. 물론 '국제사회에 대한 책임', '국제사회 일원으로서 인식 제고'와 같은 응답도 각각 15.2%, 12.7%의 비중을 보이고 있다. 몽골에서는 응답이 전반적으로 분산되어 있는 가운데 경제적 동기나 국가 이미지와 같은 동기가 민주주의 국제협력의 핵심 동기라는 응답이 많이 나타나는 특징을 보이고 있다.

방글라데시 역시 응답이 여러 문항에 걸쳐 분산되는 모습을 보이고 있다. 방글라데시에서 가장 많은 응답은 '국제사회의 일원으로서 인식 제고'가 민주주의 국제협력의 핵심 동기라는 응답으로 19.2%의 비중을 보이고 있다. 이어서 '국제사회에 대한 책임'을 민주주의 국제협력의 핵심 동기로 본 응답이 17.2%를 차지하고 있다. 또한 글로벌 스탠더드로 등장한 민주주의 국제협력에 동참하기 위해 협력과 지원이 이루어진다는 응답이 13.2%를 차지해 다른 국가에 비해 상대적으로 높은 비중을 보이고 있다. 물론 '국가 브랜드 이미지 제고'(13.9%), '외교적 영향력 제고'(13.2%)를 민주주의 국제협력의 핵심 동기라고 응답한 경우도 일정한 비중으로 나타나고 있다. 방글라데시의 경우에는 일부 응답에서 공여국의 국가 이미지나 '외교적 영향력', '경제적 이익'과 같은 의도나 동기가 민주주의 국제협력에 개입되어 있다는 인식이 나타나고 있지만 보다 많은 응답자는 민주주의 국제협력이 국제사회 일원으로서 인식이나 책임감에서 비롯되었거나 글로벌 스탠더드에 부합하기 위한 활동으로서 실행되고 있다는 입장을 가지고 있는 것으로 볼 수 있다.

캄보디아와 스리랑카는 민주주의 국제협력의 핵심 동기로서 '국제사회 일원으로서의 인식 제고'와 '경제적 효과'를 선택한 응답의 비중이 높게 나타난다는 점에서 유사한 응답 결과를 보이고 있다. '국제사회 일원으로서의 인식 제고'를 선택한 응답의 비중이 캄보디아의 경우 32.3%, 스리랑카의 경우 27.0%에 이르고 있다. 두 응답을 제외한 다른 응답의 비중은 전반적으로 낮게 나타나고 있다. 단, 캄보디아의 경우 '국가 브랜드 이미지 제고'를 선택한 응답의 비중이 16.7%를 나타내고 있으며, 스리랑카의 경우 '국내 민주주의 증진 효과'를 선택한 응답의 비중이 18.3%로 다른 국가에 비해 상대적으로 높은 비중을 보이고 있다. 캄보디아와 스리랑카의 응답 결과를 종합하면, 민주주의 국제협력이 국제사회 일원으로서의 인식을 제고하기 위한 동기에서 비롯되었다는 입장과 개도국에서 경제적 이익을 확보하기 위한 의도에서 비롯되었다는 입장이 가장 큰 비중을 보이고 있다고 할 수 있다.

인도와 인도네시아의 경우에도 국제사회 일원으로서의 인식 제고와 경제적 효과를 선택한 응답의 비중이 높은 가운데 국제사회에 대한 책임을 민주주의 국제협력의 동기로 선택한 응답의 비중이 높게 나타나고 있다. 인도에서는 응답자의 24.7%가 '국제사회에 대한 책임'을 선택했으며, 23.5%가 '국제사회 일원으로서의 인식 제고'를, 18.7%가 '경제적 효과'를 민주주의 국제협력의 핵심 동기로 선택했다. 인도네시아에서는 응답자의 25.9%가 '국제사회에 대한 책임'과 '국제사회 일원으로서의 인식 제고'를 민주주의 국제협력의 핵심 동기라고 응답했으며 '경제적 효과'를 선택한 응답의 비중은

22.2%에 이르렀다. 인도와 인도네시아에서 공통적으로 이상의 3가
지 응답을 제외한 다른 응답의 비중은 낮게 나타나고 있다. 결국
인도와 인도네시아의 경우, 민주주의 국제협력에 경제적 효과와
같은 의도가 개입되어 있다는 입장이 일정 비중으로 나타나는 가운
데 국제사회 일원으로서의 인식을 높이고 국제사회에 대한 책임을
다하기 위해 민주주의 국제협력이 진행되고 있다는 인식이 우세하
게 나타나고 있다고 할 수 있을 것이다.

또한 필리핀과 대만에서의 응답 결과가 인도, 인도네시아와 유사
한 결과를 보이고 있다. 필리핀의 경우 응답자의 32.5%가 '국제사회
에 대한 책임'을 민주주의 국제협력의 핵심 동기로 보고 있다. 이어
서 '국제사회의 일원으로서 인식 제고'를 선택한 응답의 비중이
16.9%에 이르고 있다. 물론 16.9%의 응답자가 '외교적 영향력 제고'
를 민주주의 국제협력의 핵심 동기로 인식하고 있다는 점도 응답
결과에서 나타나고 있다. 한편 대만에서는 응답자의 45.8%가 '국제
사회 일원으로서의 인식 제고'를 민주주의 국제협력의 핵심 동기로
보았으며 이어서 22.9%가 '외교적 영향력 제고'를 핵심 동기로 선택
하고 있다. 즉 필리핀과 대만에서는 국제사회 일원으로서의 인식을
높이고 국제사회에 대한 책임을 다하기 위해 민주주의 국제협력이
진행되고 있다는 인식이 우세하게 나타나고 있는 가운데 외교적
영향력의 제고가 민주주의 국제협력의 의도라는 인식도 공존하고
있음을 확인할 수 있다.

네팔의 경우에는 '외교적 영향력 제고'를 민주주의 국제협력의
핵심 동기로 선택한 응답의 비중이 24.1%로 상대적으로 높게 나타나
고 있다. 이와 함께 '경제적 효과'(15.7%), '국가 브랜드 이미지 제
고'(13.3%)와 같은 응답도 다른 응답에 비해 상대적으로 높은 비중
을 차지하고 있다. 물론 '국제사회에 대한 책임'이 민주주의 국제협
력의 핵심 동기라는 입장도 19.3%로 높은 비중을 보이고 있으나

전반적으로 민주주의 국제협력이 국가 이미지나 경제적 효과, 외교적 영향력 확대 등의 의도 하에서 이루어지고 있다는 인식이 우세한 것으로 나타나고 있다.

말레이시아의 응답 결과는 다른 국가들과는 사뭇 다른 양상을 보이고 있다. '국내의 민주주의 증진 효과'를 민주주의 국제협력의 핵심 동기라고 선택한 응답의 비중이 35.5%로 다른 국가들에 비해 현저하게 높게 나타나고 있다. 또한 '국가 브랜드 이미지 제고'를 선택한 응답의 비중이 19.4%로 다른 국가들에 비해 높은 비중을 보이고 있다. 이때 말레이시아에서 나타난 응답 결과는 표본이 작기 때문에 특정 답변으로 편중되는 결과가 나타났다고 할 수 있다. 하지만 다수의 응답자가 국내의 민주주의 증진 효과를 민주주의 국제협력의 동기나 의도로 보고 있다는 점은 특징적이라고 할 수 있다.

2.1.2.2. 민주주의 국제협력은 공여국에 어떤 효과가 있는가?

민주주의 국제협력의 긍정적 효과에 대한 판단은 위에서 언급한 민주주의 국제협력의 핵심 동기에 대한 응답 결과와 대체로 일치하는 가운데 일부 다소 상이한 양상을 보이고 있다. 전반적으로 민주주의 국제협력의 핵심 동기에 대한 국가별 응답의 양상이 민주주의 국제협력의 긍정적 효과에 대한 응답 결과와 유사하게 나타나고 있는 것이다.

전반적으로 민주주의 국제협력의 긍정적 효과로서 국제사회의 일원으로서의 인식 제고를 선택한 응답의 비중이 몽골을 제외한 아시아 9개국 전체에 걸쳐 높게 나타났다. 민주주의 국제협력을 통해서 국제사회의 일원으로서 인식을 제고하는 효과가 가장 두드러지게 나타난다는 인식이 높은 비중으로 나타나고 있는 것이다.

하지만 국제사회 일원으로서의 인식 제고 이외의 긍정적 효과들에 대한 응답에서는 국가별로 상이한 결과가 나타나고 있다.

　민주주의 국제협력의 핵심 동기로서 국내 민주주의 증진 효과에 대한 응답의 비중이 높았던 말레이시아, 필리핀, 스리랑카의 경우에 민주주의 국제협력의 긍정적 효과로서 역시 국내의 민주주의 증진 효과를 선택한 응답의 비중이 상대적으로 높게 나타나고 있다. 말레이시아의 경우 응답자의 41.9%가 '국내 민주주의 증진 효과'를 선택했으며, 29.0%가 '국제사회 일원으로서의 인식 제고'를 선택했다. 한편 필리핀의 경우에는 민주주의 국제협력을 통한 긍정적 효과로서 응답자의 22.9%가 '국내 민주주의 증진 효과'를 선택했다. 단, 필리핀에서 가장 비중이 높은 응답은 '국제사회 일원으로서

민주주의 국제 협력을 통한 긍정적 효과

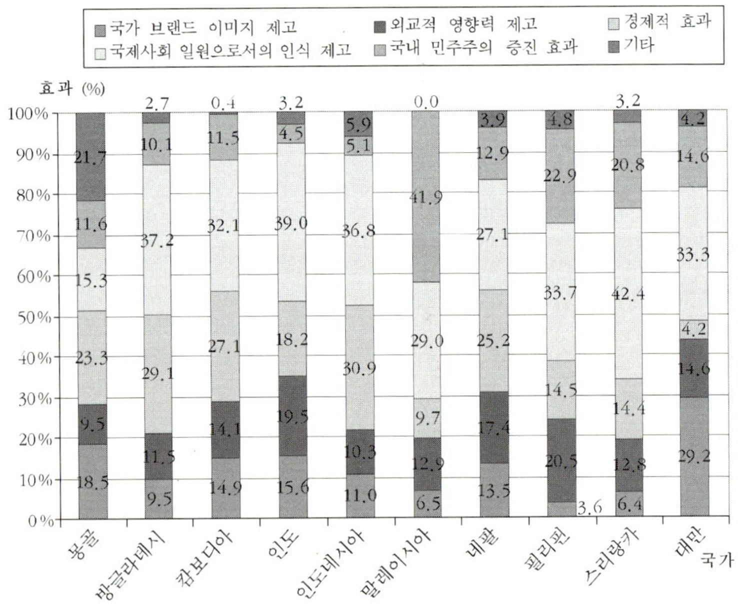

<그림 10> 민주주의 국제협력을 통한 긍정적 효과에 대한 국가별 응답 결과

의 인식 제고'(33.7%)로 나타났으며 '외교적 영향력 제고'를 선택한 응답의 비중도 20.5%에 이르렀다. 스리랑카의 경우에는 응답자의 20.8%가 '국내 민주주의 증진 효과'를 선택한 것으로 나타났다. 단, 스리랑카의 경우에도 가장 비중이 높은 응답은 응답자의 42.4%가 선택한 '국제사회 일원으로서의 인식 제고' 효과이다. 한편 스리랑카 응답자의 14.4%, 12.8%가 각각 '경제적 효과'와 '외교적 영향력 제고'를 민주주의 국제협력의 긍정적 효과로 선택하고 있다.

몽골, 방글라데시, 캄보디아, 인도, 인도네시아, 네팔의 경우에는 경제적 효과를 선택한 응답의 비중이 높게 나타나고 있다. 특히 몽골의 경우에는 '경제적 효과'(23.3%), '국가 브랜드 이미지 제고'(18.5%)에 대한 응답이 '국제사회 일원으로서의 인식 제고'(15.3%)보다 높은 비중을 보이고 있다. '경제적 효과'를 선택한 응답은 방글라데시(29.1%), 캄보디아(27.1%), 인도네시아(30.9%)에서 현저하게 높은 비중을 보이고 있다.

대만의 경우에는 응답 결과가 다소 특이하게 나타나고 있다. 민주주의 국제협력의 긍정적 효과로서 '국제사회 일원으로서의 인식 제고'를 선택한 응답의 비중이 33.3%로 가장 높은 비중을 보이는 가운데 '국가 브랜드 이미지 제고'를 선택한 응답의 비중이 29.2%로 다른 국가에 비해 상대적으로 높은 비중을 나타내고 있다.

종합하면, 몽골을 제외한 아시아 9개국 응답자들이 민주주의 국제협력을 통한 긍정적 효과로 '국제사회 일원으로서의 인식 제고'를 꼽고 있는 가운데 '경제적 효과'와 '국내 민주주의 증진 효과'를 선택한 응답의 비중 순위가 국가별로 상이하게 나타나고 있다고 할 수 있다. 한편으로는 대만과 같이 국가 브랜드 이미지 제고를 선택한 응답의 비중이 높은 경우도 나타나고 있으며, 필리핀과 같이 외교적 영향력 제고를 선택한 응답의 비중이 높은 경우도 나타나고 있다.

2.2. 민주주의 국제협력에 대한 평가 – 민주주의 국제협력 경험에 기반을 둔 평가

2.2.1. 민주주의 지원 프로그램의 효과성

본 조사는 실제로 민주주의 국제협력을 경험한 설문 참가자들이 민주주의 지원 프로그램의 효과성에 대해 어떻게 평가를 하고 있는지 확인하기 위해 가장 효과적인 프로그램 유형과 가장 효과적이지 않은 프로그램 유형에 대한 질문을 제시했다. 앞서 언급한 바와 같이 두 질문을 동시에 제기한 까닭은 일부에서 가장 효과적이라고 생각하는 프로그램이 다른 일부에서는 가장 효과적이지 못한 프로그램으로 평가될 수 있기 때문이다. 민주주의 국제협력의 다양한 경험들로 인해 다소 복잡하고 분화된 평가가 나타날 수 있기 때문에 효과적인 프로그램에 대한 평가와 효과적이지 못한 프로그램에 대한 평가를 함께 확인하고자 했다. 이때 설문 참여자들에게 제시한 프로그램의 유형은 민주적 리더십 프로그램,[7] 인적교류 프로그램, 교육 프로그램, 재정지원 프로그램 등이다.

가장 효과적인 프로그램에 대한 응답 결과에서 말레이시아를 제외한 아시아 9개국에 걸쳐 '교육 프로그램'을 선택한 응답이 가장 높은 비중을 차지하는 것으로 나타나고 있다. 전체적으로 보면 아시아 10개국 응답자 전체의 46.5%에 이르는 응답자들이 '교육 프로그램'을 가장 효과적인 민주주의 국제협력 프로그램으로 평가하고 있다. 이 때 말레이시아의 경우에는 '교육 프로그램'을 선택한 응답의 비중이 25.0%로 상대적으로 낮은 비중을 보이고 있으며 '리더십 프로그램'과 '재정지원'을 선택한 응답의 비중은 각각 37.5%를 나타

---

7) 민주적 리더십 프로그램이란 수원국의 정치 지도자, 행정 관료, 시민사회 지도자와 향후 사회를 이끌어갈 차세대 지도자들이 민주적 리더십을 함양하기 위해 이루어지는 다양한 세미나, 포럼 및 연수 등을 포괄한다.

내고 있다. 이와 같은 결과는 말레이시아의 응답자 표본이 상대적으로 작기 때문에 나타나는 결과로서 다소 예외적인 결과라고 할 수 있을 것이다.

'교육 프로그램'에 이어 가장 효과적인 프로그램으로 선택된 비중이 높은 프로그램은 '민주적 리더십 프로그램'이다. '민주적 리더십 프로그램'을 가장 효과적인 프로그램이라고 선택한 응답은 몽골(27.5%), 방글라데시(25.0%), 캄보디아(22.9%), 인도네시아(27.4%), 필리핀(24.2%), 스리랑카(29.9%)에서 높은 비중을 보이고 있다. 한편 네팔의 경우에는 '민주적 리더십 프로그램'을 가장 효과적인 프로그램이라고 선택한 응답의 비중이 16.9%인 데 반해 '재정지원'을 선택한 응답의 비중이 20.5%로 상대적으로 높은 비중을 보이고 있다.

가장 효과적인 민주주의 국제 협력 프로그램

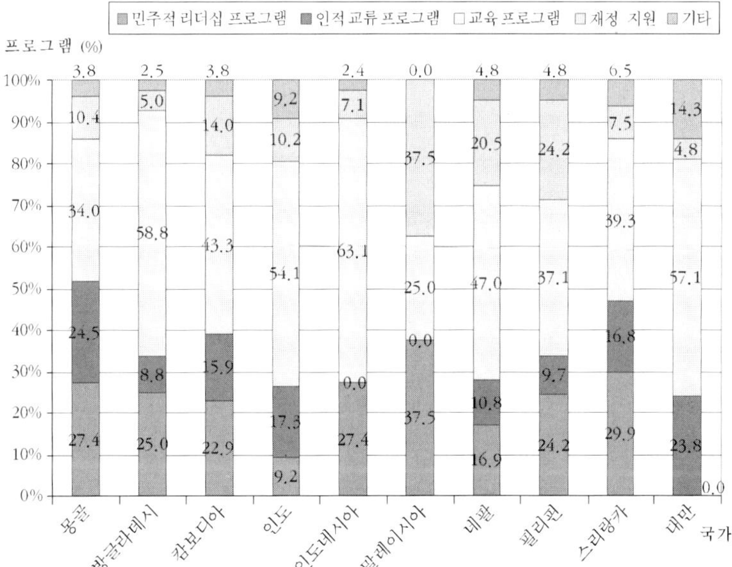

〈그림 11〉 가장 효과적인 민주주의 국제협력 프로그램에 대한 국가별 응답 결과

대만의 경우에는 '인적교류 프로그램'을 가장 효과적인 프로그램으로 선택한 응답의 비중이 23.8%로 상대적으로 높게 나타나고 있다. '인적교류 프로그램'에 대한 선택의 비중이 높은 것은 몽골(24.5%)에서도 확인할 수 있는 결과이다.

요약하면, 전반적으로 '교육 프로그램'이 가장 효과적이라는 응답이 주를 이루는 가운데 '민주적 리더십 프로그램'을 선택한 응답이 몇몇 국가를 제외하고 상당한 비중을 보이고 있다. 또한 일부 국가에서 '인적교류 프로그램'과 '재정지원'을 가장 효과적인 프로그램으로 선택한 응답의 비중이 높게 나타나고 있지만 전체적으로는 '인적교류'와 '재정지원'을 가장 효과적인 프로그램이라고 선택

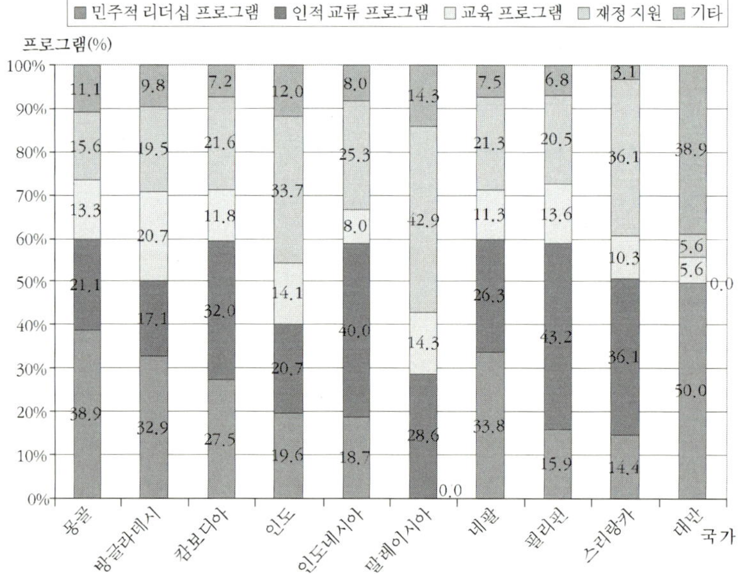

〈그림 12〉 가장 효과적이지 못한 민주주의 국제협력 프로그램에 대한 국가별 응답 결과

한 경우는 다소 적게 나타나고 있다고 할 수 있다.

가장 효과적이지 못한 민주주의 국제협력 프로그램에 대한 응답 결과를 보면, 말레이시아를 제외한 아시아 9개국에 걸쳐 '교육 프로그램'에 대한 응답의 비중이 가장 낮은 것으로 나타나고 있다. 즉 '교육 프로그램'을 효과성이 높은 프로그램으로 선택한 응답의 비중이 높은 동시에 효과성이 낮은 프로그램으로 선택한 응답의 비중이 낮다는 결과가 도출되고 있다. 이를 토대로 '교육 프로그램'이 응답자들로부터 전반적으로 긍정적인 평가를 받고 있다고 해석할 수 있을 것이다.

몽골, 방글라데시, 네팔, 대만의 경우에는 가장 효과적이지 못한 프로그램으로 '민주적 리더십 프로그램'을 선택한 응답의 비중이 가장 높게 나타나고 있다. 몽골에서는 응답자의 38.9%가 '민주적 리더십 프로그램'을 가장 효과적이지 못한 민주주의 국제협력 프로그램이라고 응답하고 있다. 방글라데시에서는 응답자의 32.9%, 네팔에서는 33.8%, 대만에서는 50.0%가 '민주적 리더십 프로그램'을 가장 효과적이지 못한 민주주의 국제협력 프로그램이라고 응답하고 있다. 물론 '인적교류 프로그램'과 '재정지원 프로그램'이 가장 효과적이지 못한 프로그램이라는 입장도 상당한 비중을 보이고 있다.

캄보디아, 인도네시아, 필리핀의 경우에는 '인적교류 프로그램'이 가장 효과적이지 못한 프로그램이라는 응답의 비중이 가장 높게 나타나고 있다. 캄보디아에서 32.0%, 인도네시아에서 40.0%, 필리핀에서 43.2%의 응답자가 '인적교류 프로그램'을 가장 효과적이지 못한 프로그램이라고 응답하고 있다. 물론 '민주적 리더십 프로그램'이나 '재정지원'이 가장 효과적이지 못한 프로그램이라는 응답의 비중도 높게 나타나고 있다.

한편 인도와 스리랑카에서는 '재정지원'이 가장 효과적이지 못한 프로그램이라는 응답의 비중이 가장 높게 나타나고 있다. 인도에서 33.7%, 스리랑카에서 36.1%의 응답자가 '재정지원'을 가장 효과적이지 못한 프로그램으로 꼽고 있다. 이 때 인도에서 20.7%와 19.6%의 응답자가 '인적교류 프로그램'과 '민주적 리더십 프로그램'을 가장 효과적이지 못한 민주주의 국제협력 프로그램으로 선택하고 있다. 또한 스리랑카에서 36.1%와 14.4%의 응답자가 '인적교류 프로그램'과 '민주적 리더십 프로그램'을 가장 효과적이지 못한 민주주의 국제협력 프로그램으로 선택하고 있다.

가장 효과적인 프로그램에 대한 응답과 가장 효과적이지 못한 프로그램에 대한 응답을 종합하면, '교육 프로그램'은 일부 국가별 특성에 따른 차이에도 불구하고 그 효과성 면에서 가장 높은 평가를 받고 있다고 할 수 있을 것이다. 반면 가장 효과적인 프로그램으로 선택된 비중이 적고 가장 효과적이지 못한 프로그램으로 선택된 비중이 높은 '인적교류 프로그램', '재정지원'은 그 효과성 면에서 낮은 평가를 받고 있다고 할 수 있을 것이다. 한편 '리더십 프로그램'의 경우에는 가장 효과적인 프로그램이라는 응답의 비중이 높은 가운데 가장 효과적이지 못한 프로그램이라는 응답 또한 비중 있게 나타나고 있다. 이는 '민주적 리더십 프로그램'에 대한 평가가 엇갈리고 있다는 사실을 보여 주고 있다. 즉, 일부에게 가장 효과적인 프로그램인 반면 일부에서는 가장 효과적이지 못한 프로그램이라는 상반된 평가를 받고 있는 것이다. 동시에 '민주적 리더십 프로그램'은 구체적인 내용에 따라서 효과성에 대해 상반된 평가가 나타날 수 있는 프로그램이라고 할 수 있을 것이다.

2.2.2. 민주주의 국제협력의 장애 요인

민주주의 국제협력 실행상의 장애 요인에 대한 질문에 대해 아시아 10개국 응답자 전체의 42.7%가 '비효율적 관료제'와 '부패 문제'를 선택하고 있다. 이어서 전체의 29.7%의 응답자가 '외부적 요인'을 장애 요인으로 꼽고 있다. 수원국 현지에서 민주주의 증진을 위한 활동의 주도권(Local Initiatives)을 가지지 못하기 때문에 민주주의 국제협력 진행이 어렵다는 응답은 전체 응답에 걸쳐 단 한 건도 나타나지 않고 있다.

민주주의 국제협력 진행상의 장애 요인에 대한 응답에서 기타 응답의 비중이 다른 질문에 대한 응답보다 현저히 높은 것을 확인할 수 있다. 인도의 경우에는 응답자의 무려 44.6%가 '기타' 응답을 선택하고 있다. 이와 같은 결과는 본 질문이 제시한 문항들이 응답자들의 의견을 충분히 확인하기에는 부족했다는 것을 보여 주고 있다. 불충분한 문항 구성으로 인해 기타 응답이 높은 결과가 나타

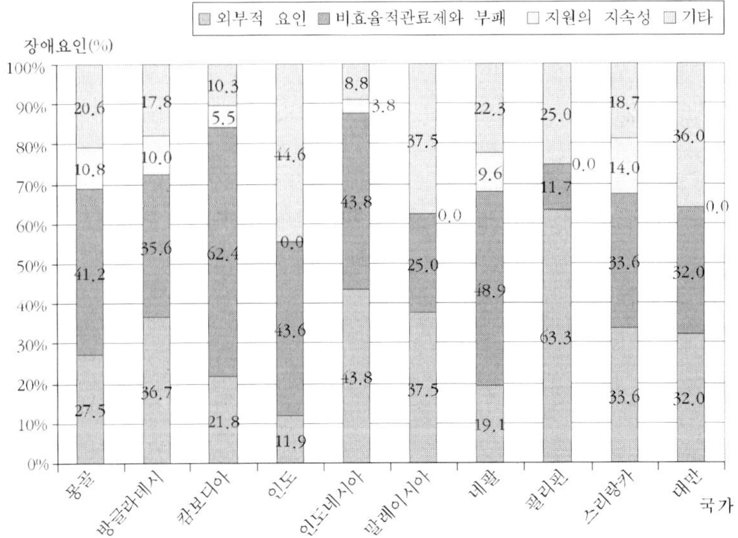

〈그림 13〉 민주주의 국제협력 실행 상의 장애 요인에 대한 국가별 응답 결과

났음을 밝히는 바이다.

'비효율적 관료제와 부패' 문제를 지목한 응답의 비중이 전반적으로 높은 가운데 국가별로 '외부적 요인'을 장애 요인으로 선택한 응답의 비중이 차이를 보이고 있다. 몽골(41.2%), 캄보디아(62.4%), 인도(43.6%), 네팔(48.9%)에서 '비효율적 관료제와 부패' 문제를 지목한 응답의 비중은 '외부적 요인'을 지목한 응답보다 높은 비중을 보이고 있다. 그러나 방글라데시, 인도네시아, 스리랑카, 대만의 경우에는 '비효율적 관료제와 부패' 문제를 선택한 응답이 외부적 요인을 선택한 응답과 거의 동일한 비중을 보이고 있다. 한편 말레이시아와 필리핀의 경우에는 '외부적 요인'이 민주주의 국제협력의 가장 큰 장애 요인이라는 응답이 '비효율적 관료제와 부패' 문제를 선택한 응답보다 높은 비중을 보이고 있다. 이 가운데 몽골과 방글라데시, 스리랑카에서 '지원의 지속성 문제'를 선택한 응답이 각각 10.8%, 10.0%, 14.0%로 다른 국가에 비해 상대적으로 높게 나타나고 있다.

종합하면 국가별로 민주주의 국제협력의 장애 요인에 대한 응답이 분화되고 있다고 할 수 있다. 일부에서는 수원국 내부의 비효율적인 행정 시스템과 부정부패의 문제가 장애 요인이라는 응답의 비중이 높게 나타난 반면, 또 다른 일부에서는 신자유주의의 확산이나 국제 경제상황의 변화, 전쟁 등의 외부적 요인이 민주주의 국제협력의 장애 요인이라는 응답이 높은 비중을 보이고 있는 것이다. 동시에 외부 지원이 지속적으로 이루어지지 못해 중장기적인 민주주의 발전 과제를 수행하는 데 어려움이 있다는 의견도 일부에서 제기되고 있다.

2.3.1. 자국 민주주의의 수준 평가

자국 민주주의의 수준에 대한 평가에서 응답자들은 1부터 5까지의 척도로 민주주의 수준을 수치화하여 응답하도록 했다. 분석 과정에서 각 국가별로 응답 결과를 평균값으로 수치화하여 민주주의 평가지수를 산출했다.

자국의 민주주의 수준에 대한 평가에서 인도와 대만을 제외한 아시아 8개국의 응답자들은 전반적으로 민주주의 수준이 낮다는 평가를 내리고 있다. 인도(3.61)와 대만(3.54)을 제외한 아시아 8개국에서 전반적으로 자국 민주주의의 수준을 다소 비민주적인 상태로 평가하고 있는 것이다. 특히 말레이시아, 필리핀, 스리랑카에서 민주주의 수준에 대한 평가지수는 각각 2.12, 2.45, 2.35로 나타나고 있어 자국 민주주의에 대해 상당히 낮은 평가가 이루어지고 있다는

자국 민주주의 수준에 대한 평가

국가

국가	평가지수
대만	3.54
스리랑카	2.35
필리핀	2.45
네팔	2.88
말레이시아	2.12
인도네시아	2.67
인도	3.61
캄보디아	2.9
방글라데시	2.88
몽골	2.79

〈그림 14〉 자국 민주주의 수준에 대한 평가지수 국가별 응답 결과

것을 보여 주고 있다.

응답의 비중을 보았을 때에도 인도와 대만을 제외한 아시아 8개 국에서 자국 민주주의 수준에 대해 '매우 비민주적', '다소 민주적'이라는 응답의 비중이 높게 나타나고 있다. 특히 인도네시아의 경우 21.6%의 응답자가 '매우 비민주적', 22.4%가 '다소 비민주적'이라는 응답을 하고 있으며, 말레이시아의 경우에는 응답자의 6.5%가 '매우 비민주적', 74.2%가 '다소 비민주적'이라는 응답을 하고 있다. 또한 필리핀의 경우 응답자의 10.6%가 '매우 비민주적', 42.4%가 '다소 비민주적'이라는 평가를 내리고 있으며, 스리랑카의 경우에는 응답자의 29.0%가 '매우 비민주적', 22.6%가 '다소 비민주적'이라는 평가를 내리고 있다.

이와 같은 응답 결과는 실제 아시아 각국의 민주주의 상황을 반영하고 있는 결과이기는 하지만 어디까지나 응답자들의 주관적인 평가이기 때문에 아시아 각국의 민주주의 수준을 객관적으로 평가할 수 있는 근거가 될 수는 없다. 하지만 각국의 응답자들이 전반적으로 자국 민주주의의 수준을 낮게 평가하면서 문제의식을 가지고 있다는 사실에 주목할 필요가 있다. 즉 응답자들은 자국 민주주의가 심각한 결함을 안고 있거나 지체되고 있다는 평가를 내리고 있는 것이라고 할 수 있다. 이러한 결과를 바탕으로 민주주의 심화, 발전을 위해 일련의 개혁이 필요하다는 입장을 공유하고 있는 것으로 해석할 수 있을 것이다.

2.3.2. 자국 민주주의의 핵심 이슈

자국 민주주의의 가장 핵심적인 이슈에 대한 응답에서 '부정부패'를 선택한 응답의 비중이 전반적으로 높게 나타나는 가운데 국가별로 응답 결과의 차이가 확연하게 나타나고 있음을 확인할 수 있다.

즉 일부 국가들에서는 부정부패, 사회정의, 자유의 문제가 핵심 이슈
라는 응답의 비중이 높게 나타난 반면 다른 일부 국가들에서는 평등
이나 발전 등의 이슈가 중시되고 있는 것으로 나타나고 있다. 또한
개별 이슈들 간의 응답 비중이 국가별로 차이를 보이고 있다.

　몽골, 방글라데시, 캄보디아, 인도, 인도네시아, 대만의 경우에는
'부정부패'를 자국 민주주의의 핵심 이슈로 선택한 응답의 비중이
가장 높게 나타나고 있으며, 이어서 '사회정의'에 대한 응답의 비중
이 높게 나타나고 있다. 특히 방글라데시와 인도네시아, 대만에서
는 각각 67.1%, 74.5%, 72.3%의 응답자가 '부정부패' 문제를 자국
민주주의의 핵심 이슈로 선택하고 있다. 이는 이들 3개국의 응답자
들이 특히 '부정부패'를 가장 중요한 문제로 인식하고 있다는 사실

자국 민주주의 핵심 이슈

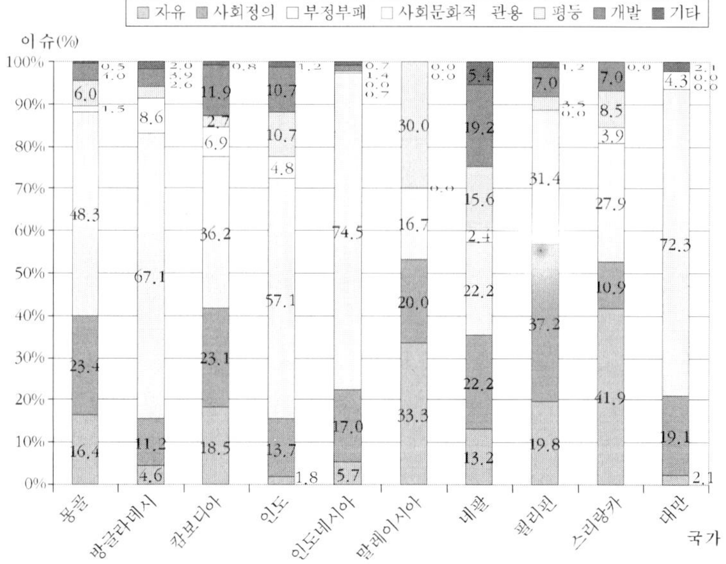

〈그림 15〉 자국 민주주의의 핵심 이슈에 대한 국가별 응답 결과

을 확인할 수 있는 결과이다. 한편 몽골에서는 '사회정의'를 핵심 이슈라고 응답한 비중이 23.4%로 높은 비중을 보이고 있으며, 캄보디아에서도 23.1%가 '사회정의'를 민주주의의 핵심 이슈라고 응답하고 있다. 또한 '자유'를 핵심 이슈라고 응답한 경우도 몽골에서 16.4%, 캄보디아에서 18.5%로 상당한 비중을 나타내고 있다.

말레이시아와 스리랑카에서는 '자유'의 문제가 자국 민주주의의 핵심 이슈라는 응답의 비중이 상대적으로 높게 나타나고 있다. 말레이시아의 경우 33.3%, 스리랑카의 경우 41.9%의 응답자가 '자유'의 문제를 민주주의의 핵심 이슈라고 평가하고 있다. 한편 말레이시아에서는 '평등'을 핵심 이슈로 선택한 응답의 비중이 30.0%, '사회정의'를 선택한 응답의 비중이 20.0%로 나타나고 있다. 스리랑카에서는 '부정부패'를 핵심 이슈라고 선택한 응답의 비중이 27.9%로 나타나고 있다.

네팔과 필리핀의 경우에는 '사회정의'를 핵심 이슈라고 응답한 비중과 '부정부패'를 핵심 이슈라고 응답한 비중이 거의 비슷한 비중을 보이고 있다. 이 때 네팔에서는 '평등'과 '자유'의 문제를 중시하는 응답이 각각 15.6%와 13.2%로 나타나고 있다. 필리핀에서는 자유의 문제를 핵심 이슈라고 답한 응답의 비중이 19.8%로 높게 나타나고 있다.

'개발' 문제가 민주주의의 핵심 이슈라는 응답이 전반적으로 낮은 비중을 보이는 가운데 캄보디아(11.9%), 인도(10.7%), 네팔(19.2%)에서 개발 문제를 중시하는 응답의 비중이 다른 국가에 비해 상대적으로 높은 양상을 보이고 있다. 또한 전체 응답에 걸쳐서 '사회문화적 관용'의 문제를 중시하는 응답의 비중은 매우 낮은 것으로 나타나고 있다.

결국 자국 민주주의의 핵심 이슈에 대한 응답은 개별 국가들의 민주주의 상황과 맥락에 따라 다양한 양상을 보이고 있다고 할 수 있다. 물론 부정부패의 문제가 전반적으로 가장 중요한 이슈로서 인식되고 있으며 사회정의의 문제 또한 중시되고 있지만 각국의 상황에 따라서 자유, 평등, 발전 등의 이슈가 중시되고 있는 것이다.

2.3.3. 민주주의 결함의 원인
2.3.3.1. 민주주의 발전에 있어서 가장 심각한 문제점

자국 민주주의의 발전을 저해하는 요인들의 심각성 정도에 대한 평가에서 응답자들은 1부터 5까지의 척도로 각 요인들의 심각성에 대해 응답했다. 이상의 내용은 각 국가별로 응답 결과를 평균값으로 수치화하여 심각성 평가지수로 나타낸 결과이다. 이 때 일부 국가의 응답 결과의 경우에는 무응답의 비중이 높게 나타났으며, 무응답의 경우 심각성에 대해 3점을 준 것으로 간주하여 평균값을 산출했다. 따라서 일부 국가에서 다른 국가들에 비해 전체적으로 심각성에 대한 평가지수가 다소 낮게 나타나고 있다. 즉 조사 과정상의 문제로 인해 평균값이 낮게 나타난 것이라고 할 수 있다. 따라서 국가 간 비교는 기술적으로 어려움이 있기 때문에 각 국가별로 평균값 차이를 확인하는 것이 보다 효과적인 분석이라고 할 수 있다.

몽골의 경우에는 각 요인들의 심각성 평가지수 간의 차이가 크게 나타나지 않는 가운데 '민주적 문화의 결핍'에 대한 심각성 평가지수가 가장 높은 수치를 보이고 있다. 또한 '사법 체계의 취약성', '민주적 가치 정향의 부재'에 대한 심각성 평가지수가 상대적으로 높게 나타나고 있다. '관료주의적 시스템', '시민사회의 취약성', '부정부패'의 심각성 평가지수는 2.76에서 2.80으로 유사한 수치를 나타내고 있다. 반면 '취약한 정당 시스템'의 문제에 대한 심각성 평가지수는 다른 요인들에 비해 상대적으로 낮게 평가되고 있다.

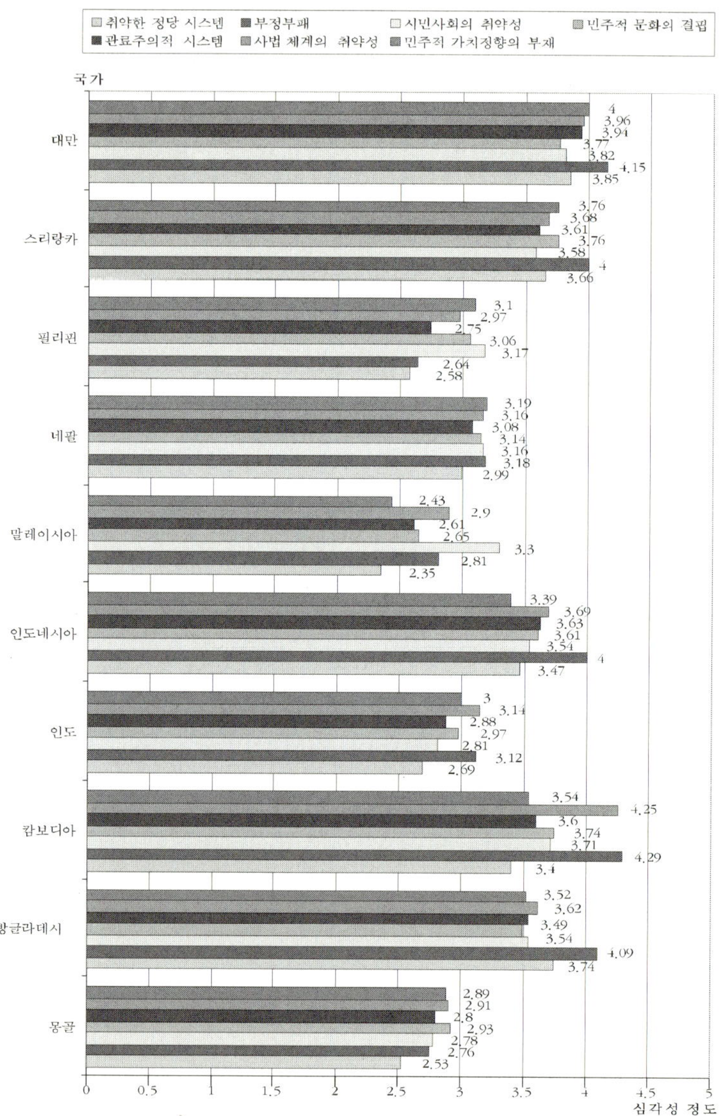

〈그림 16〉 자국 민주주의 발전을 저해하는 요인들의 심각성 평가지수
국가별 응답 결과

방글라데시의 경우에는 '부정부패'의 심각성 평가지수가 높게 나타나는 가운데 '취약한 정당 시스템'의 문제에 대한 심각성 평가지수가 다른 요인들의 심각성 평가지수보다 상대적으로 높게 나타나고 있다. 또한 '사법 체계의 취약성'에 대한 심각성 평가지수가 3.62로 상대적으로 높게 나타났으며, 나머지 요인들의 심각성 평가지수는 항목 간에 큰 차이를 보이지 않고 있다.

캄보디아의 경우 '부정부패'와 '사법 체계의 취약성' 문제의 심각성 평가지수가 현저히 높게 나타나고 있다. 다른 요인들의 심각성 평가지수 간에는 큰 차이가 없는 가운데 '취약한 정당 시스템'에 대한 심각성 평가지수는 낮게 평가되고 있다. 또한 인도와 인도네시아에서 역시 '부정부패'와 '사법 체계의 취약성'에 대한 심각성 평가지수가 높게 나타나고 있으며 '취약한 정당 시스템'에 대한 심각성 평가지수는 낮게 평가되고 있는 양상을 확인할 수 있다. 이때 인도네시아의 경우에는 '민주적 가치 정향의 부재' 문제에 대한 심각성 평가지수가 상대적으로 낮게 나타나고 있다.

말레이시아에서는 '시민사회의 취약성'에 대한 심각성 평가지수가 다른 요인들에 비해 상대적으로 높게 나타나고 있다. 또한 '사법 체계의 취약성'과 '부정부패' 문제의 심각성에 대한 평가지수도 상대적으로 높게 나타나고 있다. 이와 유사하게 필리핀의 경우에 '시민사회의 취약성'에 대한 심각성 평가지수가 높게 나타났으며, '사법 체계의 취약성'에 대한 심각성 평가지수 또한 높게 나타나고 있다.

스리랑카와 대만의 경우에는 각 요인의 심각성 평가지수가 큰 차이를 보이지 않으면서 분산되어 있는 가운데 '부정부패' 문제의 심각성에 대한 평가지수가 상대적으로 높은 것으로 나타나고 있다. 이와 유사하게 네팔의 경우에도 각 요인의 심각성 평가지수 간 차이가 크지 않은 가운데 '부정부패'와 '민주적 가치 정향 부재', '사법 체계의 취약성'에 대한 심각성 평가지수가 비교적 높게 나타나고 있다.

종합하면, 각 국가별로 '부정부패'와 '사법 체계의 취약성' 문제에 대한 심각성 평가지수가 다른 요인들에 비해 상대적으로 높게 나타나고 있다는 것을 확인할 수 있다. 한편 일부 국가에서는 시민사회와 민주주의 문화의 문제에 대한 심각성 평가지수가 높게 나타나고 있다. 반면 '정당 시스템의 취약성'과 관련한 심각성 평가지수는 전반적으로 낮게 평가되고 있는 양상을 보이고 있다.

2.3.3.2. 민주주의를 저해하는 문화적 요인의 심각성

본 조사는 설문 참가자들이 민주주의 발전에 대한 문화적 장애 요인의 심각성 정도를 어떻게 평가하고 있는지 확인했다. 문화적 장애 요인의 심각성 정도를 묻는 본 질문에서는 '봉건적 문화', '군사주의 문화', '가부장 문화', '종교 문화', '물질주의, 자본주의 문화'를 제시하고 각각이 자국 민주주의 발전에 어느 정도로 심각한 장애를 발생시키고 있는지에 대한 응답자들의 평가를 확인했다. 심각성의 척도는 1에서 5까지 점수로 표시하도록 했다. 본 질문에 관해서도 무응답의 비중이 높게 나타났으며 이로 인해 심각성 평가지수가 일부 국가에서 다소 낮게 나타나고 있다. 따라서 국가 간 비교를 피하고 국가별로 각 요인들의 심각성 평가지수를 비교하는 분석을 진행하는 것이 적절하다.

몽골의 경우에는 '물질주의, 자본주의 문화'의 심각성 평가지수가 다른 요인에 비해 상대적으로 높게 나타나고 있으며 '권위주의 문화'와 '군사주의 문화'의 심각성 평가지수는 가장 낮게 평가되고 있다. 방글라데시의 경우에도 역시 '물질주의, 자본주의 문화'의 심각성 평가지수가 가장 높게 나타나는 가운데 '권위주의 문화'의 심각성 평가지수는 낮게 평가되고 있다.

인도네시아, 필리핀, 스리랑카, 대만에서 역시 '물질주의, 자본주의 문화'의 심각성 평가지수가 다른 요인들의 심각성 평가지수에 비해 높게 나타나고 있다. 단 인도네시아에서는 '권위주의 문화'의

민주주의 발전에 대한 문화적 장애 요인의 심각성 정도

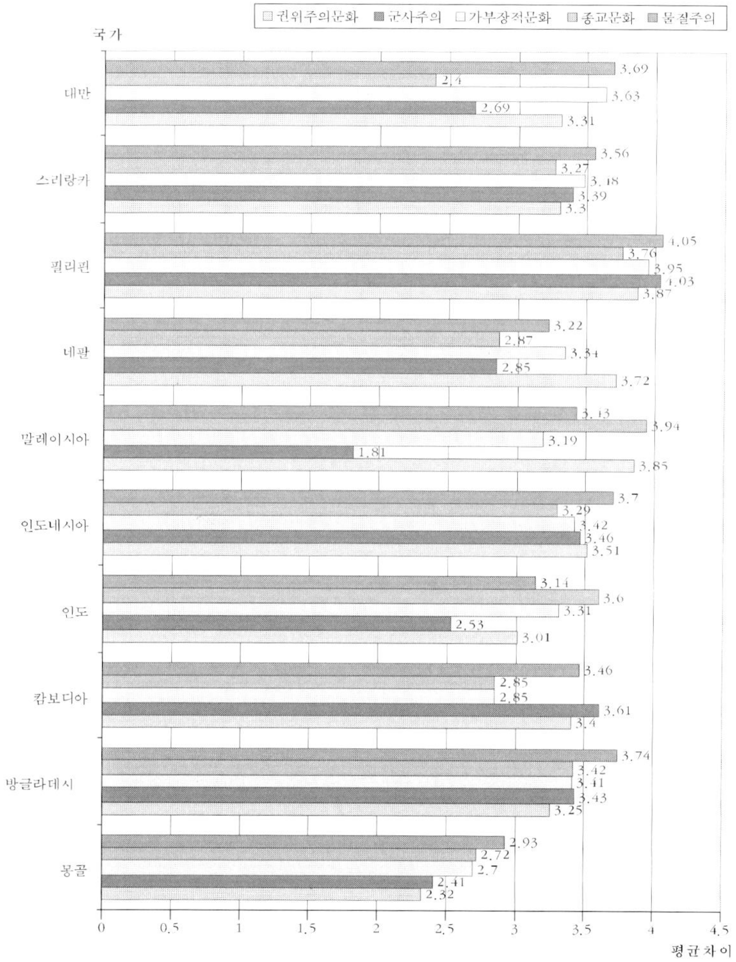

〈그림 17〉 민주주의 발전에 대한 문화적 장애 요인의 심각성 평가지수
국가별 응답 결과

심각성 평가지수가 상대적으로 높게 나타난 반면, 스리랑카와 대만에서는 '가부장적 문화'의 심각성 평가지수가 높게 나타나고 있다. 한편 필리핀에서는 '군사주의 문화'의 심각성 평가지수가 높게 나타났으며 '가부장적 문화'의 심각성 평가지수 또한 상대적으로 높게 나타나고 있다. 한편 캄보디아의 경우 '군사주의 문화', 인도와 말레이시아의 경우 '종교 문화'의 심각성 평가지수가 다른 평가지수에 비해 상대적으로 높게 나타나고 있다.

종합하면, 아시아 10개국에 걸쳐 전반적으로 '물질주의, 자본주의 문화'의 심각성 평가지수가 높게 나타나고 있다. 이는 응답자들이 민주주의의 핵심 이슈로 지목한 '부정부패' 문제의 원인을 '물질주의, 자본주의 문화'에서 찾고 있는 것이라고 추측할 수 있다. 정도의 차이는 있지만 아시아 국가들에서 '부정부패'의 문제가 심각하게 인식되고 있으며, 이와 같은 인식이 '물질주의, 자본주의 문화'의 심각성 평가지수에 영향을 미쳤을 것이라고 할 수 있다. 한편 '물질주의, 자본주의 문화'를 제외한 다른 문화적 요인들의 심각성 평가지수의 경우에는 각 국가별 상황과 특징에 따라 분화된 결과가 나타나고 있다고 할 수 있을 것이다.

2.3.4. 민주주의 발전의 핵심 요소

자국 민주주의의 최대 이슈와 장애물에 대한 평가는 곧 민주주의 발전과 심화를 위해 필요한 핵심 요소에 대한 전망과 연관된다. 설문 참가자들은 향후 자국 민주주의의 발전에 필요한 요소들의 중요성 정도를 평가하였다. 특히 민주주의 발전의 결정적 요소에 대한 중요성 평가는 주로 민주주의의 제도적인 측면에 중점을 두었으며 응답자들이 각각의 제도적 개혁 내지 개선이 민주주의 발전을 위해 얼마나 필요하다고 생각하는지를 파악하는 것을 목적으로

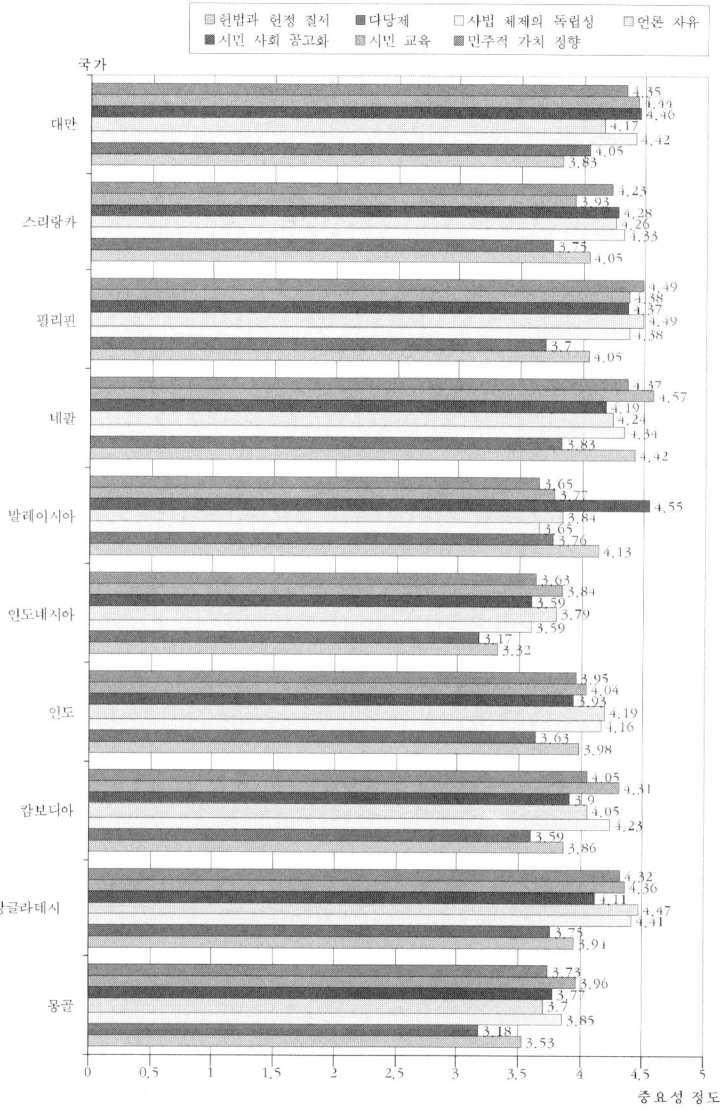

〈그림 18〉 자국 민주주의 발전에 관련된 요소들의 중요성 평가지수
국가별 응답 결과

하고 있다. 응답자들은 각각의 개혁 과제의 필요성에 대해 1부터 5까지 척도로 응답하였으며 응답 결과를 바탕으로 평균값을 산출하여 중요성 평가지수로 변환한 것이 아래의 결과이다.

국가별로 가장 높은 중요성 평가지수를 보이고 있는 요소들은 '시민교육', '시민사회 공고화', '언론 자유'로 압축될 수 있다. '시민교육'의 중요성 평가지수가 가장 높게 나타난 국가들에는 몽골(3.96), 캄보디아(4.31), 인도네시아(3.84), 네팔(4.57)이 해당된다. 이때 몽골과 캄보디아의 경우에는 '사법 체제의 독립성'에 대한 중요성 평가지수가 높게 나타나고 있다. 인도네시아에서는 '언론 자유'의 중요성 평가지수가 높았으며, 네팔의 경우에는 모든 요인의 중요성 평가지수가 높게 평가된 것으로 나타나고 있다.

'언론 자유'의 중요성 평가지수가 가장 높게 나타난 국가들에는 방글라데시(4.47), 인도(4.19), 필리핀(4.49)이 해당된다. 방글라데시의 경우에는 '사법 체제의 독립성', '시민교육', '민주적 가치 정향'의 중요성 평가지수 또한 높게 나타나고 있다. 인도의 경우에는 '사법 체제의 독립성'과 '시민교육'의 중요성 평가지수가 높게 나타나고 있다. 필리핀의 경우에는 '민주적 가치 정향'의 중요성 평가지수가 높게 나타난 가운데 '사법 체제의 독립성', '시민사회 공고화', '시민교육' 등에 대해서도 중요성 평가지수가 높게 나타나고 있다.

'시민사회 공고화'의 중요성 평가지수가 가장 높게 나타난 국가들에는 말레이시아(4.55)와 대만(4.46)이 해당된다. 말레이시아의 경우에는 다른 요소들에 비해 헌법과 헌정 질서의 중요성 평가지수가 높게 나타나고 있다. 대만의 경우에는 '시민교육'과 '사법 체제의 독립성', '민주적 가치 정향'의 중요성 평가지수가 높게 나타나고 있다.

이 때 스리랑카에서는 '사법 체제의 독립성'에 대한 중요성 평가지수가 가장 높게 나타나고 있다. 동시에 '언론 자유', '시민사회 공고화', '민주적 가치 정향'의 중요성 평가지수도 높게 나타나고 있다는 것을 확인할 수 있다.

종합하면 일부 국가별로 중요성 평가지수의 차이가 존재하지만
'시민교육'과 '시민사회 공고화'와 같이 시민사회의 민주적 역량을
강화하는 개혁 과제가 중요하게 인식되고 있다는 것을 확인할 수
있다. 이와 연동하여 시민의 '민주적 가치 정향'을 강화해야 할 필요
성도 높은 중요성 평가지수를 통해 확인할 수 있다. 시민사회의
역량 강화, 민주주의 문화의 정착과 긴밀한 연관을 지니는 '언론
자유'의 증진도 중시되고 있다고 할 수 있을 것이다. 제도적인 개혁
의 측면에서는 '사법 체제의 독립성'이 응답자들에게 중요하게 인
식되고 있으며 '헌법과 헌정 질서'의 개혁 또한 일부에서 중시되고
있다는 것을 확인할 수 있다.

2.4. 민주주의 국제협력에 대한 수요

응답자가 속한 기관이나 단체가 외부의 민주주의 협력·지원을
필요로 하는지에 대한 설문의 결과 대부분 응답자들은 외부의 민주
주의 지원이 필요하다는 입장을 보이고 있다. 단, 방글라데시
(75.5%), 인도(73.0%), 대만(78.6%)에서 외부 지원의 필요성에 대한
응답이 다소 낮게 나타나고 있다. 몽골(91.7%), 캄보디아(93.9%),
인도네시아(90.1%)에서 외부 지원의 필요성이 높게 나타나고 있으
며 필리핀의 경우 응답자 전원이 외부 민주주의 협력·지원이 필요
하다는 입장을 보이고 있다. 이와 같은 결과를 토대로 아시아 10개
국에서 외부의 민주주의 협력·지원에 대한 수요를 가지고 있다고
판단할 수 있다.

구체적인 프로그램에 대한 수요는 국가별로 상이한 양상을 보이
고 있다. 하지만 전반적으로 '민주적 리더십 프로그램'에 대한 수요

가 가장 많이 나타나고 있으며 '교육 프로그램'에 대한 수요 또한
비중이 크게 나타나고 있다.

　방글라데시, 캄보디아, 인도, 네팔, 필리핀, 스리랑카의 경우에는
'민주적 리더십 프로그램'에 대한 수요가 가장 큰 비중을 차지하는
것으로 나타나고 있다. 동시에 이들 국가들에서는 '민주적 리더십
프로그램'에 대한 수요에 이어서 '교육 프로그램'에 대한 수요의
비중이 크게 나타나고 있다. 또한 인도네시아의 경우에는 '교육 프
로그램'에 대한 수요가 48.6%로 가장 높은 비중을 보이고 있으며,
'민주적 리더십 프로그램'에 대한 수요가 23.6%로 그 뒤를 이었다.
즉 인도네시아를 포함하여 아시아 7개국에서는 '민주적 리더십 프
로그램'과 '교육 프로그램'과 같은 민주주의 교육 및 훈련과 관련된

외부 민주주의 지원에 대한 필요성 여부

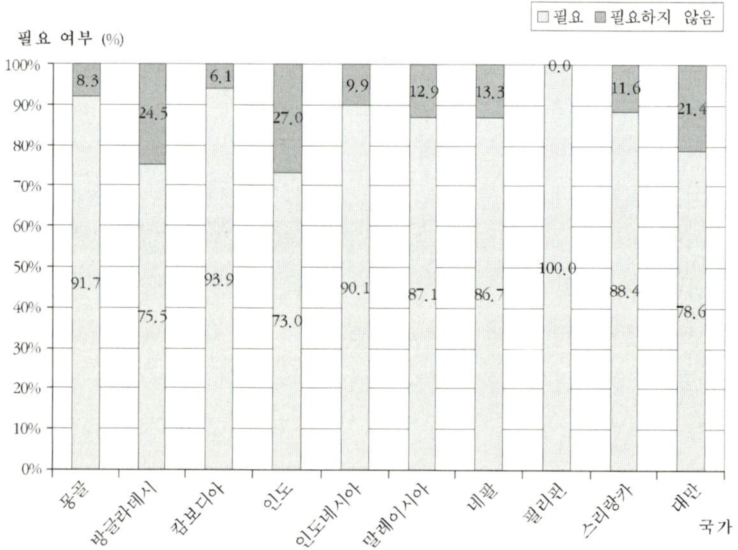

〈그림 19〉 자국 민주주의 증진을 위한 국제협력·지원의 필요성에
대한 국가별 응답 결과

프로그램에 대한 선호가 강하게 나타나고 있다고 분석할 수 있을
것이다.

한편 몽골의 경우에는 '조직적 교류 프로그램'을 선택한 응답의
비중이 24.1%, '인적교류 프로그램'을 선택한 응답의 비중이 20.1%
로 상대적으로 높은 비중을 보이고 있다. 물론 19.6%와 14.6%의
응답자가 각각 '교육 프로그램'과 '민주적 리더십 프로그램'에 대한
수요를 보이고 있지만 전체적으로는 교류 프로그램에 대한 수요가
높게 나타났다고 할 수 있을 것이다.

대만의 경우에는 '교육 프로그램'에 대한 수요가 29.2%로 가장
높게 나타나는 가운데 '재정지원 프로그램'에 대한 수요가 25.0%로
다른 국가들에 비해 재정지원에 대한 수요가 상대적으로 높게 나타

민주주의 국제 협력 프로그램 수요

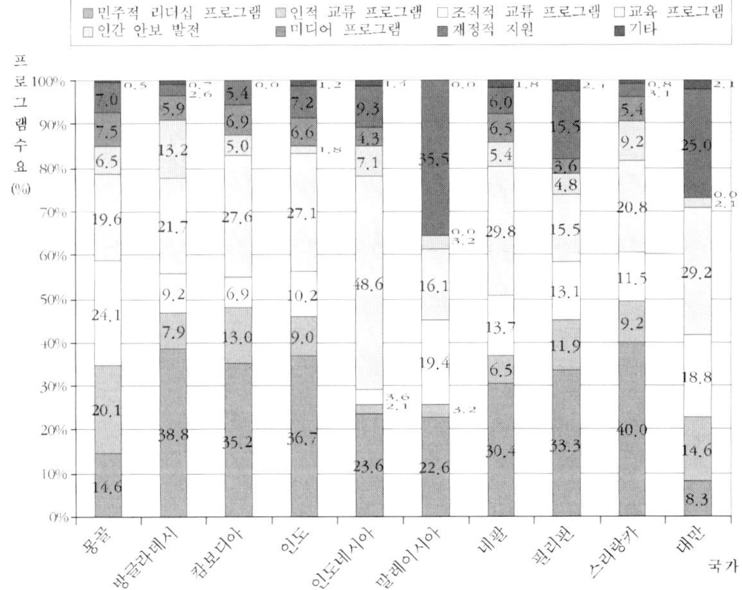

〈그림 20〉 민주주의 국제협력 프로그램에 대한 수요 국가별 응답 결과

나고 있다.

한편 말레이시아에서는 재정지원에 대한 수요가 가장 높은 비중을 차지하고 있다. 말레이시아 응답자의 35.5%가 '재정지원'에 대한 수요를 보이고 있으며 그 다음으로 22.6%가 '민주적 리더십 프로그램'에 대한 수요를 보이고 있다.

응답자들의 경험에 기반을 두어 가장 효과적인 민주주의 국제협력 프로그램이 무엇인지 확인했을 때, '교육 훈련 프로그램'과 '민주적 리더십 프로그램'이 가장 효과적이었다는 응답이 높게 나타난 바 있다. 결국 응답자들은 경험을 통해 효과성이 높다고 평가되는 프로그램에 대해 수요를 보이고 있는 것이라고 할 수 있다. 가령 말레이시아의 경우에는 가장 효과적인 민주주의 국제협력 프로그램으로 재정지원을 선택한 응답의 비중이 현저히 높게 나타났다. 따라서 민주주의 국제협력 프로그램에 대한 수요에서도 재정지원에 대한 수요의 비중이 높게 나타나는 것이다. 마찬가지로 교류 프로그램을 가장 효과적인 프로그램으로 응답한 비중이 상대적으로 높았던 몽골의 경우에 민주주의 국제협력 프로그램에 대한 수요에서도 인적, 조직적 교류 프로그램을 선택한 응답의 비중이 높게 나타나고 있다.

2.5. 한국 민주주의에 대한 인식과 기대

2.5.1. 한국 민주주의에 대한 평가

2.5.1.1. 한국을 대표하는 인상

한국의 민주주의는 국제사회에서 그 역사와 질적 측면에 있어서 충분한 인식을 얻지 못해 왔다. 본 조사에서는 설문 참여자에게 한국에 대한 대표적 이미지가 무엇인지에 대한 질문을 제시함으로써 한

국의 민주화 경험이 한국에 대한 인식에 얼마나 영향을 미치고 있는
지 확인하고자 했다. 한국을 대표하는 인상에 대한 질문의 문항은
'남북 분단', '급속한 경제 성장', '민주화 운동', '한국 문화(한류 관련)',
'IT기술' 및 '기타'로 구성되었다. 국제사회에서 전통적으로 한국에
대해 가지는 이미지는 남북 분단 정도로 고정되어 있었다. 하지만
산업화의 성과에 대한 국제사회의 인식이 높아지면서 경제성장이
한국을 대표하는 인상으로 자리 잡아 왔다. 한편으로는 점차 한국의
민주화 성과가 주목 받고 있는 측면도 있는 것이 사실이다. 최근에는
문화 상품과 정보 통신 기술에 대한 인식도 높아지고 있다. 이러한
상황에서 과연 아시아 10개국의 응답자들이 한국에 대해 어떤 이미
지를 가지고 있는지 파악하고자 하는 것이 본 질문의 목적이다.
　　대만을 제외한 아시아 9개국의 응답자들은 높은 비중으로 남북

한국에 대한 인상

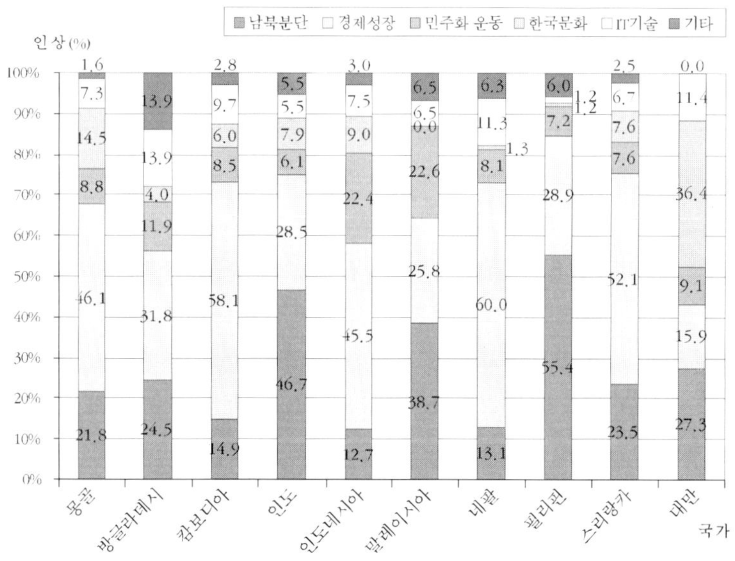

〈그림 21〉 한국에 대한 가장 큰 인상 국가별 응답 결과

분단이나 급속한 경제 성장을 한국의 대표 이미지로 선택하고 있다. 몽골, 방글라데시, 캄보디아, 인도네시아, 네팔, 스리랑카에서는 '급속한 경제 성장'을 한국의 대표 이미지로 선택한 응답의 비중이 가장 높았다. 한편 인도, 말레이시아, 필리핀에서는 '남북 분단'을 한국의 대표 이미지로 선택한 응답의 비중이 가장 높은 것으로 나타나고 있다. 대만의 경우에는 다소 특이하게 한류 드라마나 영화, 음식 문화 등의 '한국 문화'에 대한 응답의 비중이 가장 높게 나타나고 있다. 하지만 일부 예외를 제외하면 전반적으로 '급속한 경제 성장'과 '남북 분단'을 선택한 응답의 비중이 국가별로 가장 높거나 두 번째로 높은 양상이 나타나고 있다.

'민주화 운동'이 한국을 대표하는 이미지라는 응답의 비중은 전반적으로 낮게 나타나고 있지만 '급속한 경제 성장'과 '남북 분단'에 이어 비교적 높은 비중을 보이고 있다. 특히 인도네시아에서는 응답자의 22.4%가 '민주화 운동'을 선택하고 있으며, 이와 같은 비중은 '급속한 경제 성장'에 대한 응답 다음으로 높은 비중이다. 또한 말레이시아와 방글라데시에서 '민주화 운동'에 대한 응답의 비중이 다른 국가들에 비해 상대적으로 높게 나타나고 있다.

민주주의 국제협력 수요조사의 일환인 글로벌 수요조사의 결과, 한국의 대표 이미지로 '민주화 운동'을 선택한 비중은 전 세계의 국제협력 담당자들을 대상으로 한 조사에서 극히 낮은 비중을 보이고 있다. 반면 아시아 지역의 경우에는 '민주화 운동'을 한국의 대표 이미지로 선택한 비중이 높게 나타나고 있다. 글로벌 수요조사결과와 같이 아시아 지역에서 '민주화 운동'을 한국의 대표 이미지로 선택한 응답의 비중이 비교적 높게 나타나고 있다고 할 수 있을 것이다.

그러나 한국 민주주의의 경험과 성과에 비추어 보았을 때, 아시아 지역에서 한국의 민주화 경험이 충분히 인식되지 못하고 있는 것은 사실이다. 일부 국가들의 응답을 제외하면 '민주화 운동'을 한국의 대표 이미지로 선택한 응답의 비중은 전반적으로 낮게 나타나고 있다. 상대적으로 한국과 긴밀한 관계를 형성하고 있는 아시아 지역에서도 한국 민주주의가 한국을 대표하는 이미지로 자리잡지 못하고 있는 현실은 곧 한국이 아시아 지역의 민주주의 발전에 실질적으로 기여하지 못하고 있는 상황과 연관된다. 즉 한국이 민주주의와 관련된 국제교류협력에 역할을 하지 못하고 있는 상황에서 한국 민주주의의 경험과 성과가 한국을 대표하는 이미지가 될 수는 없다는 것이다.

2.5.1.2. 한국 민주주의의 수준

아시아 10개국의 응답자들은 한국 민주주의의 수준에 대한 평가에서 1(매우 비민주적)에서 5(매우 민주적)까지의 척도로 응답을 진행했다. 한국 민주주의 수준에 대한 응답 결과를 바탕으로 평균값을 산출하여 한국 민주주의에 대한 평가지수로 변환했다.

한국의 민주주의 수준 평가

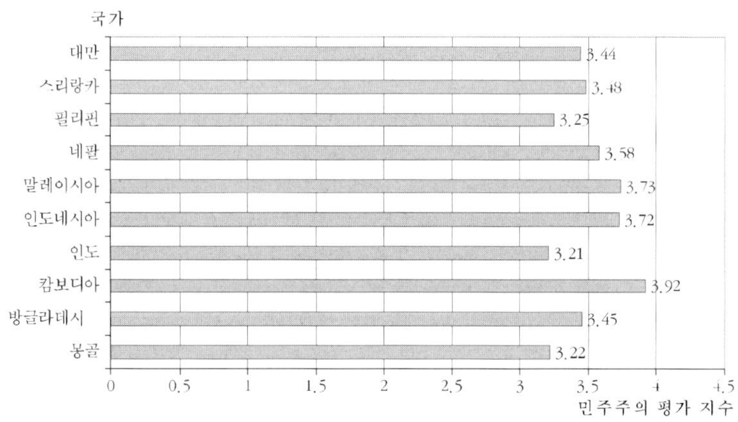

〈그림 22〉 한국 민주주의 수준에 대한 평가지수 국가별 응답 결과

아시아 10개국의 평가지수를 살펴보았을 때, 한국 민주주의 수준에 대해 대체로 '보통'에서 '다소 민주적'이라는 평가가 이루어지고 있다는 사실을 확인할 수 있다. 캄보디아, 인도네시아, 말레이시아에서 한국 민주주의에 대해 상대적으로 높은 평가가 이루어지고 있으며 몽골, 인도 필리핀에서 한국 민주주의에 대해 상대적으로 낮은 평가가 나타나고 있다. 특히 몽골과 인도의 경우에는 한국 사회가 비민주적이라는 평가의 비중이 다른 국가들에 비해 상대적으로 높게 나타나고 있다.

자국의 민주주의 수준에 대한 평가와 비교했을 때, 대부분의 국가들은 자국 민주주의 수준보다 한국 민주주의 수준이 높다는 평가를 하고 있다. 하지만 대만과 인도의 경우에는 자국 민주주의에 대한 평가지수가 한국 민주주의에 대한 평가지수보다 높게 나타나고 있다. 대만과 인도에서는 한국 민주주의가 자국 민주주의에 비해 특별히 수준이 높거나 발전되지는 않았다고 판단하는 응답자가 많다는 것이다.

비록 한국을 대표하는 이미지로 한국의 민주주의가 자리 잡고 있지는 않지만 아시아 10개국의 응답자들에게 대체적으로 한국 민주주의에 대해 긍정적인 평가가 이루어지고 있다고 할 수 있다. 하지만 일부 국가들에서 한국 민주주의 수준에 대해 낮은 평가를 하고 있는 응답자가 비중 있게 나타나고 있는 현실은 한국 민주주의의 심화와 발전은 물론 향후 아시아 민주주의 증진에 적극적으로 참여할 필요가 있다는 사실을 환기하고 있다.

2.5.2. 한국 민주주의 국제협력에 대한 기대
2.5.2.1. 한국에 기대되는 민주주의 국제협력 프로그램

설문 참여자들에게 아시아 민주주의 증진에서 한국 민주주의의 역할에 대한 질문을 제시했다. 이와 같은 질문을 통해 향후 한국이 민주주의 국제협력 프로그램을 진행함에 있어서 한국의 비교우위가 무엇이며 어떤 프로그램을 실행하는 것이 적절한지에 대한 판단의 근거로 삼고자 했다. 질문에 따른 응답 항목은 '네트워킹과 상호 교류', '연구', '적극적 개입', '교육 훈련' 및 '민주주의 관련 재정적 지원'으로 구성되었다.

아시아 10개국 응답자 전체의 36.4%는 '네트워킹과 상호 교류'를 한국의 민주주의 국제협력 프로그램으로 기대하고 있다. 이어서 27.0%가 '교육 훈련'을 기대하고 있는 것으로 나타났다. 국가별로도 '네트워킹과 상호 교류', '교육 훈련'을 한국의 민주주의 국제협력 프로그램으로 기대하는 응답의 비중이 대체로 높게 나타나고 있다.

몽골, 방글라데시, 인도, 필리핀, 스리랑카, 대만에서는 한국의 민주주의 국제협력 프로그램으로 '네트워킹과 상호 교류'를 선택한 응답의 비중이 가장 높게 나타나고 있다. 또한 '교육 훈련'을 선택한

민주주의 평가지수 비교

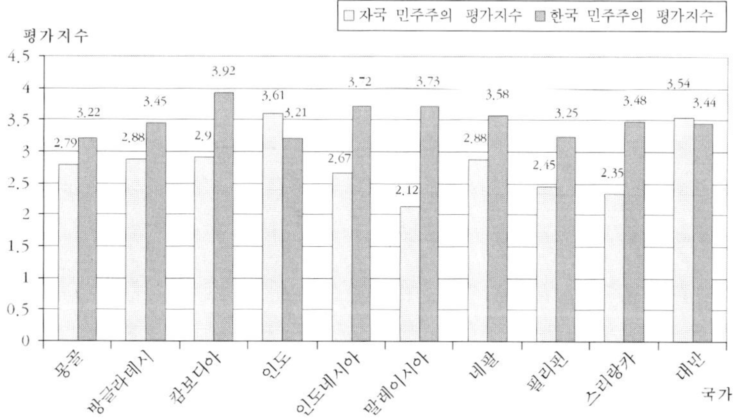

〈그림 23〉 자국 민주주의 평가지수와 한국 민주주의 평가지수 간 비교 결과

응답도 함께 높은 비중을 차지하고 있다. 몽골과 인도의 경우에는 '연구 조사'에 대한 응답의 비중이 다른 국가에 비해 상대적으로 높게 나타나고 있으며, 방글라데시와 스리랑카의 경우에는 '민주주의 관련 재정적 지원'을 선택한 응답의 비중도 비교적 높게 나타나고 있다. 한편 필리핀에서는 협력 대상국의 정치적 사회적 문제에 대한 '적극적 개입'이 필요하다는 응답의 비중이 다른 국가에 비해 상대적으로 높았다.

캄보디아, 인도네시아, 말레이시아, 네팔에서는 한국의 민주주의 국제협력 프로그램으로 '교육 훈련'을 선택한 응답의 비중이 가장 높게 나타나고 있다. 이 경우에도 역시 '네트워킹과 상호 교류'에

한국에 기대되는 민주주의 국제협력 프로그램

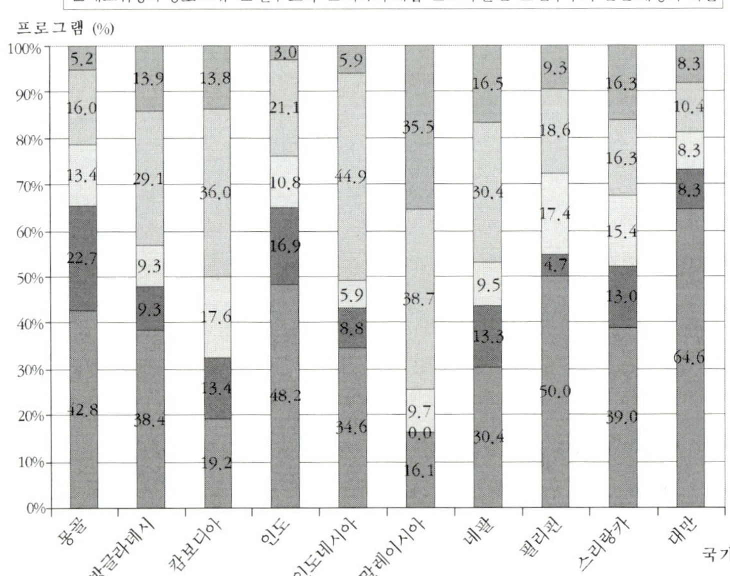

〈그림 24〉 향후 한국에 기대되는 민주주의 국제협력 프로그램에 대한 국가별 응답 결과

대한 응답이 높은 비중을 차지하고 있다. 단, 말레이시아의 경우 '민주주의 관련 재정적 지원'을 한국 민주주의 국제협력에 기대하고 있다는 응답의 비중이 현저히 높게 나타나고 있으며, 네팔의 경우에도 '재정적 지원'을 선택한 응답이 높은 비중을 차지하고 있다. 한편 캄보디아의 경우에는 협력 대상국의 정치적 사회적 문제에 대한 '적극적 개입'이 필요하다는 응답의 비중이 다른 국가에 비해 상대적으로 높았다.

여기서 흥미로운 것은 한국 민주주의 수준에 대한 평가지수가 높았던 상위 4개국인 캄보디아(3.92), 말레이시아(3.73), 인도네시아(3.72), 네팔(3.58)에서 '교육 훈련'을 한국 민주주의 국제협력 프로그램으로 기대하는 응답의 비중이 가장 높은 것으로 나타나고 있다는 것이다. 반면 이들 4개국을 제외한 국가들에서는 '네트워킹과 상호 교류'를 한국 민주주의 국제협력 프로그램으로 기대하고 있다는 응답의 비중이 가장 높게 나타나고 있다.

이와 같은 차이는 한국 민주주의의 수준에 대한 평가와 한국에 기대하는 프로그램 사이에 일정한 상관관계를 함의하고 있다. 즉 한국 민주주의 수준을 높게 평가하는 경우에는 한국이 민주주의 교육과 훈련의 주체가 되는 교육 훈련 프로그램에 대한 기대가 높게 나타나고 있는 것이다. 반면 한국 민주주의 수준에 대해 다소 낮은 평가를 하는 경우에는 향후 민주주의 증진을 위한 협력의 기반이 되는 네트워킹과 상호 교류와 같은 기초적인 작업이 이루어져야 한다는 입장이 높은 비중을 보이고 있는 것이다. 물론 한국이 민주주의 국제협력을 위한 기초적인 네트워크와 협력 파트너십조차도 충분히 확보하고 있지 못한 상황이 네트워킹과 상호 교류가 기대된다는 응답에 반영되어 있다고 할 수 있을 것이다. 이와 같은 정황을 고려하더라도 교육 훈련을 선택한 응답의 국가 간 비중 차이는 한국 민주주의에 대한 평가지수와 긴밀한 연관을 맺고 있다

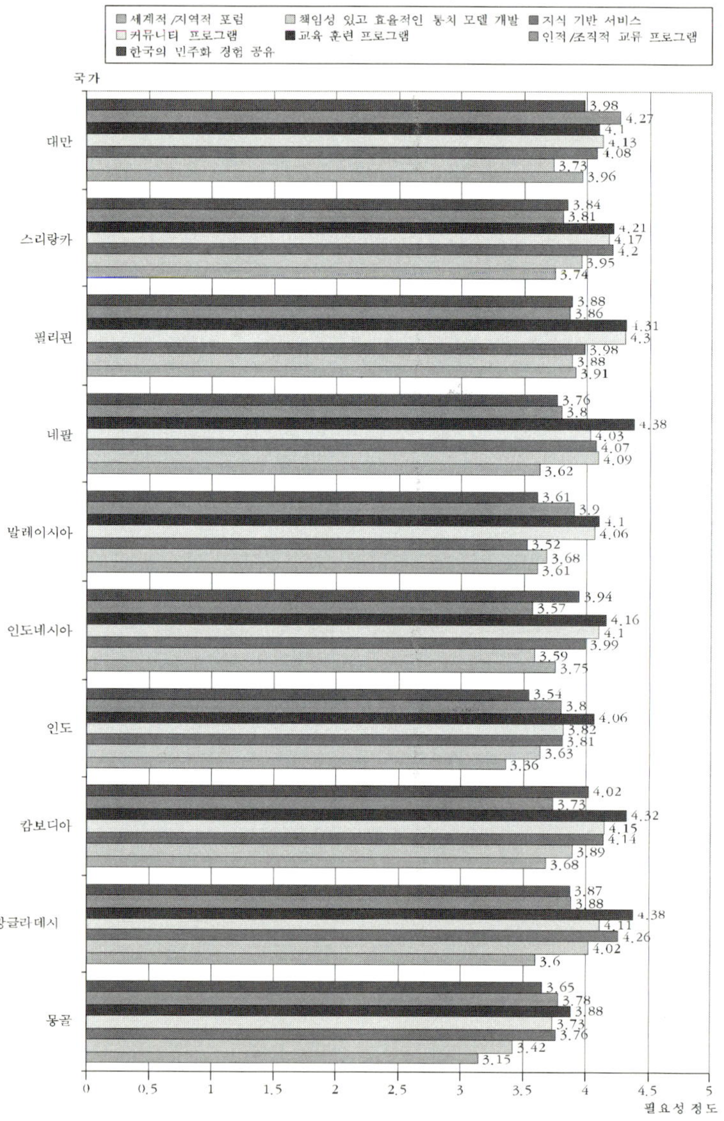

〈그림 25〉 민주화운동기념사업회가 추진해야 할 프로그램의 필요성 평가지수 국가별 응답 결과

고 해석할 수 있을 것이다.

 민주화운동기념사업회가 추진해야 할 프로그램

아시아 10개국의 응답자들은 민주화운동기념사업회가 추진해야 할 프로그램에 대해 척도 1에서 척도 5까지의 수치로 중요성을 평가했다. 제시한 프로그램의 유형은 '세계적ㆍ지역적 포럼, 책임성 있고 효율적인 통치 모델 개발', '지식 기반 서비스', '커뮤니티 프로그램', '교육 훈련 프로그램', '인적ㆍ조직적 교류 프로그램', '한국의 민주화 경험 공유'로 구성되었다. 분석과정에서 응답 결과를 종합하여 평균값을 산출하여 각 프로그램에 대한 필요성 평가지수로 변환하였다.

각 프로그램의 필요성 평가지수에서 전반적으로 교육 훈련 프로그램의 필요성 평가지수가 높게 나타나고 있는 것을 확인할 수 있다. 대만을 제외한 아시아 9개국에서 교육 훈련의 필요성 평가지수가 다른 프로그램들에 비해 상대적으로 높은 수치를 기록하고 있다. 이와 함께 지식 기반 서비스의 필요성 평가지수도 높게 나타나고 있는 것을 확인할 수 있다. 즉 응답자들이 민주화운동기념사업회가 추진해야 할 프로그램으로서 '교육 훈련 프로그램'과 '지식 기반 서비스'의 필요성을 높게 평가하고 있다는 사실을 확인할 수 있다.

한편 '커뮤니티 프로그램'에 대한 필요성 평가지수도 전반적으로 높게 나타나고 있다. 지역적 커뮤니티의 민주주의 역량 강화 프로그램에 대해서 민주화운동기념사업회가 일정한 역할을 수행해야 한다는 요구가 높은 필요성 평가지수로 나타나고 있다고 할 수 있을 것이다.

'세계적ㆍ지역적 포럼'의 개최와 '통치 모델의 개발', '한국 민주화 경험의 공유' 프로그램에 대해서는 다른 프로그램에 비해 필요성 평가지수가 낮게 나타나고 있다. 마찬가지로 '인적ㆍ조직적 교환 프로그램'에 대한 필요성 평가지수의 경우에도 다른 프로그램에 비해서 낮게 나타나고 있지만 몽골과 대만의 경우에는 상대적으로 높은 수치를 기록하고 있다.

민주주의 증진을 위한 교육 프로그램의 효율성 정도

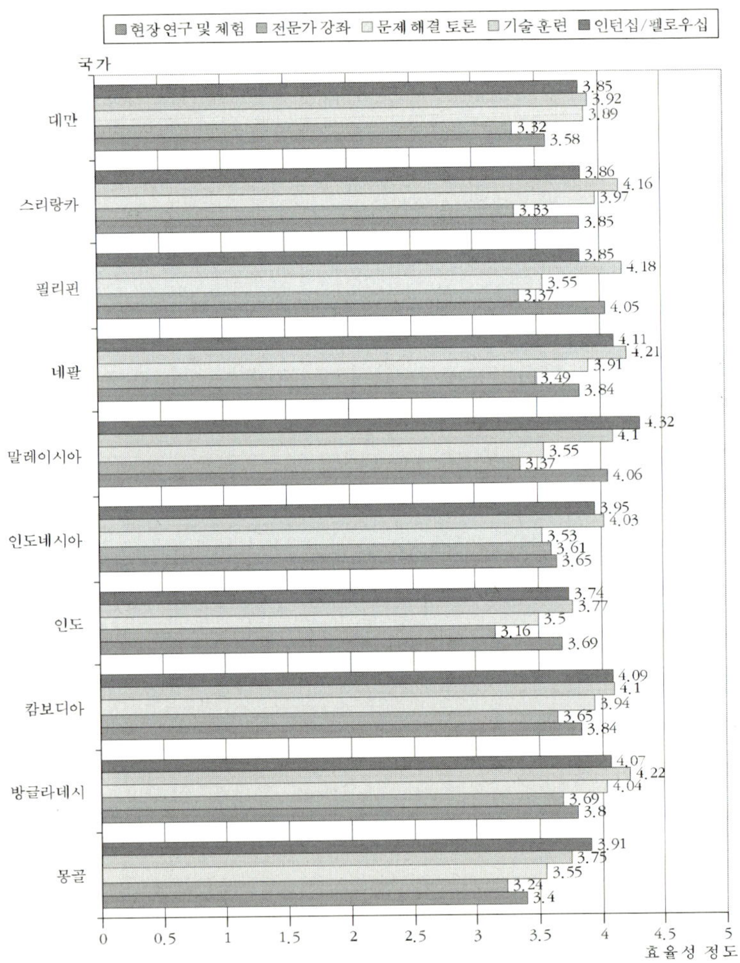

〈그림 26〉 아시아 민주주의 증진을 위한 교육 프로그램의 효율성 평가지수 국가별 응답 결과

종합하면 아시아 10개국의 응답자들은 대체로 민주화운동기념
사업회가 '교육 훈련 프로그램' 및 '지식 기반 서비스'를 중점적으로
담당하면서 민주주의 국제협력에 참여해야 한다는 의견을 제시하
고 있다고 할 수 있다. 또한 일부 국가에서는 '인적·조직적 교환
프로그램'에 대한 필요성도 높게 나타나고 있다. '포럼'의 개최나
'통치 모델 개발', '민주화 경험 공유' 등의 프로그램의 경우에도
전체적으로 필요하다는 입장이 나타나고 있지만 다른 프로그램에
비해 그 필요성이 다소 낮은 것으로 확인되고 있다.

2.5.3. 교육 프로그램에 대한 수요

'교육 프로그램'은 효과성에 대한 평가와 프로그램에 대한 수요,
민주화운동기념사업회의 프로그램에 대한 수요 등에 나타난 응답
결과를 종합했을 때, 가장 많은 응답자들이 선택한 민주주의 국제
협력 프로그램이라고 할 수 있다. 교육 훈련 프로그램에 대한 긍정
적 평가와 높은 수요는 민주주의 국제협력 수요조사의 일환으로
이루어진 글로벌 수요조사와 아시아 수요조사에서 공통적으로 나
타난 결과이다.

본 조사는 응답자들에게 교육 훈련 프로그램의 유형을 보다 구체
적으로 '현장 연구 및 체험', '전문가 강좌', '문제 해결 토론', '기술
훈련', '인턴십·펠로우십'으로 구분하여 각각의 구체적 프로그램
의 효율성을 평가하도록 했다. 여기서도 효율성 정도에 대한 평가
를 1에서 5까지의 척도로 나누어 평가를 진행했으며, 응답 결과의
평균값을 산출하여 효율성 평가지수로 변환하였다.

응답 결과를 분석해 보면 아시아 10개국에 걸쳐서 전반적으로
'기술 훈련'의 효율성 평가지수가 높은 수치를 기록하고 있으며 '인
턴십·펠로우십'의 효율성 평가지수도 높게 나타나고 있음을 확인

할 수 있다. 즉 연구 조사나 민주주의 증진 프로젝트의 수행, 교섭력 증진 등을 위한 기술적 지원의 형태를 띠는 기술 훈련 프로그램의 효율성에 대해 전반적으로 높은 평가가 나타나고 있다고 할 수 있을 것이다. 또한 인턴십 프로그램에서 대해서도 전반적으로 효율성이 높다는 평가가 이루어지고 있는 셈이다.

한편 말레이시아와 필리핀의 경우에는 '현장 연구 및 체험' 프로그램의 효율성에 대해 높은 평가가 이루어지고 있다. 또한 방글라데시, 스리랑카, 대만에서는 '문제 해결 토론' 프로그램의 효율성에 대해 높은 평가가 이루어지고 있다.

이 때 전체적으로 전문가 강의의 효율성이 낮게 평가되고 있다는 사실을 확인할 수 있다. 인도네시아를 제외한 아시아 9개국에서 '전문가 강의'에 대한 효율성 평가지수가 다른 프로그램에 비해 현저히 낮은 양상을 보이고 있다. 이러한 결과를 두고 전반적으로 전문가에 의한 강좌 방식의 프로그램이 효과적이지 않다는 평가가 이루어진 것이라고 할 수 있다.

3. 소결 – 아시아 민주주의 국제협력을 위한 교훈

이상의 분석 결과를 통해 아시아 10개국의 민주주의 관련 정부 및 공공기관 담당자, 시민사회단체 활동가, 학계의 연구자들이 민주주의 국제협력에 대해 어떤 인식과 평가, 전망 및 수요를 가지고 있는지 파악하였다. 설문조사의 특성 상 응답 결과를 바탕으로 아시아 10개국의 민주주의 상황을 평가하는 것은 다소 무리가 따른다. 본 분석 결과는 응답자들의 주관적인 인식과 평가에 기반하고 있는 것이기 때문에 이를 바탕으로 아시아 각국의 민주주의 상태나 민주주의 국제협력의 현황에 대해 결론을 내릴 수는 없는 것이다.

하지만 아시아 10개국 내의 다양한 영역에서 활동하고 있는 응답자들이 자국 민주주의에서 긴요한 과제로 설정하고 있는 응답의 결과들은 향후 민주주의 국제협력을 추진하는 데 있어서 어떤 분야와 영역, 주제에 대해 협력·지원이 이루어져야 하는지에 대한 귀중한 정보를 제공하고 있다. 즉 민주주의의 주요 개혁 과제, 제도적 장애 요인, 사회문화적 장애 요인들에 대한 응답자들의 평가는 향후 한국이 아시아 민주주의 증진을 위한 다양한 활동 계획을 수립할 때, 프로그램의 효과성을 극대화할 수 있는 근거로서 의의를 지니는 것이다.

또한 민주주의 국제협력 프로그램의 방식과 내용에 대한 응답 결과는 각 국가별 수요에 따라 '맞춤형' 협력·지원을 제공할 수 있는 근거로서 의의를 지닌다. 즉 아시아 각 국가별로 상이하게 나타나는 프로그램에 대한 수요에 근거하여 각국의 특성과 수요에 맞춘 민주주의 국제협력 프로그램을 통해 효과적인 협력·지원을 수행할 수 있을 것이다.

본 연구 조사를 통해 확인한 아시아 10개국의 응답자들의 민주주의 국제협력에 대한 인식과 평가, 전망은 향후 아시아 각국의 민주주의에 대한 심층적인 연구를 통해 보완되어야 한다. 즉 응답자들의 주관적인 응답 결과를 바탕으로 각국의 민주주의 상황에 대한 비교 분석을 결합하는 보다 심층적인 분석이 필요하다는 것이다. 심층적인 분석을 통해 아시아 각국의 민주주의가 당면한 난관과 개혁 과제를 확인하고 민주주의 국제협력 프로그램이 실질적으로 협력 대상국의 민주주의 발전에 기여할 수 있는 길을 찾아야 할 것이다. 이러한 과정을 통해 한국의 민주주의 국제협력은 효과적인 전략과 방향성을 모색할 수 있을 것이다.

여기서는 아시아 10개국 수요조사결과 분석을 토대로 민주주의 발전의 과제가 무엇이며 민주주의 국제협력 프로그램에 대한 수요가 무엇인지에 대한 국가별 접근으로 간단한 결론을 대신하고자 한다. 아래에서는 각 국가에 따라 다양한 민주주의 과제 중 어떤 지점에 지원·협력이 이루어져야 하는지, 그리고 어떤 프로그램이 필요한지에 대해 다시 한 번 확인할 것이다.

3.1. 몽골

응답 결과에 따르면 몽골의 민주주의에서 가장 심각한 문제로 제기되고 있는 것은 부정부패의 문제이다. 부정부패와 함께 사회정의의 문제 또한 심각한 문제로 인식되고 있다. 이와 같은 문제의 원인으로서 사법 체계의 취약성, 민주적 문화의 결핍이나 민주적 가치 정향의 부재가 중시되고 있다. 즉, 민주주의의 기본 원리나 행동 규범이 사회적으로 충분히 정착되지 못하고 있으며, 사법 체계가 법치를 실현할 수 있도록 자리를 잡지 못했기 때문에 부정부패는 물론 사회정의의 결함 문제가 나타나고 있는 것이라고 할 수 있을 것이다. 이 때 사회문화적 장애 요인으로 물질주의, 자본주의 문화가 심각한 것으로 나타나고 있다. 이는 물질주의, 자본주의적 문화가 민주적 가치 규범에 대한 공공연한 위반을 가져와 부정부패를 만연하게 하는 한편 사회 전반적으로 법치의 정착을 어렵게 하는 요인이 되고 있는 것이라고 할 수 있다.

결국 이상의 문제점을 해결하기 위한 제도적 개혁 과제는 사법 체제의 독립성 확보와 사법 시스템의 개혁에 모아지게 된다. 사법 서비스에 대한 시민의 공평한 접근이 가능하며 효율적으로 사법 시스템이 작동할 수 있도록 하는 개혁 과제가 사회정의의 실현과 법치의 정착, 부정부패의 해소를 위한 중요 과제로 설정되고 있는 것이다. 또한 몽골에서는 시민교육을 통해 민주주의의 원리와 가치에 대한 인식의 확산이 매우 중요한 과제로 인식되고 있다. 즉 의식적인 차원에서 민주주의의 행동 규범을 정착시킴으로써 당면한 과제를 해결해야 한다는 것이다.

몽골의 응답 결과에 따르면 한국이 교육 훈련 프로그램과 인적·조직적 교류 프로그램을 실행해야 한다는 의견이 주로 나타나고 있다. 특히 구체적으로 인턴십이나 펠로우십 혹은 기술적 훈련 등의 서비스를 제공할 필요가 있다는 입장이 주를 이루고 있다. 결국 몽골의 민주주의 국제협력에 대한 수요는 자국의 민주주의 관련 기관 담당자나 시민사회 활동가들의 민주적 리더십과 역량을 제고할 수 있는 프로그램이라고 할 수 있다. 특히 시민교육과 사법 체계 개혁 과제를 중시하고 있기 때문에, 이와 같은 영역에서 활동 역량 강화를 목적으로 한 교육 훈련 및 교류 프로그램을 추진하는 것이 적절하다고 할 수 있을 것이다.

3.2. 방글라데시

응답 결과에 따르면 방글라데시의 민주주의에서 가장 심각한 문제로 제기되고 있는 문제는 다른 아시아 국가들과 마찬가지로 부정부패의 문제이다. 다른 문제들에 비해 압도적으로 부정부패의 문제의 심각성을 지적하는 목소리가 높게 나타나고 있다. 민주주의가 적절히 작동하지 못하는 원인으로서 부정부패가 가장 핵심적인 장애 요인으로 지목되고 있는 것이다. 이때 사회문화적 측면의 민주주의 장애 요인으로 물질주의, 자본주의적 문화가 심각하다는 평가가 주를 이루고 있다. 즉 사회적으로 만연한 부정부패 문제의 문화적 원인으로서 물질주의적 가치관에 따른 민주주의 가치 규범의 미발달이 문제시되고 있는 상황이라고 할 수 있다.

민주주의의 핵심적인 문제로서 부정부패 문제가 심각하게 제기되고 있는 상황에서 방글라데시 민주주의 개혁 과제의 최우선 순위는 언론 자유의 확대라는 응답 결과가 나오고 있다. 또한 언론 자유와 함께 사법 체제의 독립성 확보도 중요한 개혁 과제로 인식되고 있다. 즉 부정부패가 사회적으로 가장 큰 문제라고 할 때, 자유롭고 독립적인 언론에 의한 감시를 통해 공공 영역과 사적 영역에서 부정부패 문제를 해결할 수 있다는 인식이 나타나고 있는 것이라 할 수 있다. 또한 사법 체계에 대한 개혁을 통한 법치의 확립이 부정부패 문제를 해결하기 위한 방안으로 인식되고 있는 것이다. 한편 시민교육과 민주적 가치 정향의 정착도 주요 개혁 과제로 인식되고 있다. 이는 부정부패를 감시하기 위한 시민사회의 역량을 강화하고 민주주의 가치 규범의 정착을 통해 당면하고 있는 문화적 장애 요인을 해결해야 한다는 응답자들의 의식이 반영된 결과라고 하겠다.

방글라데시의 응답 결과에 따르면 한국이 교육 훈련 프로그램과 지식 기반 서비스 프로그램을 실행해야 한다는 의견이 주로 나타나고 있다. 구체적인 프로그램으로는 기술 훈련과 인턴십, 펠로우십의 필요성이 중시되고 있다. 결국 방글라데시의 경우에는 자국의 민주주의 발전과 일련의 개혁 과제를 성취하기 위한 기술적 지원과 함께 활동가 역량 강화와 관련된 민주주의 국제협력 프로그램에 대한 수요를 보이고 있다고 할 수 있다.

결국 방글라데시와의 민주주의 국제협력 프로그램은 부정부패 문제 해결을 위한 제도적 개혁과 언론 및 시민사회의 민주적 역량 강화에 초점을 둘 필요가 있다. 이 때 방글라데시의 민주주의 관련 기관 담당자나 시민사회 활동가들의 기술적 역량을 강화하기 위한 교육 훈련과 한국의 민주주의 개혁과 민주주의 활동과 관련된 체계적인 인턴십, 펠로우십을 운영하는 것이 적절하다고 할 수 있을 것이다.

3.3. 캄보디아

응답 결과에 따르면 캄보디아 민주주의에서 가장 중요한 문제가 되고 있는 것은 다른 아시아 국가들과 유사하게 부정부패의 문제이다. 이 때 부정부패 문제와 함께 사회정의와 자유의 문제도 중시되고 있다. 응답자들의 인식에 따르면 공공 영역과 사적 영역에서 광범위하게 나타나는 부정부패의 문제는 사법 체계의 취약성으로 인해 심화되고 있는 상황이라고 하겠다. 또한 사법 체계가 제 기능을 하지 못하는 상황에서 사회정의는 물론 자유와 시민권이 적절하게 보장 받고 있지 못하고 있는 것이다.

한편 응답자들에게 사회문화적 장애 요인으로서 물질주의, 자본주의 문화가 심각한 것으로 인식되고 있다. 즉 물질주의, 자본주의적 문화가 민주주의 가치 규범을 저해하고 있는 상황이 부정부패 문제, 사회정의의 결함 문제 등의 원인이 되고 있다는 것이다. 또한 캄보디아에서는 군사주의와 권위주의의 심각성이 높은 것으로 나타나고 있다. 군사주의와 권위주의는 곧 사법 질서가 시민들에게 공평한 접근권을 보장하지 못하게 할 뿐만 아니라 시민적 권리 전반의 충분한 보장을 어렵게 한다. 결국 군사주의와 권위주의, 물질주의적 정향이 복합적으로 작용하여 캄보디아의 민주주의 문화 정착을 저해하고 있는 것이다.

이상의 문제들을 해결하기 위한 개혁 과제로서 캄보디아의 응답자들은 시민교육을 중시하고 있다. 시민교육을 통한 민주주의 문화의 확립과 시민사회의 역량 강화가 민주주의의 문제들을 해결하기 위한 핵심적인 개혁 과제로 인식되고 있는 것이다. 또한 사법 체계의 독립성 확보와 사법 개혁의 필요성이 중시되고 있으며, 언론의 독립성과 자유의 확보 또한 중요한 개혁 과제로 인식되고 있다. 이는 법치의 확립을 통해 부정부패를 근절하고 시민적 자유를 확장시키기 위한 개혁 과제라고 할 수 있을 것이다.

캄보디아의 응답자들은 한국의 민주주의 국제협력 프로그램으로 교육 훈련 프로그램과 지식 기반 서비스에 대한 수요를 가지고 있는 것으로 확인되고 있다. 구체적인 교육 프로그램으로는 기술 훈련과 인턴십·펠로우십에 대한 수요가 높게 나타나고 있다. 즉 캄보디아에서는 시민교육과 사법 개혁, 언론 자유의 확보 등을 위한 활동을 지원하는 프로그램이 필요하며, 지원의 방식은 민주주의 활동의 기술적 역량의 강화, 지적 역량의 강화를 목적으로 하는 프로그램이어야 한다고 할 수 있다.

한편 캄보디아의 응답자들은 한국이 수행할 민주주의 국제협력 프로그램으로 커뮤니티 프로그램을 중요하게 인식하고 있다. 지역 사회 기반의 민주주의 증진 프로그램은 시민사회의 풀뿌리 민주주의 역량 강화와 긴밀하게 연관된다. 결국 캄보디아 민주주의가 당면하고 있는 사회문화적 장애 요인을 해결하기 위해서 시민교육 및 시민사회 강화가 지역 단위의 풀뿌리 민주주의와 연결되어야 할 필요가 있다. 캄보디아에서의 민주주의 국제협력 프로그램은 민주주의의 원리와 가치, 규범이 지역적 기반에서부터 확립될 수 있도록 하는 지역 민주주의 강화 프로그램으로 기획되어야 할 것이다.

3.4. 인도

응답 결과에 따르면 인도 민주주의에서 가장 중요한 문제 또한 부정부패의 문제이다. 부정부패 문제를 지적한 응답의 비중이 현저히 높은 가운데 사회정의와 평등의 문제도 중요한 이슈로 인식되고 있다. 인도에서 부정부패의 문제는 사법 체계의 취약성 문제와 결합되어 민주주의 발전에 최대 장애요인으로 인식되고 있다.

한편 사회문화적 측면의 장애 요인으로는 종교 문화와 가부장적 문화의 심각성이 높게 평가되고 있다. 사회정의와 평등의 문제가 심각한 문제로 인식되고 있는 것은 이와 같은 문화적 장애 요인에 기인하는 것이라고 할 수 있을 것이다. 종교 문화와 가부장적 문화는 민주주의가 사회문화적인 가치 규범으로 자리 잡는 데 심각한 장애 요인이 될 뿐만 아니라 시민적 기본권의 보장을 어렵게 하는 장애 요인이 되고 있는 것이다.

이상의 문제들을 해결하기 위한 개혁 과제에 대한 응답자들의 의견은 언론 자유의 확립, 사법 개혁, 시민교육을 중시하는 것으로 나타나고 있다. 언론의 자유와 사법 체계의 독립성 확보, 사법 체계 개혁은 부정부패 문제를 해결하기 위한 과제로서 중요한 의미를 지니고 있다. 또한 사법 서비스에 대한 공평한 접근 및 사법적 공정성의 확보와 시민교육은 종교 문화, 가부장문화로 인해 지체되고 있는 민주적 가치 규범의 확산에 기여할 것이다. 특히 시민교육은 전통 문화의 부정적 요인을 제거하고 시민적 자유와 법적, 정치적 평등을 강화하기 위한 개혁 과제로서 중요한 의미를 지니고 있다.

인도의 응답자들은 교육 훈련 프로그램을 민주주의 국제협력 프로그램으로서 가장 중시하고 있다. 또한 응답자들은 지식 기반 서비스, 커뮤니티 프로그램, 인적·조직적 교류 프로그램에 대한 필요성도 비교적 높게 인식하고 있다. 또한 구체적인 교육 프로그램으로는 기술 훈련과 인턴십·펠로우십이 중시되고 있다. 대체적으로 인도에서는 민주주의 활동 역량 강화를 위한 지원과 지적, 기술적 측면의 지원이 중시되는 가운데 지역 기반의 풀뿌리 민주주의 프로그램에 대한 수요도 함께 나타나고 있다고 할 수 있을 것이다.

결국 인도에서의 민주주의 국제협력 프로그램은 제도적 차원에서는 사법 개혁과 자유롭고 독립적인 언론의 강화를 목적으로 하며, 사회문화적 측면에서는 종교 문화와 가부장문화의 문제들을 해결해 나가는 데 목적을 두고 진행되어야 할 것이다. 인도 민주주의가 당면한 문제들을 해결해 나가는 과정에서 민주주의 관련 기관의 담당자와 시민사회단체 활동가 등의 민주주의 역량을 강화하는 교육 훈련 및 교류 프로그램이 필요할 것이다. 또한 지역 사회에서부터 민주주의 시민 문화를 확립하고 민주적 권리에 대한 인식이 확립될 수 있도록 지원하는 프로그램이 효과적일 것으로 전망할 수 있다.

3.5. 인도네시아

응답 결과에 따르면 인도네시아 민주주의에서 가장 중요한 문제 또한 부정부패의 문제이다. 부정부패 문제와 함께 사회정의의 문제도 중요한 민주주의 이슈로서 인식되고 있다. 부정부패의 문제는 사법 체계의 취약성과 관료주의적 시스템에 의해 심각한 민주주의의 결함으로서 인식되고 있다. 법치를 확립하지 못하는 사법 체계뿐만 아니라 비효율적인 행정 시스템이 부정부패와 사회정의의 결함을 낳고 있는 원인이라고 할 수 있다. 즉 인도네시아에서는 부정부패와 관련하여 사법 개혁과 행정 개혁의 필요성이 강하게 제기되고 있다고 할 수 있다.

응답자들은 인도네시아 민주주의를 저해하는 사회문화적 장애 요인으로서 물질주의, 자본주의적 문화와 권위주의 문화를 심각하게 인식하고 있다. 심각한 부정부패 문제가 물질주의, 자본주의 문화에서 기반을 두는 것이라는 인식이 인도네시아의 경우에도 잘 나타나고 있다. 또한 관료주의적 시스템으로 인한 행정적 비효율성의 문제와 권위주의의 심각성에 대한 우려가 연관되어 있다고 할 수 있을 것이다.

이상의 문제를 해결하기 위한 민주주의 개혁 과제로서 시민교육과 언론 자유의 확립이 중시되고 있다. 또한 시민교육의 과제와 함께 시민사회 공고화와 민주적 가치 정향의 확립이 중요한 과제로 인식되고 있다. 민주주의 가치 규범 확립을 위해 시민교육과 민주적 가치 정향의 확립과 같은 개혁 과제가 중시되고 있다고 할 수 있다.

한편 언론 자유와 사법 개혁의 과제 또한 중시되고 있다. 이는 법치의 확립과 행정 개혁을 위한 개혁 과제로서 의의를 지닌다. 특히 시민사회의 공고화와 언론 자유의 확립과 같은 개혁 과제는 사법개혁 및 행정 개혁을 추진하기 위한 동력과 감시 역량의 확보라는 측면에서 중시되고 있는 것이다.

인도네시아 응답자들은 향후 한국의 민주주의 국제협력 프로그램으로 교육 훈련 프로그램을 가장 중시하고 있다. 또한 지식 기반 서비스와 커뮤니티 프로그램도 중요하게 인식하고 있다. 구체적인 교육 프로그램으로는 기술 훈련과 인턴십·펠로우십이 중시되고 있다. 즉 다른 아시아 국가들과 마찬가지로 인도네시아에서도 개혁 과제를 수행하기 위한 지적, 기술적 역량 강화를 위한 민주주의 국제협력 프로그램에 대한 수요가 높게 나타나고 있다고 할 수 있다. 사법 및 행정 개혁, 독립적 언론과 시민사회의 강화 등의 개혁 과제를 수행하기 위한 민주주의 역량 강화가 인도네시아에 필요한 민주주의 국제협력 프로그램이라고 할 수 있을 것이다.

한편 인도네시아의 경우에 민주주의 국제협력 프로그램으로서 한국 민주화 경험의 공유의 필요성을 높게 평가한 의견이 많았다. 이는 인도네시아 응답자들에게 한국을 대표하는 인상으로 민주화 운동을 선택한 비중이 현저히 높게 나타난 응답 결과와 연관된다. 즉 인도네시아 응답자들의 경우에는 한국 민주화 운동의 경험과

성과가 비교적 많이 알려져 있으며, 이로 인해 한국의 민주화 경험을 공유하고자 하는 의식이 높게 나타나고 있는 것이다. 이 때 한국 민주화의 경험과 역사에 대한 일방적인 전달이 아니라 한국 민주화의 경험 속에서 인도네시아 민주주의 발전에 기여할 수 있는 요소들을 발견하고 전략적으로 적용할 수 있는 프로그램을 모색할 필요가 있을 것이다.

3.6. 말레이시아

응답 결과에 따르면 말레이시아 민주주의에서 가장 중요한 문제는 자유와 평등의 문제이다. 다른 아시아 국가들에서 대부분 부정부패의 문제를 가장 중시하고 있는 데 비해 다소 특이한 결과라고 할 수 있다. 말레이시아에서는 시민적 자유와 정치적, 사회적 평등과 같은 민주주의의 기본적 원리가 가장 큰 문제로 인식되고 있다는 것이다.

이와 같은 응답자들의 상황 인식은 시민사회의 취약성과 사법 체계의 취약성에 대한 우려에서 비롯하는 것으로 보인다. 말레이시아 응답자들은 민주주의의 최대 장애 요인으로서 시민사회의 취약성을 심각한 문제로 인식하고 있다. 즉 시민사회가 적절히 기능하지 못함으로 인해 시민적 자유가 충분히 구현되지 못하고 있는 상황에 처해 있다는 것이다. 한편 사법 체계가 공평한 접근을 보장하지 못하고 독립적이고 공정한 사법 기능을 수행하지 못하고 있기 때문에 정치적, 법적 평등이 문제시되고 있다고 할 수 있다.

한편 사회문화적 장애 요인으로는 종교 문화와 권위주의 문화의 심각성을 지적하는 의견이 많이 나타나고 있다. 종교 문화와 권위주의 문화는 자유와 평등의 문제가 제기되는 원인이 된다고 할 수 있다. 특히 응답자들에게 사회적으로 뿌리 깊게 남아 있는 전통적인 종교 문화가 민주주의 발전의 심각한 장애 요인으로 받아들여 지고 있다. 또한 시민사회의 활발한 활동을 저해하는 요인으로서 권위주의 문화가 문제시되고 있는 상황이라고 할 수 있다.

따라서 말레이시아의 개혁 과제는 시민사회의 공고화와 헌정 개혁에 초점이 모아지고 있다. 시민사회의 강화를 통해 민주적 시민권의 실질적인 실현을 추구해야 한다는 응답자들의 의견이 강하게 제기되고 있다고 할 수 있다. 뿐만 아니라 시민적 자유와 법적, 정치적 평등을 제도적으로 보장하고 시민사회의 활동을 보장할 수 있는 헌정 개혁의 필요성도 제기되고 있는 것이다.

말레이시아 응답자들은 한국의 민주주의 국제협력 프로그램으로 교육 훈련 프로그램을 가장 중요하게 인식하고 있다. 이와 함께 인적·조직적 교류 프로그램도 중요한 프로그램으로 인식되고 있다. 구체적인 교육 프로그램으로는 기술 훈련과 인턴십·펠로우십이 중시되고 있다. 말레이시아의 경우에도 민주주의 개혁을 위한 지적, 기술적 역량 강화 프로그램에 대한 수요가 나타나고 있다고 할 수 있을 것이다.

한편 말레이시아 응답자들은 한국의 민주주의 국제협력 프로그램으로서 커뮤니티 프로그램 또한 중요하게 인식하고 있다. 이는 지역 사회에 뿌리 깊게 남아 있는 전통 문화의 비민주적 정향을 해소하고 지역 단위에서부터 시민사회를 강화하기 위한 프로그램으로서 의의를 지닌다. 특히 말레이시아의 경우에는 종교 문화가 지역 사회를 규율하는 실질적인 가치 규범으로 기능하고 있으며 동시에 권위주의 통치로 인한 비민주적 가치 정향이 시민들에게 강력한 영향을 미치고 있다. 이와 같은 상황에서 풀뿌리 민주주의 프로그램이 말레이시아 민주주의의 심화 발전에 기여할 수 있는 프로그램으로서 의의를 지닐 것이다.

3.7. 네팔

응답 결과에 따르면 네팔 민주주의에서 가장 중요한 문제는 부정부패와 사회정의의 문제이다. 또한 개발 문제도 중시되고 있으며 자유와 평등의 문제를 중시하는 의견도 비중 있게 나오고 있다. 전반적으로 네팔 응답자들은 민주주의 상황에 대해 여러 가지 문제점과 과제들을 지적하고 있다. 이는 네팔이 상당히 복합적이고 다양한 민주주의 체제 건설의 과제에 당면해 있는 현재 상황과 연관된 결과이다.

복합적인 상황을 반영하듯이 응답 결과에서 시민의 민주적 가치 정향, 민주적 문화의 결핍 문제의 심각성에 대한 인식이 강하게 나타나고 있다. 뿐만 아니라 사회적으로 만연한 부정부패의 문제, 사법 체계의 취약성으로 인한 법치의 결핍 문제도 제기되고 있는 것이다. 또한 시민사회의 취약성도 다른 장애 요인들과 비슷한 심각성을 지니는 것으로 나타나고 있다. 사실상 하나의 영역에서 민주주의의 결함이 나타나는 것이 아니라 제도와 문화 차원 전반적으로 문제점들의 심각성이 제기되고 있는 셈이다.

사회문화적 장애 요인에 대해서는 권위주의의 문제가 가장 심각한 것으로 나타나고 있다. 또한 가부장적 문화와 물질주의의 심각성도 높게 평가되고 있다. 민주주의 가치 규범이 자리 잡지 못하고 있다는 응답자들의 인식을 고려할 때, 권위주의적 결정 방식 및 과정은 물론 권위주의에 대한 순응적 태도가 네팔 민주주의의 심각한 문제라는 사실을 확인할 수 있다. 그리고 물질주의, 자본주의적 문화의 심각성에 대한 응답 결과는 부정부패 문제의 심각성과 연관되는 문제라고 할 수 있다. 또한 가부장적 문화의 심각성에 대한 응답 결과는 사회 전반에 걸친 민주적 가치 정향의 부재와 민주적 문화의 결여와 연관되는 문제라고 할 수 있다.

제도적, 사회문화적으로 복합적인 문제점이 지적되고 있는 상황에서 네팔 민주주의 발전을 위한 개혁 과제로서 한 축으로는 시민교육과 민주적 가치 정향 확립이 중시되고 있으며, 또 다른 축으로는 사법 개혁과 헌정 질서 개혁이 중시되고 있다. 이 뿐만 아니라 시민사회의 공고화와 언론 자유와 같이 시민사회의 민주주의 역량을 강화하는 과제도 중시되고 있다. 다양한 개혁 과제가 동시에 제기되고 있는 상황이라는 것이다.

복합적인 개혁 과제를 수행하기 위한 한국의 민주주의 국제협력 프로그램으로서 네팔의 응답자들은 교육 훈련 프로그램을 가장 중시하고 있다. 교육 훈련 프로그램과 함께 지식 기반 서비스 또한 중요하게 인식되고 있다. 정부 및 공공 영역은 물론 시민사회의 근저에서부터 민주주의 역량을 강화해야 하는 상황에서 지적, 기술적 지원 프로그램이 요구되고 있는 것이다. 구체적인 교육 프로그램으로 기술 훈련과 인턴십·펠로우십의 효율성이 높게 평가되고 있으며, 이러한 결과는 네팔에서 또한 민주주의 개혁을 위한 민주적 역량의 강화가 필요하다는 사실을 확인시켜 주고 있다.

또한 네팔의 응답자들은 커뮤니티 프로그램의 중요성도 높게 평가하고 있다. 민주적 문화와 민주적 가치 정향이 부재한 상황에서 지역 단위의 풀뿌리 민주주의 프로그램을 통해 민주적 가치 규범을 정착시키기 위한 노력이 필요하다고 할 수 있다. 특히 네팔의 경우 개발 이슈가 민주주의에도 중요한 영향을 미치는 문제가 되고 있기 때문에 지역 사회 단위에서 이루어지는 개발 프로그램과 민주주의 증진 프로그램을 결합시켜 상승효과를 발휘할 수 있는 방안을 찾을 필요도 있을 것이다.

한편 한국의 민주주의 국제협력 프로그램으로서 통치 모델의 개발이 중시되고 있는 것은 특징적이다. 다른 국가의 응답 결과에서는 방글라데시를 제외하면 통치 모델 개발이 중시되지 않고 있

다. 네팔에서 통치 모델의 개발이 중시되고 있다는 사실은 헌정
질서의 확립 과제에 직면해 있는 네팔 민주주의의 현재 상태와
긴밀하게 연관된다. 한국의 민주주의 국제협력프로그램이 지식 기
반 서비스와 함께 보다 책임성 있고 효율적인 통치 모델의 개발과
정착에 대한 기술적 지원을 수행하는 것이 요구되고 있는 것이다.

3.8. 필리핀

　응답 결과에 따르면 필리핀 민주주의에서 가장 중요한 문제는
사회정의와 부정부패의 문제이다. 또한 시민적 자유의 문제도 중요
한 문제로 인식되고 있다. 사회정의와 부정부패의 문제를 중시하는
다른 아시아 국가들과 마찬가지로 필리핀에서도 사법 체계가 법치
를 확립하지 못하고 있기 때문에 이러한 문제가 나타나고 있다는
인식이 드러나고 있다. 하지만 필리핀 응답자들은 사법 체계의 문
제보다 시민사회가 제 기능을 하지 못하고 있는 상황이 사회정의의
결함이나 부정부패 문제, 시민적 자유의 문제를 가져오는 심각한
원인으로 인식하고 있다. 즉 시민사회의 취약성, 민주적 문화의
부재, 민주적 가치 정향의 부재가 보다 심각한 민주주의의 장애
요인이라는 것이다.
　사회문화적 장애 요인으로는 부정부패가 만연한 현실의 원인으
로 지목되고 있는 물질주의, 자본주의적 문화가 심각한 것으로 인
식되고 있다. 또한 군사주의 문화와 권위주의 문화, 가부장적 문화
또한 민주주의가 사회적으로 정착하는 데 장애 요인으로 인식되고
있다. 특히 이러한 사회문화적 요인들은 자유로운 시민사회의 확립
을 저해하는 요인들로서 시민사회가 적절한 감시 및 비판 기능을
수행하는 데 장애가 되고 있는 것이다.

따라서 필리핀의 민주주의 개혁 과제는 시민사회의 강화 과제로 집약된다. 시민사회의 공고화는 물론 언론 자유의 확립이 중요한 과제로 인식되고 있다. 또한 시민교육과 민주적 가치 정향의 정착을 통해 민주주의 가치 규범을 시민사회에 확립하는 것이 중요한 과제로 인식되고 있다.

필리핀에서는 한국의 민주주의 국제협력 프로그램으로 교육 훈련 프로그램이 가장 중시되고 있다. 구체적인 프로그램으로는 기술 훈련과 현장 연구 및 체험 프로그램의 효율성을 높게 평가하고 있다. 즉 필리핀에서는 시민사회의 민주화와 시민사회의 민주주의 역량 강화를 위한 기술적 역량 강화 프로그램에 대한 수요가 높게 나타나고 있다고 할 수 있을 것이다. 또한 다양한 양상의 민주주의가 실현되고 있는 현장에서의 경험과 연구를 통해 필리핀에 적용 가능한 민주주의 개혁의 전략과 방향성을 모색할 수 있는 기회를 제공하는 프로그램에 대한 수요가 높게 나타나고 있는 것이다.

한편 지역 사회의 민주적 가치 정향의 정착과 민주적 문화 형성을 위한 커뮤니티 프로그램도 중시되고 있다. 특히 지역 단위에서 민주주의의 가치 규범이 자리 잡지 못한 경우가 많기 때문에 풀뿌리 민주주의 프로그램을 통해 지역 사회에서부터 민주주의의 원리와 가치를 정착시키기 위한 프로그램이 필요하다고 할 수 있을 것이다.

3.9. 스리랑카

응답 결과에 따르면 스리랑카 민주주의의 가장 중요한 문제는 자유의 문제이다. 자유의 문제와 함께 부정부패와 사회정의의 문제 또한 중시되고 있다. 부정부패와 사회정의의 문제가 중시되고 있다는 점은 다른 아시아 국가들과 유사한 응답 결과라고 할 수 있을 것이다. 하지만 시민적 자유가 핵심적인 문제로 제기되고 있다는 점에서 스리랑카의 응답 결과가 특징적이라고 할 수 있을 것이다.

부정부패와 사회정의의 결함이 문제시되고 있는 상황은 사법 체계가 제 역할을 하지 못하고 있는 데에서 그 원인을 찾을 수 있다. 또한 사법 체계가 공정하고 공평한 접근을 보장하지 못하고 시민의 민주적 권리를 보장하는 데 무력하기 때문에 시민적 자유가 민주주의의 최대 이슈로 나타나고 있는 것이다. 또한 민주적 문화가 결핍되어 있으며 민주적 가치 정향이 확립되어 있지 못한 상황이 심각한 문제로 인식되고 있다. 민주주의가 가치 규범으로 정착되지 못하고 있기 때문에 시민적 자유는 물론 법치와 사회정의의 실현이 어렵다는 인식이 응답자들에게 나타나고 있는 것이다.

사회문화적 측면의 장애 요인으로는 물질주의, 자본주의적 문화와 가부장적 문화의 심각성이 높은 것으로 나타나고 있다. 부정부패의 만연과 법치의 실종과 같은 문제의 원인으로서 물질주의, 자본주의적 문화가 심각한 문제로 인식되고 있다. 또한 가부장적 문화가 민주주의의 사회적 정착에 큰 어려움으로 작용하고 있다고 볼 수 있을 것이다.

스리랑카 민주주의의 개혁 과제로서 헌정 질서에 대한 근본적 개혁과 사법 체계에 대한 개혁이 중시되고 있다. 시민적 자유가 보장되지 못하고 있는 현실에 대한 총체적인 제도적 개혁이 중요한 과제가 되고 있는 것이다. 한편으로는 시민사회의 공고화, 언론 자유의 증진, 민주적 가치 정향의 확립과 같이 시민사회의 민주적 강화가 스리랑카 민주주의의 핵심 과제로 인식되고 있다. 곧 제도 개혁과 시민사회의 민주화 및 역량 강화 등의 복합적인 과제가 스리랑카에서 강조되고 있다고 할 수 있다.

스리랑카 응답자들은 한국 민주주의 국제협력 프로그램으로 교육 훈련 프로그램과 지식 기반 서비스를 중시하고 있다. 구체적인 교육 프로그램으로는 기술 훈련과 인턴십·펠로우십이 중시되고 있으며, 문제 해결 토론 또한 중시되고 있다. 스리랑카의 민주주의 개혁을 위한 지적, 기술적 역량 강화 프로그램이 필요하다고 할 수 있을 것이다. 특히 스리랑카의 민주주의 개혁과 민주주의 활동이 당면한 문제 지점들에 대해 해결책을 모색하는 토론 프로그램의 필요성이 강하게 제기되고 있다고 할 수 있다.

3.10. 대만

응답 결과에 따르면 대만 민주주의에서 가장 중요한 문제는 부정부패의 문제이다. 또한 사회정의의 문제도 중시되고 있다. 부정부패와 사회정의의 문제는 일부를 제외한 대부분의 아시아 국가에서 가장 중요한 문제로 나타나고 있는 문제이다. 또한 다른 국가의 예에서와 같이 대만에서도 부정부패와 사회정의의 결함은 사법 체계의 취약성에 의해 비롯되는 문제인 것으로 확인되고 있다. 또한 한편으로는 관료주의적 시스템과 같이 비효율적인 행정으로 인해 부정부패의 문제가 심각하게 나타나고 있다고 할 수 있다.

부정부패와 사회정의의 문제가 강하게 제기되는 또 다른 맥락은 민주주의 가치 규범이 자리 잡지 못한 상황과 연관된다. 특히 물질주의, 자본주의적 문화는 공공 영역과 사적 영역에서 책임성과 투명성에 기반을 둔 절차적 규범의 정착을 가로 막고 있는 요인으로 지목되고 있다. 동시에 대만의 응답자들에게서 가부장적 문화의 심각성에 대한 인식이 높게 나타나고 있다. 가부장주의 문화는 비민주적 가치 정향의 원인으로서 사회적으로 민주주의가 뿌리를 내리는 데 걸림돌이 되고 있는 셈이다.

대만의 응답자들은 민주주의 발전을 위한 과제로 사법 개혁과 같은 제도적 측면의 개혁을 중시하고 있다. 하지만 사법 개혁과 행정 개혁 그 자체보다는 일련의 개혁 동력을 확보하기 위한 시민 사회의 역량 강화에 더욱 초점을 두고 있다고 할 수 있다. 시민사회 공고화, 시민교육, 민주적 가치 정향의 확립 등의 과제가 중요한 민주주의 개혁 과제로 인식되고 있는 것이다. 시민사회의 비판적, 개혁적 활동 역량을 강화하고 민주적 문화의 정착을 통해 사회문화 적 장애 요인을 제거해 나가는 과제가 대만 민주주의의 중심 과제 라고 할 수 있을 것이다.

대만 응답자들은 한국의 민주주의 국제협력 프로그램으로 인적·조직적 교류 프로그램을 가장 중시하고 있다. 대만은 한국과의 민주주의 국제협력 방식으로 네트워킹과 상호 교류를 중시하고 있으며, 따라서 인적·조직적 교류 프로그램에 대한 수요가 높은 것이라고 할 수 있다. 이러한 결과는 양국의 민주주의 성과와 과제에 대한 진지한 접근이 인적·조직적 교류 프로그램을 통해 이루어질 수 있을 것이라는 기대가 반영된 응답 결과이다. 또한 상호 교류를 통한 이해의 증진은 민주주의 발전과 심화를 위한 다양한 연대 활동으로 발전해 나갈 수 있을 것이다.

한편 교육 훈련 프로그램의 필요성도 강하게 제기되고 있다. 구체적인 교육 프로그램으로는 기술 훈련과 문제 해결 토론, 인턴십·펠로우십이 중시되고 있다. 인턴십·펠로우십에 대한 수요는 상호 교류에 대한 수요의 일환이라고 할 수 있다. 또한 대만에서 한국의 민주주의 국제협력 프로그램이 기술적 역량 강화를 위한 지원 역할을 수행할 수 있을 것으로 볼 수 있다. 특히 대만에서는 민주주의 개혁과 민주주의 활동이 당면한 문제 지점들에 대해 해결책을 모색하는 토론 프로그램의 필요성도 강하게 제기되고 있다고 할 수 있다.

Ⅳ. 부 록

1. 몽골

<표 1>은 몽골에서 민주주의 증진을 위해 민주주의 증진을 위해 가장 필요한 국제협력지원의 방식에 대한 현황분석이다. 몽골에서 가장 필요로 하는 국제협력지원의 방식은 교육 훈련이 112명(55.4%)으로 가장 높은 빈도를 나타냈고 그 다음으로 인적교류 44(21.8%), 재정지원 25(12.4%), 국제연대활동 12명(5.9%), 상호 이해 형성 6(3.0%), 기타 2(1.0%) 등의 순서로 높은 빈도를 나타냈다.

<표 1> 자국 민주주의 증진을 위해 가장 필요한 국제협력 지원의 방식

	빈도	퍼센트
교육 훈련	112	55.4
인적교류	44	21.8
국제연대활동	12	5.9
재정지원	25	12.4
상호 이해 형성	6	3.0
기타	2	1.0
잘 모르겠음	1	0.5
합　계	202	100.0

몽골에서 가장 효과적인 국제협력 네트워크 유형에 대한 현황분석은 〈표 2〉에 제시되었다. 몽골에서 가장 효과적인 국제교류협력 유형은 비정부기구 간 네트워크가 81명(40.1%)으로 가장 높은 빈도를 나타냈으며 그 다음으로 정부 간 네트워크 65명(32.2%), 의회 간 네트워크 17명(8.4%), 언론기구 간 네트워크 15명(7.4%), 정당 간 네트워크 12명(5.9%), 기타 8명(4.0%), 잘 모르겠음 4명(2.0%) 등의 순서로 높은 빈도를 나타냈다.

〈표 2〉 자국에서 가장 효과적인 국제협력 네트워크 유형

	빈도	퍼센트
정부 간 네트워크	65	32.2
의회 간 네트워크	17	8.4
정당 간 네트워크	12	5.9
비정부기구 간 네트워크	81	40.1
언론기구 간 네트워크	15	7.4
기타	8	4.0
잘 모르겠음	4	2.0
합　계	202	100.0

〈표 3〉은 몽골에서 민주주의 국제협력의 핵심 동기에 대한 현황 분석이다. 민주주의 국제협력의 핵심 동기는 경제적 효과라고 응답한 빈도가 38명(18.8%)으로 가장 많았으며, 그 다음으로 국가브랜드 이미지 제고 37명(18.3%), 국제사회에 대한 책임 30명(14.9%), 국제사회 일원으로서의 인식 제고 25명(12.4%), 외교적 영향력 제고 19명(9.4%), 인도주의적 관심 18명(8.9%), 국내민주주의 증진 15명(7.4%), 글로벌 스탠더드에 부합(5.4%), 잘 모르겠음 5명(2.5%), 기타 4명(2.0%) 등의 순서로 높은 빈도를 나타냈다.

〈표 3〉 민주주의 국제협력의 핵심 동기

	빈도	퍼센트
국가브랜드 이미지 제고	37	18.3
외교적 영향력 제고	19	9.4
경제적 효과	38	18.8
국제사회 일원으로서의 인식 제고	25	12.4
국내의 민주주의 증진 효과	15	7.4
인도주의적 관심	18	8.9
국제사회에 대한 책임	30	14.9
글로벌 스탠더드에 부합	11	5.4
기타	4	2.0
잘 모르겠음	5	2.5
합 계	202	100.0

<표 4>는 몽골에서 민주주의 국제협력을 통한 긍정적 효과에 대한 현황분석이다. 민주주의 국제협력을 통한 긍정적 효과에 대해 경제적 효과가 가장 크다고 응답한 빈도가 44명(21.8%)으로 가장 많았으며, 그 다음으로 기타 41명(20.3%), 국가브랜드 이미지제고 35명(17.3%), 국제사회 일원으로서의 인식 제고 29명(14.4%), 국내 민주주의 증진 22명(10.9%), 외교적 영향력제고 18명(8.9%), 잘 모르겠음 13명(6.4%) 등의 순서로 높은 빈도를 나타냈다.

<표 4> 민주주의 국제협력을 통한 긍정적 효과

	빈도	퍼센트
국가브랜드 이미지 제고	35	17.3
외교적 영향력 확대	18	8.9
경제적 이익 실현	44	21.8
국제사회로부터의 인정	29	14.4
공여국 자국의 민주주의 증진	22	10.9
기타	41	20.3
잘 모르겠음	13	6.4
합 계	202	100.0

<표 5>는 몽골에서 가장 효과적인 민주주의 국제협력 프로그램에 대한 현황분석결과이다. 몽골에서 가장 효과적인 민주주의 국제협력 프로그램은 잘 모르겠다고 응답한 빈도가 96명(47.5%)으로 가장 많았으며, 그 다음으로 교육 프로그램 36명(17.8%), 민주적 리더십 프로그램 29명(14.4%), 인적교류 프로그램 26명(12.9%), 재정지원 프로그램 11명(5.4%), 기타 4명(2.0%) 등의 순서로 높은 빈도를 나타냈다.

<표 5> 가장 효과적인 민주주의 국제협력 프로그램

	빈도	퍼센트
민주적 리더십 프로그램	29	14.4
인적교류 프로그램	26	12.9
교육 프로그램	36	17.8
재정지원 프로그램	11	5.4
기타	4	2.0
잘 모르겠음	96	47.5
합 계	202	100.0

〈표 6〉은 몽골에서 가장 효과적이지 못한 민주주의 국제협력 프로그램에 대한 현황분석이다. 몽골에서 가장 효과적이지 못한 민주주의 국제협력 프로그램에 대해 잘 모르겠다고 응답한 빈도가 112명(55.4%)으로 가장 많았으며, 그 다음으로 민주적 리더십 프로그램 35명(17.3%), 인적교류 프로그램 19명(9.4%), 재정지원 프로그램 14명(6.9%), 교육 프로그램 12명(5.9%), 기타 10명(5.0%) 등의 순서로 높은 빈도를 나타냈다.

〈표 6〉 가장 효과적이지 못한 민주주의 국제협력 프로그램

	빈도	퍼센트
민주적 리더십 프로그램	35	17.3
인적교류 프로그램	19	9.4
교육 프로그램	12	5.9
재정지원 프로그램	14	6.9
기타	10	5.0
잘 모르겠음	112	55.4
합　계	202	100.0

<표 7>은 몽골에서 민주주의 국제협력 실행 상의 장애 요인에 대한 분석결과이다. 몽골에서 민주주의 국제협력 실행 상의 장애 요인은 잘 모르겠다고 응답한 빈도가 100명(49.5%)으로 가장 많았으며, 그 다음으로 비효율적 관료제와 부패 42명(20.8%), 외부적 요인 28명(13.9%), 기타 21명(10.4%), 지원의 지속성 11명(5.4%) 등의 순서로 높은 빈도를 나타냈다.

<표 7> 민주주의 국제협력 실행 상의 장애 요인

	빈도	퍼센트
외부적 요인	28	13.9
비효율적인 행정체계	42	20.8
지원의 지속성	11	5.4
기타	21	10.4
잘 모르겠음	100	49.5
합 계	202	100.0

<표 8>은 몽골의 자국 민주주의 수준의 평가에 대한 현황분석이
다. 자국 민주주의 수준의 평가에 대해 보통이라고 응답한 빈도가
88명(43.6%)으로 가장 많았으며, 그 다음으로 비민주적 56명
(27.7%), 대체로 민주적 23명(11.4%), 매우 비민주적 15명(7.4%), 매
우 민주적 11명(5.4%), 잘 모르겠음 9명(4.5%) 등의 순서로 높은
빈도를 나타냈다.

<표 8> 자국 민주주의 수준에 대한 평가

	빈도	퍼센트
매우 비민주적	15	7.4
다소 비민주적	56	27.7
보통	88	43.6
민주적	23	11.4
매우 민주적	11	5.4
잘 모르겠음	9	4.5
합 계	202	100.0

<표 9>는 몽골에서 자국 민주주의의 핵심 이슈에 대한 분석이다. 자국 민주주의의 핵심 이슈에 대해 부정부패 척결이라고 응답한 빈도가 97명(48.0%)으로 가장 많았으며, 그 다음으로 정의 47명 (23.3%), 자유 33명(16.3%), 평등 12명(5.9%), 발전 8명(4.0%), 관용 3명(1.5%), 기타 1명(0.5%), 잘 모르겠음 1명(0.5%) 등의 순서로 높은 빈도를 나타냈다.

<표 9> 자국 민주주의의 핵심 이슈

	빈도	퍼센트
자유	33	16.3
정의	47	23.3
부정부패 척결	97	48.0
관용	3	1.5
평등	12	5.9
발전	8	4.0
기타	1	0.5
잘 모르겠음	1	0.5
합 계	202	100.0

〈표 10〉은 몽골에서 자국의 민주주의 발전을 저해하는 요인 중 취약한 정당 시스템에 대한 분석이다. 취약한 정당 시스템의 심각성 정도에 대해 잘 모르겠음이라고 응답한 빈도가 53명(26.2%)으로 가장 많았으며, 그 다음으로 다소 심각하지 않음 47명(23.3%), 보통 46명(22.8%), 전혀 심각하지 않음 39명(19.3%), 대체로 심각 12명(5.9%), 매우 심각 5명(2.5%) 등의 순서로 높은 빈도를 나타냈다.

〈표 10〉 자국의 민주주의 발전을 저해하는 요인들의 심각성 정도 : 취약한 정당 시스템

	빈도	퍼센트
전혀 심각하지 않음	39	19.3
다소 심각하지 않음	47	23.3
보통	46	22.8
대체로 심각	12	5.9
매우 심각	5	2.5
잘 모르겠음	53	26.2
합 계	202	100.0

〈표 11〉은 몽골에서 자국의 민주주의 발전을 저해하는 요인 중 부정부패에 대한 분석이다. 부정부패에 대한 심각성에 대해 별로 심각하지 않다고 응답한 빈도가 51명(25.2%)으로 가장 많았으며, 그 다음으로 전혀 심각하지 않음 43명(21.3%), 잘 모르겠음 41명(20.3%), 보통 29명(14.4%), 매우 심각 26명(12.9%), 대체로 심각 12명(5.9%)등의 순서로 높은 빈도를 나타냈다.

〈표 11〉 자국의 민주주의 발전을 저해하는 요인들의 심각성 정도 : 부정부패

	빈도	퍼센트
전혀 심각하지 않음	43	21.3
별로 심각하지 않음	51	25.2
보통	29	14.4
대체로 심각	12	5.9
매우 심각	26	12.9
잘 모르겠음	41	20.3
합　계	202	100.0

<표 12>는 몽골에서 자국의 민주주의 발전을 저해하는 요인 중 시민사회의 취약성에 대한 분석이다. 시민사회의 취약성에 대해 별로 심각하지 않음과 보통, 잘 모르겠다고 응답한 빈도가 각각 50명(각각 24.9%)로 가장 많았으며, 그 다음으로 대체로 심각 25명 (12.4%), 전혀 심각하지 않음 22명(10.9%), 매우 심각 4명(2.0%) 등의 순서로 높은 빈도를 나타냈다.

<표 12> 자국의 민주주의 발전을 저해하는 요인들의 심각성 정도 : 시민사회의 취약성

	빈도	퍼센트
전혀 심각하지 않음	22	10.9
별로 심각하지 않음	50	24.9
보통	50	24.9
대체로 심각	25	12.4
매우 심각	4	2.0
잘 모르겠음	50	24.9
합　계	201	100.0

<표 13>은 몽골에서 자국의 민주주의 발전을 저해하는 요인 중 민주적 문화의 결핍에 대한 분석이다. 민주적 문화의 결핍에 대해 보통이라고 응답한 빈도가 57명(28.2%)으로 가장 많았으며, 그 다음으로 잘 모르겠음 54명(26.7%), 별로 심각하지 않음 45명(22.3%), 대체로 심각 20명(9.9%), 전혀 심각하지 않음 15명(7.4%), 매우 심각 11명(5.4%) 등의 순서로 높은 빈도를 나타냈다.

<표 13> 자국의 민주주의 발전을 저해하는 요인들의 심각성 정도 : 민주적 문화의 결핍

	빈도	퍼센트
전혀 심각하지 않음	15	7.4
별로 심각하지 않음	45	22.3
보통	57	28.2
대체로 심각	20	9.9
매우 심각	11	5.4
잘 모르겠음	54	26.7
합 계	202	100.0

〈표 14〉는 몽골에서 자국의 민주주의 발전을 저해하는 요인 중 관료주의적 시스템에 대한 분석이다. 관료주의적 시스템에 대해 별로 심각하지 않다고 응답한 빈도가 48명(23.8%)으로 가장 많았으며, 그 다음으로 잘 모르겠음 43명(21.3%), 전혀 심각하지 않음 36명(17.8%), 보통 32명(15.8%), 매우 심각 25명(12.4%), 대체로 심각 18명(8.9%) 등의 순서로 높은 빈도를 나타냈다.

〈표 14〉 자국의 민주주의 발전을 저해하는 요인들의 심각성 정도 : 관료주의적 시스템

	빈도	퍼센트
전혀 심각하지 않음	36	17.8
별로 심각하지 않음	48	23.8
보통	32	15.8
대체로 심각	18	8.9
매우 심각	25	12.4
잘 모르겠음	43	21.3
합 계	202	100.0

<표 15>는 몽골에서 자국의 민주주의 발전을 저해하는 요인 중 사법 체계의 취약성에 대한 분석이다. 사법 체계의 취약성에 대해 잘 모르겠음이라고 응답한 빈도가 52명(25.7%)으로 가장 많았으며, 그 다음으로 별로 심각하지 않음 49명(24.3%), 보통 33명(16.3%), 대체로 심각과 전혀 심각하지 않음이 각각 26명(각각 12.9%), 매우 심각 16명(7.9%) 등의 순서로 높은 빈도를 나타냈다.

<표 15> 자국의 민주주의 발전을 저해하는 요인들의 심각성 정도 :
　　　　　 사법 체계의 취약성

	빈도	퍼센트
전혀 심각하지 않음	26	12.9
별로 심각하지 않음	49	24.3
보통	33	16.3
대체로 심각	26	12.9
매우 심각	16	7.9
잘 모르겠음	52	25.7
합　계	202	100.0

〈표 16〉은 몽골에서 자국의 민주주의 발전을 저해하는 요인 중 민주적 가치 정향의 부재에 대한 분석이다. 민주적 가치 정향의 부재에 대해 잘 모르겠음이라고 응답한 빈도가 54명(26.7%)으로 가장 많았으며, 그 다음으로 별로 심각하지 않음 46명(22.8%), 보통 43명(21.3%), 대체로 심각 26명(12.9%), 전혀 심각하지 않음 21명(10.4%), 매우 심각 12명(5.9%) 등의 순서로 높은 빈도를 나타냈다.

〈표 16〉 자국의 민주주의 발전을 저해하는 요인들의 심각성 정도 :
　　　　　민주적 가치 정향의 부재

	빈도	퍼센트
전혀 심각하지 않음	21	10.4
별로 심각하지 않음	46	22.8
보통	43	21.3
대체로 심각	26	12.9
매우 심각	12	5.9
잘 모르겠음	54	26.7
합　계	202	100.0

〈표 17〉은 몽골에서 민주주의 발전에 대한 문화적 장애 요인 중 봉건적 문화에 대한 분석이다. 봉건적 문화에 대해 잘 모르겠음 이라고 응답한 빈도가 78명(38.6%)으로 가장 많았으며, 그 다음으로 전혀 심각하지 않음 61명(30.2%), 별로 심각하지 않음 42명(20.8%), 보통 16명(7.9%), 대체로 심각 4명(2.0%), 매우 심각 1명(0.5%) 등의 순서로 높은 빈도를 나타냈다.

〈표 17〉 민주주의 발전에 대한 문화적 장애 요인의 심각성 정도 : 봉건적 문화

	빈도	퍼센트
전혀 심각하지 않음	61	30.2
별로 심각하지 않음	42	20.8
보통	16	7.9
대체로 심각	4	2.0
매우 심각	1	0.5
잘 모르겠음	78	38.6
합 계	202	100.0

<표 18>은 몽골에서 민주주의 발전에 대한 문화적 장애 요인 중 군사주의 문화에 대한 분석이다. 군사주의 문화에 대해 잘 모르겠음이라고 응답한 빈도가 81명(40.1%)으로 가장 많았으며, 그 다음으로 별로 심각하지 않음 48명(23.8%), 전혀 심각하지 않음 45명(22.3%), 보통 20명(9.9%), 대체로 심각 6명(3.0%), 매우 심각 2명(1.0%) 등의 순서로 높은 빈도를 나타냈다.

<표 18> 민주주의 발전에 대한 문화적 장애 요인의 심각성 정도 : 군사주의 문화

	빈도	퍼센트
전혀 심각하지 않음	45	22.3
별로 심각하지 않음	48	23.8
보통	20	9.9
대체로 심각	6	3.0
매우 심각	2	1.0
잘 모르겠음	81	40.1
합 계	202	100.0

〈표 19〉는 몽골에서 민주주의 발전에 대한 문화적 장애 요인 중 가부장 문화에 대한 분석이다. 가부장 문화에 대해 잘 모르겠음 이라고 응답한 빈도가 71명(35.1%)으로 가장 많았으며, 그 다음으로 대체로 심각하지 않음 52명(25.7%), 보통 38명(18.8%), 전혀 심각하지 않음 24명(11.9%), 다소 심각 11명(5.4%), 매우 심각 6명(3.0%) 등의 순서로 높은 빈도를 나타냈다.

〈표 19〉 민주주의 발전에 대한 문화적 장애 요인의 심각성 정도 : 가부장 문화

	빈도	퍼센트
전혀 심각하지 않음	24	11.9
대체로 심각하지 않음	52	25.7
보통	38	18.8
다소심각	11	5.4
매우 심각	6	3.0
잘 모르겠음	71	35.1
합　계	202	100.0

　　〈표 20〉은 몽골에서 민주주의 발전에 대한 문화적 장애 요인
중 종교 문화에 대한 분석이다. 종교 문화에 대해 잘 모르겠음이라
고 응답한 빈도가 80명(39.6%)으로 가장 많았으며, 그 다음으로 별
로 심각하지 않음 37명(18.3%), 보통 33명(16.3%), 전혀 심각하지
않음 30명(14.9%), 대체로 심각 15명(7.4%), 매우 심각 7명(3.5%)
등의 순서로 높은 빈도를 나타냈다.

〈표 20〉 민주주의 발전에 대한 문화적 장애 요인의 심각성 정도 :
　　　　　종교 문화

	빈도	퍼센트
전혀 심각하지 않음	30	14.9
별로 심각하지 않음	37	18.3
보통	33	16.3
대체로 심각	15	7.4
매우 심각	7	3.5
잘 모르겠음	80	39.6
합　계	202	100.0

〈표 21〉은 몽골에서 민주주의 발전에 대한 문화적 장애 요인 중 물질주의, 자본주의 문화에 대한 분석이다. 물질주의, 자본주의 문화에 대해 잘 모르겠음이라고 응답한 빈도가 77명(38.1%)으로 가장 많았으며, 그 다음으로 별로 심각하지 않음 37명(18.3%), 보통 34명(16.8%), 전혀 심각하지 않음 25명(12.4%), 대체로 심각 18명(8.9%), 매우 심각 11명(5.4%) 등의 순서로 높은 빈도를 나타냈다.

〈표 21〉 민주주의 발전에 대한 문화적 장애 요인의 심각성 정도 :
　　　　　물질주의, 자본주의 문화

	빈도	퍼센트
전혀 심각하지 않음	25	12.4
별로 심각하지 않음	37	18.3
보통	34	16.8
대체로 심각	18	8.9
매우 심각	11	5.4
잘 모르겠음	77	38.1
합　계	202	100.0

<표 22>는 몽골에서 자국 민주주의 발전에 관련된 요소들 중 헌법과 헌정 질서의 중요성에 대한 분석이다. 헌법과 헌정 질서의 중요성에 대해 매우 중요 57명(28.2%)과 잘 모르겠음 57명(28.2%)으로 가장 많았으며, 그 다음으로 전혀 중요하지 않음 27명(13.4%), 별로 중요하지 않음 23명(11.4%), 대체로 중요 20명(9.9%), 보통 18명(8.9%) 등의 순서로 높은 빈도를 나타냈다.

<표 22> 자국 민주주의 발전에 관련된 요소들의 중요성 정도 : 헌법과 헌정 질서

	빈도	퍼센트
전혀 중요하지 않음	27	13.4
별로 중요하지 않음	23	11.4
보통	18	8.9
대체로 중요	20	9.9
매우 중요	57	28.2
잘 모르겠음	57	28.2
합　계	202	100.0

　〈표 23〉은 몽골에서 자국 민주주의 발전에 관련된 요소들 중 다당제의 중요성에 대한 분석이다. 다당제의 중요성에 대해 잘 모르겠음 이라고 응답한 빈도가 59명(29.2%)으로 가장 많았으며, 그 다음으로 별로 중요하지 않음 42명(20.8%), 보통 41명 (20.3%), 매우 중요 24명(11.9%), 대체로 중요 23명(11.4%), 전혀 중요하지 않음 13명(6.4%) 등의 순서로 높은 빈도를 나타냈다.

〈표 23〉 자국 민주주의 발전에 관련된 요소들의 중요성 정도 : 다당제

	빈도	퍼센트
전혀 중요하지 않음	13	6.4
별로 중요하지 않음	42	20.8
보통	41	20.3
대체로 중요	23	11.4
매우 중요	24	11.9
잘 모르겠음	59	29.2
합　계	202	100.0

〈표 24〉는 몽골에서 자국 민주주의 발전에 관련된 요소들 중 사법 체제의 독립성에 대한 분석이다. 사법 체제의 독립성에 대해 매우 중요하다고 응답한 빈도 59명(29.2%)으로 가장 많았으며, 그 다음으로 잘 모르겠음 56명(27.7%), 보통 32명(15.8%), 대체로 중요 26명(12.98%), 별로 중요하지 않음 22명(10.9%), 전혀 중요하지 않음 7명(3.5%)등의 순서로 높은 빈도를 나타냈다.

〈표 24〉 자국 민주주의 발전에 관련된 요소들의 중요성 정도 : 사법 체제의 독립성

	빈도	퍼센트
전혀 중요하지 않음	7	3.5
별로 중요하지 않음	22	10.9
보통	32	15.8
대체로 중요	26	12.9
매우 중요	59	29.2
잘 모르겠음	56	27.7
합　계	202	100.0

<표 25>는 몽골에서 자국 민주주의 발전에 관련된 요소들 중 언론 자유에 대한 분석이다. 언론자유에 대해 잘 모르겠음이라고 응답한 빈도가 53명(26.4%)으로 가장 많았으며, 그 다음으로 매우 중요 45명(22.4%), 보통 35명(17.4%), 대체로 중요 34명(16.9%), 별로 중요하지 않음 25명(12.4%), 전혀 중요하지 않음 9명(4.5%)등의 순서로 높은 빈도를 나타냈다.

<표 25> 자국 민주주의 발전에 관련된 요소들의 중요성 정도 : 언론 자유

	빈도	퍼센트
전혀 중요하지 않음	9	4.5
별로 중요하지 않음	25	12.4
보통	35	17.4
대체로 중요	34	16.9
매우 중요	45	22.4
잘 모르겠음	53	26.4
합 계	201	100.0

<표 26>은 몽골에서 자국 민주주의 발전에 관련된 요소들 중 시민사회 공고화에 대한 분석이다. 시민사회 공고화에 대해 매우 중요하다고 응답한 빈도가 61명(30.3%)으로 가장 많았으며, 그 다음으로 잘 모르겠음 46명(22.9%), 대체로 중요 32명(15.9%), 보통 29명(14. 4%), 별로 중요하지 않음 21명(10.4%), 전혀 중요하지 않음 12명(6.0%)등의 순서로 높은 빈도를 나타냈다.

<표 26> 자국 민주주의 발전에 관련된 요소들의 중요성 정도 : 시민사회 공고화

	빈도	퍼센트
전혀 중요하지 않음	12	6.0
별로 중요하지 않음	21	10.4
보통	29	14.4
대체로 중요	32	15.9
매우 중요	61	30.3
잘 모르겠음	46	22.9
합 계	201	100.0

〈표 27〉은 몽골에서 자국 민주주의 발전에 관련된 요소들 중 시민교육에 대한 분석이다. 시민교육의 중요성에 대해 매우 중요하다고 응답한 빈도가 73명(36.3%)으로 가장 많았으며, 그 다음으로 잘 모르겠음 49명(24.4%), 대체로 중요 31명(15.4%), 별로중요하지 않음 21명(10. 4%), 보통 17명(8.5%), 전혀 중요하지 않음 10명(5.0%) 등의 순서로 높은 빈도를 나타냈다.

〈표 27〉 자국 민주주의 발전에 관련된 요소들의 중요성 정도 : 시민교육

	빈도	퍼센트
전혀 중요하지 않음	10	5.0
별로 중요하지 않음	21	10.4
보통	17	8.5
대체로 중요	31	15.4
매우 중요	73	36.3
잘 모르겠음	49	24.4
합　계	201	100.0

<표 28>은 몽골에서 자국 민주주의 발전에 관련된 요소들 중 민주적 가치 정향에 대한 분석이다. 민주적 가치정향에 대해 잘 모르겠음이라고 응답한 빈도가 61명(30.2%)으로 가장 많았으며, 그 다음으로 매우 중요 48명(23.8%), 보통 32명(15.8%), 대체로 중요 30명(14. 9%), 별로 중요하지 않음 18명(8.9%), 전혀 중요하지 않음 13명(6.4%)등의 순서로 높은 빈도를 나타냈다.

<표 28> 자국 민주주의 발전에 관련된 요소들의 중요성 정도 : 민주적 가치 정향

	빈도	퍼센트
전혀 중요하지 않음	13	6.4
별로 중요하지 않음	18	8.9
보통	32	15.8
대체로 중요	30	14.9
매우 중요	48	23.8
잘 모르겠음	61	30.2
합 계	202	100.0

〈표 29〉는 몽골에서 민주주의 국제협력 프로그램의 수요에 대한
현황분석이다. 민주주의 국제협력 프로그램의 수요는 조직교류프
로그램이라고 응답한 빈도가 48명(23.8%)으로 가장 많았으며, 그
다음으로 인적교류 프로그램 40명(19.8%), 교육훈련프로그램 39명
(19.3%), 민주적 리더십 프로그램 29명(14.4%), 미디어프로그램 15명
(7.4%), 재정적 지원 14명(6.9%), 인간 안보 발전 13명(7.4%), 잘 모르
겠음 3명(1.5%), 기타 1명(0.5%) 등의 순서로 높은 빈도를 나타냈다.

〈표 29〉 민주주의 국제협력 프로그램에 대한 수요

	빈도	퍼센트
민주적 리더십 프로그램	29	14.4
인적교류 프로그램	40	19.8
조직교류프로그램	48	23.8
교육프로그램	39	19.3
인간 안보 발전	13	6.4
미디어프로그램	15	7.4
재정지원 프로그램	14	6.9
기타	1	0.5
잘 모르겠음	3	1.5
합　계	202	100.0

〈표 30〉은 몽골에서 한국에 대한 가장 큰 인상에 대한 분석이다. 한국에 대한 가장 큰 인상에 대해 급속한 경제 성장이라고 응답한 빈도가 89명(44.1%)으로 가장 많았으며, 그 다음으로 남북분단 42명(20.8%), 한국문화 28명(13.9%), 민주화운동 17명(8.4%), IT 기술 14명(6.9%), 잘 모르겠음 9명(4.5%), 기타 3명(1.5%) 등의 순서로 높은 빈도를 나타냈다.

〈표 30〉 한국에 대한 가장 큰 인상

	빈도	퍼센트
남북분단	42	20.8
급속한 경제 성장	89	44.1
민주화운동	17	8.4
한국문화	28	13.9
IT 기술	14	6.9
기타	3	1.5
잘 모르겠음	9	4.5
합 계	202	100.0

<표 31>은 몽골에서 한국 민주주의 수준의 평가에 대한 분석이
다. 한국 민주주의의 수준에 대해 보통이라고 응답한 빈도가 66명
(32.7%)으로 가장 많았으며, 그 다음으로 다소 민주적 61명(30.2%),
매우 민주적 32명(15.8%), 다소 비민주적 21명(10.4%), 잘 모르겠음
15명(7.4%), 매우 비민주적 7명(3.5%) 등의 순서로 높은 빈도를 나
타냈다.

<표 31> 한국 민주주의 수준에 대한 평가

	빈도	퍼센트
매우 비민주적	7	3.5
다소 비민주적	21	10.4
보통	66	32.7
다소 민주적	61	30.2
매우 민주적	32	15.8
잘 모르겠음	15	7.4
합 계	202	100.0

〈표 32〉는 몽골에서 향후 한국에 기대되는 민주주의 국제협력 프로그램에 대한 분석이다. 향후 한국에 기대되는 민주주의 국제협력 프로그램에 대해 네트워킹과 상호 교류이라고 응답한 빈도가 83명(41.1%)으로 가장 많았으며, 그 다음으로 연구조사 44명(21.8%), 교육훈련 31명(15.3%), 적극적 개입 26명(12.9%), 민주주의 관련 재정적 지원 10명(5.0%), 잘 모르겠음 8명(4.0%) 등의 순서로 높은 빈도를 나타냈다.

〈표 32〉 향후 한국에 기대되는 민주주의 국제협력 프로그램

	빈도	퍼센트
네트워킹과 상호 교류	83	41.1
연구조사	44	21.8
적극적 개입	26	12.9
교육훈련	31	15.3
민주주의 관련 재정적 지원	10	5.0
잘 모르겠음	8	4.0
합　계	202	100.0

<표 33>은 몽골에서 민주화운동기념사업회가 추진해야 할 프로그램 중 세계적 지역적 포럼에 대한 분석이다. 세계적 지역적 포럼의 필요성에 대해 잘 모르겠음이라고 응답한 빈도가 78명(38.6%)으로 가장 많았으며, 그 다음으로 보통 30명(14.9%), 대체로 필요 29명(14.4%), 전혀 필요치 않음 27명(13.4%), 별로 필요치 않음 22명(10.9%), 매우 필요 16명(7.9%) 등의 순서로 높은 빈도를 나타냈다.

<표 33> 민주화운동기념사업회가 추진해야 할 프로그램의 필요 : 세계적 지역적 포럼

	빈도	퍼센트
전혀 필요치 않음	27	13.4
별로 필요치 않음	22	10.9
보통	30	14.9
대체로 필요	29	14.4
매우 필요	16	7.9
잘 모르겠음	78	38.6
합　계	202	100.0

〈표 34〉는 몽골에서 민주화운동기념사업회가 추진해야 할 프로그램 중 책임성 있고 효율적인 통치 모델 개발에 대한 분석이다. 책임성 있고 효율적인 통치 모델 개발의 필요성에 대해 잘 모르겠음이라고 응답한 빈도가 70명(34.7%)으로 가장 많았으며, 그 다음으로 별로 필요치 않음 38명(18.8%), 보통 37명(18.3%), 대체로 필요 34명(16.8%), 매우 필요 20명(9.9%), 전혀 필요치 않음 3명(1.5%) 등의 순서로 높은 빈도를 나타냈다.

〈표 34〉 민주화운동기념사업회가 추진해야 할 프로그램의 필요 : 책임성 있고 효율적인 통치 모델 개발

	빈도	퍼센트
전혀 필요치 않음	3	1.5
별로 필요치 않음	38	18.8
보통	37	18.3
대체로 필요	34	16.8
매우 필요	20	9.9
잘 모르겠음	70	34.7
합　계	202	100.0

<표 35>는 몽골에서 민주화운동기념사업회가 추진해야 할 프로그램 중 지식 기반 서비스에 대한 분석이다. 지식기반서비스에 대한 필요성에 대해 잘 모르겠음이라고 응답한 빈도가 65명(32.2%)으로 가장 많았으며, 그 다음으로 대체로 필요 39명(19.3%), 매우 필요 38명(18.8%), 보통 36명(17.8%), 별로 필요치 않음 20명(9.9%), 전혀 필요치 않음 4명(2.0%) 등의 순서로 높은 빈도를 나타냈다.

<표 35> 민주화운동기념사업회가 추진해야 할 프로그램의 필요 : 지식 기반 서비스

	빈도	퍼센트
전혀 필요치 않음	4	2.0
별로 필요치 않음	20	9.9
보통	36	17.8
대체로 필요	39	19.3
매우 필요	38	18.8
잘 모르겠음	65	32.2
합 계	202	100.0

<표 36>은 몽골에서 민주화운동기념사업회가 추진해야 할 프로그램 중 커뮤니티 프로그램 증진에 대한 분석이다. 커뮤니티 프로그램 증진에 대해 잘 모르겠음이라고 응답한 빈도가 71명(35.1%)으로 가장 많았으며, 그 다음으로 대체로 필요 55명(27.2%), 보통 34명(16.8%), 매우 필요치 않음 23명(11.4%), 별로 필요치 않음 12명(5.9%), 전혀 필요치 않음 7명(3.5%) 등의 순서로 높은 빈도를 나타냈다.

<표 36> 민주화운동기념사업회가 추진해야 할 프로그램의 필요 : 커뮤니티 프로그램 증진

	빈도	퍼센트
전혀 필요치 않음	7	3.5
별로 필요치 않음	12	5.9
보통	34	16.8
대체로 필요	55	27.2
매우 필요치 않음	23	11.4
잘 모르겠음	71	35.1
합 계	202	100.0

〈표 37〉은 몽골에서 민주화운동기념사업회가 추진해야 할 프로그램 중 교육 훈련 프로그램에 대한 분석이다. 교육훈련프로그램의 필요성에 대해 잘 모르겠음이라고 응답한 빈도가 67명(33.2%)으로 가장 많았으며, 그 다음으로 대체로 필요 46명(22.8%), 매우 필요 40명(19.8%), 보통 29명(14.4%), 별로 필요치 않음 11명(5.4%), 전혀 필요치 않음 9명(4.5%) 등의 순서로 높은 빈도를 나타냈다.

〈표 37〉 민주화운동기념사업회가 추진해야 할 프로그램의 필요 : 교육 훈련 프로그램

	빈도	퍼센트
전혀 필요치 않음	9	4.5
별로 필요치 않음	11	5.4
보통	29	14.4
대체로 필요	46	22.8
매우 필요	40	19.8
잘 모르겠음	67	33.2
합 계	202	100.0

<표 38>은 몽골에서 민주화운동기념사업회가 추진해야 할 프로그램 중 인적·조직적 교환 프로그램에 대한 분석이다. 인적·조직적 교환 프로그램의 필요성에 대해 잘 모르겠음이라고 응답한 빈도가 62명(30.7%)으로 가장 많았으며, 그 다음으로 매우 필요 50명(24.8%), 대체로 필요 41명(20.3%), 보통 24명(11.9%), 별로 필요치 않음 17명(8.4%), 전혀 필요치 않음 8명(4.0%) 등의 순서로 높은 빈도를 나타냈다.

<표 38> 민주화운동기념사업회가 추진해야 할 프로그램의 필요 : 인적·조직적 교환 프로그램

	빈도	퍼센트
전혀 필요치 않음	8	4.0
별로 필요치 않음	17	8.4
보통	24	11.9
대체로 필요	41	20.3
매우 필요	50	24.8
잘 모르겠음	62	30.7
합 계	202	100.0

<표 39>는 몽골에서 민주화운동기념사업회가 추진해야 할 프로그램 중 한국의 민주화 경험 공유에 대한 분석이다. 한국의 민주화 경험 공유의 필요성에 대한 잘 모르겠음이라고 응답한 빈도가 61명 (30.2%)으로 가장 많았으며, 그 다음으로 대체로 필요 45명(22.3%), 매우 필요 37명(18.3%), 보통 33명(16.3%), 별로 필요치 않음 15명 (7.4%), 전혀 필요치 않음 11명(5.4%)등의 순서로 높은 빈도를 나타냈다.

<표 39> 민주화운동기념사업회가 추진해야 할 프로그램의 필요 :
한국의 민주화 경험 공유

	빈도	퍼센트
전혀 필요치 않음	11	5.4
별로 필요치 않음	15	7.4
보통	33	16.3
대체로 필요	45	22.3
매우 필요	37	18.3
잘 모르겠음	61	30.2
합　계	202	100.0

　〈표 40〉은 몽골에서 아시아 민주주의 증진을 위한 교육 프로그램 중 현장 연구 및 체험의 효율성에 대한 분석이다. 현장 연구 및 체험의 효율성에 대해 매우 효율적이라고 응답한 빈도가 50명(24.8%)으로 가장 많았으며, 그 다음으로 잘 모르겠음 49명(24.3%), 별로 효율적이지 않음 33명(16.3%), 보통 24명(11.9%), 전혀 효율적이지 않음 23명(11.4%), 대체로 효율적 23명(11.4%) 등의 순서로 높은 빈도를 나타냈다.

〈표 40〉 아시아 민주주의 증진을 위한 교육 프로그램의 효율성 정도 :
　　　　 현장 연구 및 체험

	빈도	퍼센트
전혀 효율적이지 않음	23	11.4
별로 효율적이지 않음	33	16.3
보통	24	11.9
대체로 효율	23	11.4
매우 효율	50	24.8
잘 모르겠음	49	24.3
합　　계	202	100.0

<표 41>은 몽골에서 아시아 민주주의 증진을 위한 교육 프로그램 중 전문가 강좌의 효율성에 대한 분석이다. 전문가 강좌의 효율성 수준에 대해 잘 모르겠음이라고 응답한 빈도가 69명(342%)으로 가장 많았으며, 그 다음으로 별로 효율적이지 않음 41명(20.3%), 대체로 효율 36명(17.8%), 보통 25명(12.4%), 매우 효율 21명(10.4%), 전혀 효율적이지 않음 10(5.0%) 등의 순서로 높은 빈도를 나타냈다.

<표 41> 아시아 민주주의 증진을 위한 교육 프로그램의 효율성 정도 : 전문가 강좌

	빈도	퍼센트
전혀 효율적이지 않음	10	5.0
별로 효율적이지 않음	41	20.3
보통	25	12.4
대체로 효율	36	17.8
매우 효율	21	10.4
잘 모르겠음	69	34.2
합　계	202	100.0

　〈표 42〉는 몽골에서 아시아 민주주의 증진을 위한 교육 프로그램
중 문제 해결 토론의 효율성에 대한 분석이다. 문제 해결 토론의 효율
성수준에 대해 잘 모르겠음이라고 응답한 빈도가 67명(33.2%)으로
가장 많았으며, 그 다음으로 대체로 효율 36명(17.8%), 매우 효율 33명
(16.3%), 보통 31명(15.3%), 별로 효율적이지 않음 28명(13.9%), 전혀
효율적이지 않음 7명(3.5%)등의 순서로 높은 빈도를 나타냈다.

〈표 42〉 아시아 민주주의 증진을 위한 교육 프로그램의 효율성 정도 :
　　　　　문제 해결 토론

	빈도	퍼센트
전혀 효율적이지 않음	7	3.5
별로 효율적이지 않음	28	13.9
보통	31	15.3
대체로 효율	36	17.8
매우 효율	33	16.3
잘 모르겠음	67	33.2
합　　계	202	100.0

〈표 43〉은 몽골에서 아시아 민주주의 증진을 위한 교육 프로그램 중 기술 훈련의 효율성에 대한 분석이다. 기술 훈련의 효율성 수준에 대해 잘 모르겠음이라고 응답한 빈도가 59명(29.2%)으로 가장 많았으며, 그 다음으로 매우 효율 42명(20.8%), 대체로 효율 40명(19.8%), 보통 37명(18.3%), 별로 효율적이지 않음 14명(6.9%), 전혀 효율적이지 않음 10명(5.0%) 등의 순서로 높은 빈도를 나타냈다.

〈표 43〉 아시아 민주주의 증진을 위한 교육 프로그램의 효율성 정도 : 기술 훈련

	빈도	퍼센트
전혀 효율적이지 않음	10	5.0
별로 효율적이지 않음	14	6.9
보통	37	18.3
대체로 효율	40	19.8
매우 효율	42	20.8
잘 모르겠음	59	29.2
합 계	202	100.0

〈표 44〉는 몽골에서 아시아 민주주의 증진을 위한 교육 프로그램 중 인턴십·펠로우십의 효율성에 대한 분석이다. 인턴십·펠로우십의 효율성수준에 대해 매우 효율적이라고 응답한 빈도가 63명(31.2%)으로 가장 많았으며, 그 다음으로 잘 모르겠음 52명(25.7%), 대체로 효율 36명(17.8%), 보통 29명(14.4%), 별로 효율적이지 않음 16명(7.9%), 전혀 효율적이지 않음 6명(3.0%) 등의 순서로 높은 빈도를 나타냈다.

〈표 44〉 아시아 민주주의 증진을 위한 교육 프로그램의 효율성 정도 : 인턴십·펠로우십

	빈도	퍼센트
전혀 효율적이지 않음	6	3.0
별로 효율적이지 않음	16	7.9
보통	29	14.4
대체로 효율	36	17.8
매우 효율	63	31.2
잘 모르겠음	52	25.7
합 계	202	100.0

2. 방글라데시

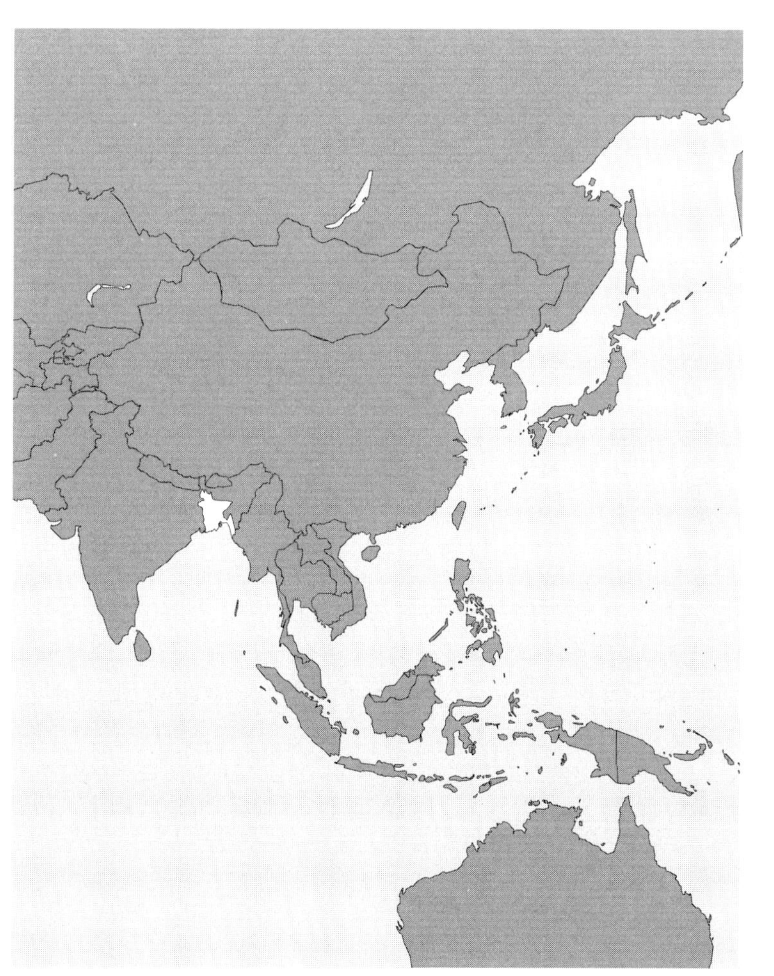

<표 45>는 방글라데시에서 민주주의 증진을 위해 가장 필요한 국제협력 지원의 방식에 대한 현황분석이다. 방글라데시에서 가장 필요로 하는 국제협력지원의 방식은 교육 훈련이 98명(64.5%)으로 가장 높은 빈도를 나타냈고 그 다음으로 재정지원 14(9.2%), 국제연대활동 12명(7.9%), 인적교류 11명(7.2%), 상호 이해 형성 8명(5.3%), 잘 모르겠음 5명(3.3%), 기타 4명(2.6%) 등의 순서로 높은 빈도를 나타냈다.

<표 45> 자국 민주주의 증진을 위해 가장 필요한 국제협력 지원의 방식

	빈도	퍼센트
교육 훈련	98	64.5
인적교류	11	7.2
국제연대활동	12	7.9
재정지원	14	9.2
상호 이해 형성	8	5.3
기타	4	2.6
잘 모르겠음	5	3.3
합 계	152	100.0

　　방글라데시에서 가장 효과적인 국제협력 네트워크 유형에 대한 현황분석은 〈표 46〉에 제시되었다. 방글라데시에서 가장 효과적인 국제교류협력유형은 정부 간 네트워크가 68명(44.7%)으로 가장 높은 빈도를 나타냈으며 그 다음으로 비정부기구 간 네트워크가 42명(27.6%)으로, 의회 간 네트워크 16명(10.5%), 언론기구 간 네트워크 15명(9.9%), 정당 간 네트워크 5명(3.3%), 기타 3명(2.0%), 잘 모르겠음 3명(2.0%) 등의 순서로 높은 빈도를 나타냈다.

〈표 46〉 자국에서 가장 효과적인 국제협력 네트워크 유형

	빈도	퍼센트
정부 간 네트워크	68	44.7
의회 간 네트워크	16	10.5
정당 간 네트워크	5	3.3
비정부기구 간 네트워크	42	27.6
언론기구 간 네트워크	15	9.9
기타	3	2.0
잘 모르겠음	3	2.0
합　계	152	100.0

<표 47>은 방글라데시에서 민주주의 국제협력의 핵심 동기에 대한 현황분석이다. 민주주의 국제협력의 핵심 동기는 국제사회 일원으로서의 인식 제고라고 응답한 빈도가 29명(19.1%)으로 가장 많았으며, 그 다음으로 국제사회에 대한 책임 26명(17.1%), 국가브랜드 이미지 제고 21명(13.8%), 외교적 영향력 제고와 글로벌 스탠더드에 부합이 각 20명(13.2%), 경제적 효과 17명(11.2%), 국내민주주의 증진 12명(7.9%), 인도주의적 관심 6명(3.9%), 잘 모르겠음 1명(0.7%) 등의 순서로 높은 빈도를 나타냈다.

<표 47> 민주주의 국제협력의 핵심 동기

	빈도	퍼센트
국가브랜드 이미지 제고	21	13.8
외교적 영향력 제고	20	13.2
경제적 효과	17	11.2
국제사회 일원으로서의 인식 제고	29	19.1
국내의 민주주의 증진 효과	12	7.9
인도주의적 관심	6	3.9
국제사회에 대한 책임	26	17.1
글로벌 스탠더드에 부합	20	13.2
잘 모르겠음	1	0.7
합 계	152	100.0

〈표 48〉은 방글라데시에서 민주주의 국제협력을 통한 긍정적 효과에 대한 현황분석이다. 민주주의 국제협력을 통한 긍정적 효과에 대해 국제사회 일원으로서의 인식 제고가 가장 크다고 응답한 빈도가 55명(36.2%)으로 가장 많았으며, 그 다음으로 경제적 효과 43명(28.3%), 외교적 영향력제고 17명(11.2%), 국내민주주의 증진 15명(9.9%), 국가브랜드 이미지제고 14명(9.2%), 기타와 잘 모르겠음이 각 4명(2.6%) 등의 순서로 높은 빈도를 나타냈다.

〈표 48〉 민주주의 국제협력을 통한 긍정적 효과

	빈도	퍼센트
국가브랜드 이미지 제고	14	9.2
외교적 영향력 확대	17	11.2
경제적 이익 실현	43	28.3
국제사회로부터의 인정	55	36.2
공여국 자국의 민주주의 증진	15	9.9
기타	4	2.6
잘 모르겠음	4	2.6
합　계	152	100.0

〈표 49〉는 방글라데시에서 가장 효과적인 민주주의 국제협력 프로그램에 대한 현황분석결과이다. 방글라데시에서 가장 효과적인 민주주의 국제협력 프로그램은 잘 모르겠다고 응답한 빈도가 72명(47.4%)으로 가장 많았으며, 그 다음으로 교육 프로그램 47명(30.9%), 민주적 리더십 프로그램 20명(13.2%), 인적교류 프로그램 7명(4.6%), 재정지원 프로그램 4명(2.6%), 기타 2명(1.3%) 등의 순서로 높은 빈도를 나타냈다.

〈표 49〉 가장 효과적인 민주주의 국제협력 프로그램

	빈도	퍼센트
민주적 리더십 프로그램	20	13.2
인적교류 프로그램	7	4.6
교육 프로그램	47	30.9
재정지원 프로그램	4	2.6
기타	2	1.3
잘 모르겠음	72	47.4
합 계	152	100.0

<표 50>은 방글라데시에서 가장 효과적이지 못한 민주주의 국제 협력 프로그램에 대한 현황분석이다. 방글라데시에서 가장 효과적이지 못한 민주주의 국제협력 프로그램에 대해 잘 모르겠다고 응답한 빈도가 70명(46.1%)으로 가장 많았으며, 그 다음으로 민주적 리더십 프로그램 27명(17.8%), 교육 프로그램 17명(11.2%), 재정지원 프로그램 16명(10.5%), 인적교류 프로그램 14명(9.2%), 기타 8명(5.3%) 등의 순서로 높은 빈도를 나타냈다.

<표 50> 가장 효과적이지 못한 민주주의 국제협력 프로그램

	빈도	퍼센트
민주적 리더십 프로그램	27	17.8
인적교류 프로그램	14	9.2
교육 프로그램	17	11.2
재정지원 프로그램	16	10.5
기타	8	5.3
잘 모르겠음	70	46.1
합 계	152	100.0

<표 51>은 방글라데시에서 민주주의 국제협력 실행 상의 장애 요인에 대한 분석결과이다. 방글라데시에서 민주주의 국제협력 실행 상의 장애 요인은 잘 모르겠다고 응답한 빈도가 62명(40.8%)으로 가장 많았으며, 그 다음으로 외부적 요인 33명(21.7%), 비효율적 관료제와 부패 32명(21.1%), 기타 16명(10.5%), 지원의 지속성 9명(5.9%) 등의 순서로 높은 빈도를 나타냈다.

<표 51> 민주주의 국제협력 실행 상의 장애 요인

	빈도	퍼센트
외부적 요인	33	21.7
비효율적인 행정체계	32	21.1
지원의 지속성	9	5.9
기타	16	10.5
잘 모르겠음	62	40.8
합　계	152	100.0

　〈표 52〉는 방글라데시의 자국 민주주의 수준의 평가에 대한 현황 분석이다. 자국 민주주의 수준의 평가에 대해 보통이라고 응답한 빈도가 76명(50.0%)으로 가장 많았으며, 그 다음으로 다소 비민주적 34명(22.4%), 민주적 28명(18.4%), 매우 비민주적 10명(6.6%), 매우 민주적 4명(2.6%) 등의 순서로 높은 빈도를 나타냈다.

〈표 52〉 자국 민주주의 수준에 대한 평가

	빈도	퍼센트
매우 비민주적	10	6.6
다소 비민주적	34	22.4
보통	76	50.0
민주적	28	18.4
매우 민주적	4	2.6
합　계	152	100.0

<표 53>은 방글라데시에서 자국 민주주의의 핵심 이슈에 대한 분석이다. 자국 민주주의의 핵심 이슈에 대해 부정부패 척결이라고 응답한 빈도가 102명(67.1%)으로 가장 많았으며, 그 다음으로 정의 17명(11.2%), 관용 13명(8.6%), 자유 7명(4.6%), 발전 6명(3.9%), 평등 4명(2.6%), 기타 3명(2.0%) 등의 순서로 높은 빈도를 나타냈다.

<표 53> 자국 민주주의의 핵심 이슈

	빈도	퍼센트
자유	7	4.6
정의	17	11.2
부정부패 척결	102	67.1
관용	13	8.6
평등	4	2.6
발전	6	3.9
기타	3	2.0
합　계	152	100.0

〈표 54〉는 방글라데시에서 자국의 민주주의 발전을 저해하는 요인 중 취약한 정당 시스템에 대한 분석이다. 취약한 정당 시스템의 심각성 정도에 대해 매우 심각하다고 응답한 빈도가 55명(36.2%)으로 가장 많았으며, 그 다음으로 대체로 심각 43명(28.3%), 보통과 다소 심각하지 않음이라는 응답이 각 21명(13.8%), 전혀 심각하지 않음 10명(6.6%), 잘 모르겠음 2명(1.3%) 등의 순서로 높은 빈도를 나타냈다.

〈표 54〉 자국의 민주주의 발전을 저해하는 요인들의 심각성 정도 : 취약한 정당 시스템

	빈도	퍼센트
전혀 심각하지 않음	10	6.6
다소 심각하지 않음	21	13.8
보통	21	13.8
대체로 심각	43	28.3
매우 심각	55	36.2
잘 모르겠음	2	1.3
합　계	152	100.0

<표 55>는 방글라데시에서 자국의 민주주의 발전을 저해하는 요인 중 부정부패에 대한 분석이다. 부정부패에 대한 심각성에 대해 매우 심각하다는 응답의 빈도가 84명(55.3%)으로 가장 많았으며, 그 다음으로 대체로 심각 26명(17.1%), 보통 19명(12.5%), 전혀 심각하지 않음 11명(7.2%), 별로 심각하지 않음 8명(5.3%), 잘 모르겠음 4명(2.6%)등의 순서로 높은 빈도를 나타냈다.

<표 55> 자국의 민주주의 발전을 저해하는 요인들의 심각성 정도 : 부정부패

	빈도	퍼센트
전혀 심각하지 않음	11	7.2
별로 심각하지 않음	8	5.3
보통	19	12.5
대체로 심각	26	17.1
매우 심각	84	55.3
잘 모르겠음	4	2.6
합 계	152	100.0

<표 56>은 방글라데시에서 자국의 민주주의 발전을 저해하는 요인 중 시민사회의 취약성에 대한 분석이다. 시민사회의 취약성에 대해 보통이라고 응답한 빈도가 45명(29.6%)으로 가장 많았고, 대체로 심각 42명(27.6%), 매우 심각 35명(23.0%), 별로 심각하지 않음 19명(12.5%), 전혀 심각하지 않음 6명(3.9%), 잘 모르겠음 5명(3.3%) 등의 순서로 높은 빈도를 나타냈다.

<표 56> 자국의 민주주의 발전을 저해하는 요인들의 심각성 정도 : 시민사회의 취약성

	빈도	퍼센트
전혀 심각하지 않음	6	3.9
별로 심각하지 않음	19	12.5
보통	45	29.6
대체로 심각	42	27.6
매우 심각	35	23.0
잘 모르겠음	5	3.3
합 계	152	100.0

　〈표 57〉은 방글라데시에서 자국의 민주주의 발전을 저해하는 요인 중 민주적 문화의 결핍에 대한 분석이다. 민주적 문화의 결핍에 대해 매우 심각하다고 응답한 빈도가 43명(28.3%)으로 가장 많았으며, 그 다음으로 대체로 심각 34명(22.4%), 보통 33명(21.7%), 별로 심각하지 않음 24명(15.8%), 전혀 심각하지 않음 12명(7.9%), 잘 모르겠음 6명(3.9%) 등의 순서로 높은 빈도를 나타냈다.

〈표 57〉 자국의 민주주의 발전을 저해하는 요인들의 심각성 정도 :
　　　　　민주적 문화의 결핍

	빈도	퍼센트
전혀 심각하지 않음	12	7.9
별로 심각하지 않음	24	15.8
보통	33	21.7
대체로 심각	34	22.4
매우 심각	43	28.3
잘 모르겠음	6	3.9
합　계	152	100.0

<표 58>은 방글라데시에서 자국의 민주주의 발전을 저해하는 요인 중 관료주의적 시스템에 대한 분석이다. 관료주의적 시스템에 대해 대체로 심각하다고 응답한 빈도가 42명(27.6%)으로 가장 많았으며, 그 다음으로 매우 심각 41명(27.0%), 보통 32명(21.1%), 별로 심각하지 않음 19명(12.5%), 전혀 심각하지 않음 12명(7.9%), 잘 모르겠음 6명(3.9%) 등의 순서로 높은 빈도를 나타냈다.

<표 58> 자국의 민주주의 발전을 저해하는 요인들의 심각성 정도 : 관료주의적 시스템

	빈도	퍼센트
전혀 심각하지 않음	12	7.9
별로 심각하지 않음	19	12.5
보통	32	21.1
대체로 심각	42	27.6
매우 심각	41	27.0
잘 모르겠음	6	3.9
합 계	152	100.0

<표 59>는 방글라데시에서 자국의 민주주의 발전을 저해하는 요인 중 사법 체계의 취약성에 대한 분석이다. 사법 체계의 취약성에 대해 대체로 심각이라고 응답한 빈도가 48명(31.6%)으로 가장 많았으며, 그 다음으로 매우 심각 39명(25.7%), 보통 29명(19.1%), 별로 심각하지 않음 21명(13.8%), 잘 모르겠음 8명(5.3%), 전혀 심각하지 않음 7명(4.6%) 등의 순서로 높은 빈도를 나타냈다.

<표 59> 자국의 민주주의 발전을 저해하는 요인들의 심각성 정도 : 사법 체계의 취약성

	빈도	퍼센트
전혀 심각하지 않음	7	4.6
별로 심각하지 않음	21	13.8
보통	29	19.1
대체로 심각	48	31.6
매우 심각	39	25.7
잘 모르겠음	8	5.3
합　계	152	100.0

<표 60>은 방글라데시에서 자국의 민주주의 발전을 저해하는 요인 중 민주적 가치 정향의 부재에 대한 분석이다. 민주적 가치 정향의 부재에 대해 보통이라고 응답한 빈도가 45명(29.6%)으로 가장 많았으며, 그 다음으로 매우 심각 40명(26.3%), 대체로 심각 32명(21.1%), 별로 심각하지 않음 23명(15.1%), 전혀 심각하지 않음과 잘 모르겠음이라는 응답이 각 6명(3.9%) 등의 순서로 높은 빈도를 나타냈다.

<표 60> 자국의 민주주의 발전을 저해하는 요인들의 심각성 정도 : 민주적 가치 정향의 부재

	빈도	퍼센트
전혀 심각하지 않음	6	3.9
별로 심각하지 않음	23	15.1
보통	45	29.6
대체로 심각	32	21.1
매우 심각	40	26.3
잘 모르겠음	6	3.9
합　계	152	100.0

<표 61>은 방글라데시에서 민주주의 발전에 대한 문화적 장애 요인 중 봉건적 문화에 대한 분석이다. 봉건적 문화에 대해 보통이라고 응답한 빈도가 43명(28.5%)으로 가장 많았으며, 그 다음으로 대체로 심각 40명(26.5%), 매우 심각 23명(15.2%), 별로 심각하지 않음 19명(12.6%), 전혀 심각하지 않음 16명(10.6%), 잘 모르겠음 10명(6.6%) 등의 순서로 높은 빈도를 나타냈다.

<표 61> 민주주의 발전에 대한 문화적 장애 요인의 심각성 정도 :
봉건적 문화

	빈도	퍼센트
전혀 심각하지 않음	16	10.6
별로 심각하지 않음	19	12.6
보통	43	28.5
대체로 심각	40	26.5
매우 심각	23	15.2
잘 모르겠음	10	6.6
합　계	151	100.0

<표 62>는 방글라데시에서 민주주의 발전에 대한 문화적 장애
요인 중 군사주의 문화에 대한 분석이다. 군사주의 문화에 대해
대체로 심각하다고 응답한 빈도가 45명(29.8%)으로 가장 많았으며,
그 다음으로 보통이라 응답한 빈도가 44명(29.1%), 매우 심각 27명
(17.9%), 별로 심각하지 않음 17명(11.3%), 전혀 심각하지 않음과
잘 모르겠음이 각 9명(6.0%) 등의 순서로 높은 빈도를 나타냈다.

<표 62> 민주주의 발전에 대한 문화적 장애 요인의 심각성 정도 :
군사주의 문화

	빈도	퍼센트
전혀 심각하지 않음	9	6.0
별로 심각하지 않음	17	11.3
보통	44	29.1
대체로 심각	45	29.8
매우 심각	27	17.9
잘 모르겠음	9	6.0
합 계	151	100.0

　〈표 63〉은 방글라데시에서 민주주의 발전에 대한 문화적 장애 요인 중 가부장 문화에 대한 분석이다. 가부장 문화에 대해 보통이라고 응답한 빈도가 44명(28.9)으로 가장 많았으며, 그 다음으로 다소 심각 38명(25.0%), 매우 심각 32명(21.1%), 대체로 심각하지 않음 16명(10.5%), 전혀 심각하지 않음 13명(8.6%), 잘 모르겠음 9명(5.9%) 등의 순서로 높은 빈도를 나타냈다.

〈표 63〉 민주주의 발전에 대한 문화적 장애 요인의 심각성 정도 :
　　　　가부장 문화

	빈도	퍼센트
전혀 심각하지 않음	13	8.6
대체로 심각하지 않음	16	10.5
보통	44	28.9
다소 심각	38	25.0
매우 심각	32	21.1
잘 모르겠음	9	5.9
합　계	152	100.0

　〈표 64〉는 방글라데시에서 민주주의 발전에 대한 문화적 장애 요인 중 종교 문화에 대한 분석이다. 종교 문화에 대해 대체로 심각 이라고 응답한 빈도가 41명(27.3%)으로 가장 많았으며, 그 다음으 로 보통 39명(26.0%), 매우 심각 33명(22.0%), 전혀 심각하지 않음 15명(10.0%), 별로 심각하지 않음 14명(9.3%), 잘 모르겠음 8명 (5.3%) 등의 순서로 높은 빈도를 나타냈다.

〈표 64〉 민주주의 발전에 대한 문화적 장애 요인의 심각성 정도 : 종교 문화

	빈도	퍼센트
전혀 심각하지 않음	15	10.0
별로 심각하지 않음	14	9.3
보통	39	26.0
대체로 심각	41	27.3
매우 심각	33	22.0
잘 모르겠음	8	5.3
합　계	150	100.0

<표 65>는 방글라데시에서 민주주의 발전에 대한 문화적 장애 요인 중 물질주의, 자본주의 문화에 대한 분석이다. 물질주의, 자본주의 문화에 대해 대체로 심각하다고 응답한 빈도가 49명(32.5%)으로 가장 많았으며, 그 다음으로 매우 심각 42명(27.8%), 보통 33명(21.9%), 별로 심각하지 않음 13명(8.6%), 잘 모르겠음 8명(5.3%), 전혀 심각하지 않음 6명(4.0%) 등의 순서로 높은 빈도를 나타냈다.

<표 65> 민주주의 발전에 대한 문화적 장애 요인의 심각성 정도 : 물질주의, 자본주의 문화

	빈도	퍼센트
전혀 심각하지 않음	6	4.0
별로 심각하지 않음	13	8.6
보통	33	21.9
대체로 심각	49	32.5
매우 심각	42	27.8
잘 모르겠음	8	5.3
합 계	151	100.0

〈표 66〉은 방글라데시에서 자국 민주주의 발전에 관련된 요소들 중 헌법과 헌정 질서의 중요성에 대한 분석이다. 헌법과 헌정 질서의 중요성에 대해 매우 중요하다는 응답이 66명(43.4%)으로 가장 많았으며, 그 다음으로 대체로 중요 32명(21.1%), 보통 31명(20.4%), 별로 중요하지 않음 10명(6.6%), 전혀 중요하지 않음 8명(5.3%), 잘 모르겠음 5명(3.3%) 등의 순서로 높은 빈도를 나타냈다.

〈표 66〉 자국 민주주의 발전에 관련된 요소들의 중요성 정도 : 헌법과 헌정 질서

	빈도	퍼센트
전혀 중요하지 않음	8	5.3
별로 중요하지 않음	10	6.6
보통	31	20.4
대체로 중요	32	21.1
매우 중요	66	43.4
잘 모르겠음	5	3.3
합　계	152	100.0

<표 67>은 방글라데시에서 자국 민주주의 발전에 관련된 요소들 중 다당제의 중요성에 대한 분석이다. 다당제의 중요성에 대해 대체로 중요하다고 응답한 빈도가 50명(32.9%)으로 가장 많았으며, 그 다음으로 매우 중요 45명(29.6%), 보통 29명(19.1%), 별로 중요하지 않음 19명(12.5%), 전혀 중요하지 않음 5명(3.3%), 잘 모르겠음 4명(2.6%) 등의 순서로 높은 빈도를 나타냈다.

<표 67> 자국 민주주의 발전에 관련된 요소늘의 중요성 정노 : 나당세

	빈도	퍼센트
전혀 중요하지 않음	5	3.3
별로 중요하지 않음	19	12.5
보통	29	19.1
대체로 중요	50	32.9
매우 중요	45	29.6
잘 모르겠음	4	2.6
합 계	152	100.0

〈표 68〉은 방글라데시에서 자국 민주주의 발전에 관련된 요소들 중 사법 체제의 독립성에 대한 분석이다. 사법 체제의 독립성에 대해 매우 중요하다고 응답한 빈도가 92명(60.5%)으로 가장 많았으며, 그 다음으로 대체로 중요 34명(22.4%), 보통 13명(8.6%), 별로 중요하지 않음 6명(3.9%), 잘 모르겠음 5명(3.3%), 전혀 중요하지 않음 2명(1.3%)등의 순서로 높은 빈도를 나타냈다.

〈표 68〉 자국 민주주의 발전에 관련된 요소들의 중요성 정도 : 사법 체제의 독립성

	빈도	퍼센트
전혀 중요하지 않음	2	1.3
별로 중요하지 않음	6	3.9
보통	13	8.6
대체로 중요	34	22.4
매우 중요	92	60.5
잘 모르겠음	5	3.3
합　계	152	100.0

〈표 69〉는 방글라데시에서 자국 민주주의 발전에 관련된 요소들 중 언론 자유에 대한 분석이다. 언론자유에 대해 매우 중요하다는 응답이 96명(63.2%)으로 가장 많았으며, 그 다음으로 대체로 중요 31명(20.4%), 보통 11명(7.2%), 잘 모르겠음 7명(4.6%), 별로 중요하지 않음 6명(3.9%), 전혀 중요하지 않음 1명(0.7%)등의 순서로 높은 빈도를 나타냈다.

〈표 69〉 자국 민주주의 발전에 관련된 요소들의 중요성 정도 : 언론 자유

	빈도	퍼센트
전혀 중요하지 않음	1	0.7
별로 중요하지 않음	6	3.9
보통	11	7.2
대체로 중요	31	20.4
매우 중요	96	63.2
잘 모르겠음	7	4.6
합 계	152	100.0

<표 70>은 방글라데시에서 자국 민주주의 발전에 관련된 요소들 중 시민사회 공고화에 대한 분석이다. 시민사회 공고화에 대해 매우 중요하다고 응답한 빈도가 66명(43.4%)으로 가장 많았으며, 그 다음으로 대체로 중요 45명(29.6%), 보통 24명(15.8%), 별로 중요하지 않음 7명(4.6%), 잘 모르겠음 6명(3.9%), 전혀 중요하지 않음 4명(2.6%) 등의 순서로 높은 빈도를 나타냈다.

<표 70> 자국 민주주의 발전에 관련된 요소들의 중요성 정도 : 시민사회 공고화

	빈도	퍼센트
전혀 중요하지 않음	4	2.6
별로 중요하지 않음	7	4.6
보통	24	15.8
대체로 중요	45	29.6
매우 중요	66	43.4
잘 모르겠음	6	3.9
합　계	152	100.0

<표 71>은 방글라데시에서 자국 민주주의 발전에 관련된 요소들 중 시민교육에 대한 분석이다. 시민교육의 중요성에 대해 매우 중요하다고 응답한 빈도가 91명(59.9%)으로 가장 많았으며, 그 다음으로 대체로 중요 27명(17.8%), 보통 19명(12.5%), 잘 모르겠음 7명(4.6%), 별로 중요하지 않음 6명(3.9%), 전혀 중요하지 않음 2명(1.3%)등의 순서로 높은 빈도를 나타냈다.

<표 71> 자국 민주주의 발전에 관련된 요소들의 중요성 정도 : 시민교육

	빈도	퍼센트
전혀 중요하지 않음	2	1.3
별로 중요하지 않음	6	3.9
보통	19	12.5
대체로 중요	27	17.8
매우 중요	91	59.9
잘 모르겠음	7	4.6
합 계	152	100.0

〈표 72〉는 방글라데시에서 자국 민주주의 발전에 관련된 요소들 중 민주적 가치 정향에 대한 분석이다. 민주적 가치정향에 대해 매우 중요하다고 응답한 빈도가 89명(58.6%)으로 가장 많았으며, 그 다음으로 대체로 중요 31명(20.4%), 보통 20명(13.2%), 별로 중요하지 않음 7명(4.6%), 잘 모르겠음 3명(2.0%), 전혀 중요하지 않음 2명(1.3%)등의 순서로 높은 빈도를 나타냈다.

〈표 72〉 자국 민주주의 발전에 관련된 요소들의 중요성 정도 : 민주적 가치 정향

	빈도	퍼센트
전혀 중요하지 않음	2	1.3
별로 중요하지 않음	7	4.6
보통	20	13.2
대체로 중요	31	20.4
매우 중요	89	58.6
잘 모르겠음	3	2.0
합　계	152	100.0

<표 73>은 방글라데시에서 민주주의 국제협력 프로그램의 수요에 대한 현황분석이다. 민주주의 국제협력 프로그램의 수요는 민주적 리더십 프로그램이라고 응답한 빈도가 59명(38.8%)으로 가장 많았으며, 그 다음으로 교육프로그램 33명(21.7%), 인간 안보 발전 20명(13.2%), 조직교류프로그램 14명(9.2%), 인적교류 프로그램 12명(7.9%), 미디어프로그램 9명(5.9%), 재정지원 프로그램 4명(2.6%), 기타 1명(0.7%) 등의 순서로 높은 빈도를 나타냈다.

<표 73> 민주주의 국제협력 프로그램에 대한 수요

	빈도	퍼센트
민주적 리더십 프로그램	59	38.8
인적교류 프로그램	12	7.9
조직교류프로그램	14	9.2
교육프로그램	33	21.7
인간 안보 발전	20	13.2
미디어프로그램	9	5.9
재정지원 프로그램	4	2.6
기타	1	0.7
합　계	152	100.0

　　〈표 74〉는 방글라데시에서 한국에 대한 가장 큰 인상에 대한 분석이다. 한국에 대한 가장 큰 인상에 대해 급속한 경제 성장이라고 응답한 빈도가 48명(31.6%)으로 가장 많았으며, 그 다음으로 남북분단 37명(24.3%), 정보화 사회와 기타가 각 21명(13.8%), 민주화운동 18명(11.8%), 한국문화 6명(3.9%), 잘 모르겠음 1명(0.7%) 등의 순서로 높은 빈도를 나타냈다.

〈표 74〉 한국에 대한 가장 큰 인상

	빈도	퍼센트
남북분단	37	24.3
급속한 경제 성장	48	31.6
민주화운동	18	11.8
한국문화	6	3.9
IT 기술	21	13.8
기타	21	13.8
잘 모르겠음	1	0.7
합　계	152	100.0

<표 75>는 방글라데시에서 한국 민주주의 수준의 평가에 대한 분석이다. 한국 민주주의의 수준에 대해 다소 민주적이라고 응답한 빈도가 69명(45.4%)으로 가장 많았으며, 그 다음으로 보통 49명(32.2%), 다소 비민주적 15명(9.9%), 매우 민주적 14명(9.2%), 잘 모르겠음 3명(2.0%), 매우 비민주적 2명(1.3%) 등의 순서로 높은 빈도를 나타냈다.

<표 75> 한국 민주주의 수준에 대한 평가

	빈도	퍼센트
매우 비민주적	2	1.3
다소 비민주적	15	9.9
보통	49	32.2
다소 민주적	69	45.4
매우 민주적	14	9.2
잘 모르겠음	3	2.0
합 계	152	100.0

<표 76>은 방글라데시에서 향후 한국에 기대되는 민주주의 국제 협력 프로그램에 대한 분석이다. 향후 한국에 기대되는 민주주의 국제협력 프로그램에 대해 네트워킹과 상호 교류이라고 응답한 빈도가 58명(38.2%)으로 가장 많았으며, 그 다음으로 교육훈련 44 명(28.9%), 민주주의 관련 재정적 지원 21명(13.8%), 연구조사와 적 극적 개입이 각 14명(9.2%), 잘 모르겠음 1명(0.7%) 등의 순서로 높은 빈도를 나타냈다.

<표 76> 향후 한국에 기대되는 민주주의 국제협력 프로그램

	빈도	퍼센트
네트워킹과 상호 교류	58	38.2
연구조사	14	9.2
적극적 개입	14	9.2
교육훈련	44	28.9
민주주의 관련 재정적 지원	21	13.8
잘 모르겠음	1	0.7
합 계	152	100.0

〈표 77〉은 방글라데시에서 민주화운동기념사업회가 추진해야 할 프로그램 중 세계적 지역적 포럼에 대한 분석이다. 세계적 지역적 포럼의 필요성에 대해 대체로 필요하다고 응답한 빈도가 53명 (34.9%)으로 가장 많았으며, 그 다음으로 보통 37명(24.3%), 매우 필요 34명(22.4%), 별로 필요치 않음 14명(9.2%), 전혀 필요치 않음 9명 (5.9%), 잘 모르겠음 5명(3.3%) 등의 순서로 높은 빈도를 나타냈다.

〈표 77〉 민주화운동기념사업회가 추진해야 할 프로그램의 필요 : 세계적 지역적 포럼

	빈도	퍼센트
전혀 필요치 않음	9	5.9
별로 필요치 않음	14	9.2
보통	37	24.3
대체로 필요	53	34.9
매우 필요	34	22.4
잘 모르겠음	5	3.3
합　계	152	100.0

<표 78>은 방글라데시에서 민주화운동기념사업회가 추진해야 할 프로그램 중 책임성 있고 효율적인 통치 모델 개발에 대한 분석이다. 책임성 있고 효율적인 통치 모델 개발의 필요성에 대해 대체로 필요하다고 응답한 빈도가 64명(42.1%)으로 가장 많았으며, 그 다음으로 매우 필요 48명(31.6%), 보통 29명(19.1%), 별로 필요치 않음 6명(3.9%), 잘 모르겠음 4명(2.6%), 전혀 필요치 않음 1명(0.7%) 등의 순서로 높은 빈도를 나타냈다.

<표 78> 민주화운동기념사업회가 추진해야 할 프로그램의 필요 : 책임성 있고 효율적인 통치 모델 개발

	빈도	퍼센트
전혀 필요치 않음	1	0.7
별로 필요치 않음	6	3.9
보통	29	19.1
대체로 필요	64	42.1
매우 필요	48	31.6
잘 모르겠음	4	2.6
합　계	152	100.0

<표 79>는 방글라데시에서 민주화운동기념사업회가 추진해야 할 프로그램 중 지식 기반 서비스에 대한 분석이다. 지식기반서비스에 대한 필요성에 대해 잘 모르겠음이라고 응답한 빈도가 53명 (26.2%)으로 가장 많았으며, 그 다음으로 별로 필요치 않음 47명 (23.3%), 보통 46명(22.8%), 전혀 필요치 않음 39명(19.3%), 대체로 필요 12명(5.9%), 매우 필요치 않음 5명(2.5%) 등의 순서로 높은 빈도를 나타냈다.

<표 79> 민주화운동기념사업회가 추진해야 할 프로그램의 필요 : 지식 기반 서비스

	빈도	퍼센트
전혀 필요치 않음	39	19.3
별로 필요치 않음	47	23.3
보통	46	22.8
대체로 필요	12	5.9
매우 필요치 않음	5	2.5
잘 모르겠음	53	26.2
합　계	202	100.0

<표 80>은 방글라데시에서 민주화운동기념사업회가 추진해야 할 프로그램 중 커뮤니티 프로그램 증진에 대한 분석이다. 커뮤니티 프로그램 증진에 대해 매우 필요치 않음이라고 응답한 빈도가 60명(39.5%)으로 가장 많았으며, 그 다음으로 대체로 필요 54명(35.5%), 보통 22명(14.5%), 별로 필요치 않음 8명(5.3%), 잘 모르겠음 6명(3.9%), 전혀 필요치 2명(1.3%)등의 순서로 높은 빈도를 나타냈다.

<표 80> 민주화운동기념사업회가 추진해야 할 프로그램의 필요 : 커뮤니티 프로그램 증진

	빈도	퍼센트
전혀 필요치 않음	2	1.3
별로 필요치 않음	8	5.3
보통	22	14.5
대체로 필요	54	35.5
매우 필요치 않음	60	39.5
잘 모르겠음	6	3.9
합 계	152	100.0

　〈표 81〉은 방글라데시에서 민주화운동기념사업회가 추진해야
할 프로그램 중 교육 훈련 프로그램에 대한 분석이다. 교육훈련프
로그램의 필요성에 대해 매우 필요하다고 응답한 빈도가 84명
(55.3%)으로 가장 많았으며, 그 다음으로 대체로 필요 37명(24.3%),
보통 22명(14.5%), 잘 모르겠음 7명(4.6%), 별로 필요치 않음과 전혀
필요치 않음이 각 1명(0.7%) 등의 순서로 높은 빈도를 나타냈다.

〈표 81〉 민주화운동기념사업회가 추진해야 할 프로그램의 필요 :
　　　　　교육 훈련 프로그램

	빈도	퍼센트
전혀 필요치 않음	1	0.7
별로 필요치 않음	1	0.7
보통	22	14.5
대체로 필요	37	24.3
매우 필요	84	55.3
잘 모르겠음	7	4.6
합　계	152	100.0

<표 82>는 방글라데시에서 민주화운동기념사업회가 추진해야 할 프로그램 중 인적·조직적 교환 프로그램에 대한 분석이다. 인적·조직적 교환 프로그램의 필요성에 대해 대체로 필요하다고 응답한 빈도가 56명(36.8%)으로 가장 많았으며, 그 다음으로 매우 필요 44명(28.9%), 보통 33명(21.7%), 별로 필요치 않음 11명(7.2%), 잘 모르겠음 6명(3.9%), 전혀 필요치 않음 2명(1.3%) 등의 순서로 높은 빈도를 나타냈다.

<표 82> 민주화운동기념사업회가 추진해야 할 프로그램의 필요 : 인적·조직적 교환 프로그램

	빈도	퍼센트
전혀 필요치 않음	2	1.3
별로 필요치 않음	11	7.2
보통	33	21.7
대체로 필요	56	36.8
매우 필요	44	28.9
잘 모르겠음	6	3.9
합 계	152	100.0

〈표 83〉은 방글라데시에서 민주화운동기념사업회가 추진해야 할 프로그램 중 한국의 민주화 경험 공유에 대한 분석이다. 한국의 민주화 경험 공유의 필요성에 대한 매우 필요하다고 응답한 빈도가 48명(31.6%)으로 가장 많았으며, 그 다음으로 대체로 필요 47명(30.9%), 보통 38명(25.0%), 별로 필요치 않음 11명(7.2%), 잘 모르겠음 6명(3.9%), 전혀 필요치 않음 2명(1.3%) 등의 순서로 높은 빈도를 나타냈다.

〈표 83〉 민주화운동기념사업회가 추진해야 할 프로그램의 필요 : 한국의 민주화 경험 공유

	빈도	퍼센트
전혀 필요치 않음	2	1.3
별로 필요치 않음	11	7.2
보통	38	25.0
대체로 필요	47	30.9
매우 필요	48	31.6
잘 모르겠음	6	3.9
합　계	152	100.0

〈표 84〉는 방글라데시에서 아시아 민주주의 증진을 위한 교육 프로그램 중 현장 연구 및 체험의 효율성에 대한 분석이다. 현장 연구 및 체험의 효율성에 대해 대체로 효율적이라고 응답한 빈도가 54명(35.5%)으로 가장 많았으며, 그 다음으로 매우 효율적 42명 (27.6%), 보통 33명(21.7%), 별로 효율적이지 않음 10명(6.6%), 잘 모르겠음 7명(4.6%), 전혀 효율적이지 않음 6명(3.9%) 등의 순서로 높은 빈도를 나타냈다.

〈표 84〉 아시아 민주주의 증진을 위한 교육 프로그램의 효율성 정도 : 현장 연구 및 체험

	빈도	퍼센트
전혀 효율적이지 않음	6	3.9
별로 효율적이지 않음	10	6.6
보통	33	21.7
대체로 효율	54	35.5
매우 효율	42	27.6
잘 모르겠음	7	4.6
합　계	152	100.0

〈표 85〉는 방글라데시에서 아시아 민주주의 증진을 위한 교육 프로그램 중 전문가 강좌의 효율성에 대한 분석이다. 전문가 강좌의 효율성수준에 대해 대체로 효율적이라고 응답한 빈도가 50명(33.1%)으로 가장 많았으며, 그 다음으로 보통 42명(27.8%), 매우 효율 37명(24.5%), 별로 효율적이지 않음 10명(6.6%), 잘 모르겠음과 전혀 효율적이지 않음이 각 6명(4.0%) 등의 순서로 높은 빈도를 나타냈다.

〈표 85〉 아시아 민주주의 증진을 위한 교육 프로그램의 효율성 정도 : 전문가 강좌

	빈도	퍼센트
전혀 효율적이지 않음	6	4.0
별로 효율적이지 않음	10	6.6
보통	42	27.8
대체로 효율	50	33.1
매우 효율	37	24.5
잘 모르겠음	6	4.0
합 계	151	100.0

〈표 86〉은 방글라데시에서 아시아 민주주의 증진을 위한 교육 프로그램 중 문제 해결 토론의 효율성에 대한 분석이다. 문제 해결 토론의 효율성수준에 대해 대체로 효율적이라고 응답한 빈도가 57명(37.5%)으로 가장 많았으며, 그 다음으로 매우 효율 53명(34.9%), 보통 25명(16.4%), 별로 효율적이지 않음 9명(5.9%), 잘 모르겠음 7명(4.6%), 전혀 효율적이지 않음 1명(0.7%)등의 순서로 높은 빈도를 나타냈다.

〈표 86〉 아시아 민주주의 증진을 위한 교육 프로그램의 효율성 정도 : 문제 해결 토론

	빈도	퍼센트
전혀 효율적이지 않음	1	0.7
별로 효율적이지 않음	9	5.9
보통	25	16.4
대체로 효율	57	37.5
매우 효율	53	34.9
잘 모르겠음	7	4.6
합 계	152	100.0

　〈표 87〉은 방글라데시에서 아시아 민주주의 증진을 위한 교육 프로그램 중 기술 훈련의 효율성에 대한 분석이다. 기술 훈련의 효율성수준에 대해 매우 효율적이라고 응답한 빈도가 74명(49.0%)으로 가장 많았으며, 그 다음으로 대체로 효율 50명(33.1%), 보통 16명(10.6%), 별로 효율적이지 않음 6명(4.0%), 전혀 효율적이지 않음 4명(2.6%), 잘 모르겠음 1명(0.7%) 등의 순서로 높은 빈도를 나타냈다.

〈표 87〉 아시아 민주주의 증진을 위한 교육 프로그램의 효율성 정도 : 기술 훈련

	빈도	퍼센트
전혀 효율적이지 않음	4	2.6
별로 효율적이지 않음	6	4.0
보통	16	10.6
대체로 효율	50	33.1
매우 효율	74	49.0
잘 모르겠음	1	0.7
합　계	151	100.0

<표 88>은 방글라데시에서 아시아 민주주의 증진을 위한 교육 프로그램 중 인턴십·펠로우십의 효율성에 대한 분석이다. 인턴십·펠로우십의 효율성수준에 대해 매우 효율적이라고 응답한 빈도가 58명(38.2%)으로 가장 많았으며, 그 다음으로 대체로 효율 53명(34.9%), 보통 27명(17.8%), 잘 모르겠음 6명(3.9%), 전혀 효율적이지 않음과 별로 효율적이지 않음이 각 4명(2.6%) 등의 순서로 높은 빈도를 나타냈다.

<표 88> 아시아 민주주의 증진을 위한 교육 프로그램의 효율성 정도 : 인턴십·펠로우십

	빈도	퍼센트
전혀 효율적이지 않음	4	2.6
별로 효율적이지 않음	4	2.6
보통	27	17.8
대체로 효율	53	34.9
매우 효율	58	38.2
잘 모르겠음	6	3.9
합 계	152	100.0

3. 캄보디아

<표 89>은 캄보디아에서 민주주의 증진을 위해 가장 필요한 국제
협력 지원의 방식에 대한 현황분석이다. 캄보디아에서 가장 필요로
하는 국제협력지원의 방식은 교육 훈련이 172명(65.4%)으로 가장
높은 빈도를 나타냈고 그 다음으로 재정지원 39(14.8%), 인적교류
33(12.5%), 국제연대활동 13명(4.9%), 상호 이해 형성 4(1.5%), 기타
2(0.8%) 등의 순서로 높은 빈도를 나타냈다.

<표 89> 자국 민주주의 증진을 위해 가장 필요한 국제협력 지원의 방식

	빈도	퍼센트
교육 훈련	172	65.4
인적교류	33	12.5
국제연대활동	13	4.9
재정지원	39	14.8
상호 이해 형성	4	1.5
기타	2	0.8
합 계	263	100.0

　　캄보디아에서 가장 효과적인 국제협력 네트워크 유형에 대한 현황분석은 〈표 90〉에 제시되었다. 캄보디아에서 가장 효과적인 국제교류협력유형은 정부 간 네트워크가 154명(58.6%)으로 가장 높은 빈도를 나타냈으며 그 다음으로 비정부기구 간 네트워크 69명(26.2%), 기타 12명(4.6%), 정당 간 네트워크 10명(3.8%), 언론기구 간 네트워크 9명(3.4%), 의회 간 네트워크 8명(3.0%), 잘 모르겠음 1명(0.4%) 등의 순서로 높은 빈도를 나타냈다.

〈표 90〉 자국에서 가장 효과적인 국제협력 네트워크 유형

	빈도	퍼센트
정부 간 네트워크	154	58.6
의회 간 네트워크	8	3.0
정당 간 네트워크	10	3.8
비정부기구 간 네트워크	69	26.2
언론기구 간 네트워크	9	3.4
기타	12	4.6
잘 모르겠음	1	0.4
합　계	263	100.0

〈표 91〉은 캄보디아에서 민주주의 국제협력의 핵심 동기에 대한 현황분석이다. 민주주의 국제협력의 핵심 동기는 국제사회 일원으로서의 인식 제고라고 응답한 빈도가 85명(32.3%)으로 가장 많았으며, 그 다음으로 경제적 효과 77명(29.3%), 국가브랜드 이미지 제고 44명(16.7%), 외교적 영향력 제고 29명(11.0%), 국내의 민주주의 증진 효과 11명(4.2%), 인도주의적 관심과 국제사회에 대한 책임이 각 7명(2.7%), 글로벌 스탠더드에 부합 2명(0.8%), 기타 1명(0.4%) 등의 순서로 높은 빈도를 나타냈다.

〈표 91〉 민주주의 국제협력의 핵심 동기

	빈도	퍼센트
국가브랜드 이미지 제고	44	16.7
외교적 영향력 제고	29	11.0
경제적 효과	77	29.3
국제사회 일원으로서의 인식 제고	85	32.3
국내의 민주주의 증진 효과	11	4.2
인도주의적 관심	7	2.7
국제사회에 대한 책임	7	2.7
글로벌 스탠더드에 부합	2	0.8
기타	1	0.4
합 계	263	100.0

<표 92>는 캄보디아에서 민주주의 국제협력을 통한 긍정적 효과에 대한 현황분석이다. 민주주의 국제협력을 통한 긍정적 효과에 대해 국제사회 일원으로서의 인식 제고로 인정받게 되는 측면이 가장 크다고 응답한 빈도가 84명(31.9%)으로 가장 많았으며, 그 다음으로 경제적 효과 71명(27.0%), 국가브랜드 이미지제고 39명(14.8%), 외교적 영향력 제고 37명(14.1%), 국내민주주의 증진 30명(11.4%), 기타와 잘 모르겠음이 각 1명(0.4%) 등의 순서로 높은 빈도를 나타냈다.

〈표 92〉 민주주의 국제협력을 통한 긍정적 효과

	빈도	퍼센트
국가브랜드 이미지 제고	39	14.8
외교적 영향력 확대	37	14.1
경제적 이익 실현	71	27.0
국제사회로부터의 인정	84	31.9
공여국 자국의 민주주의 증진	30	11.4
기타	1	0.4
잘 모르겠음	1	0.4
합 계	263	100.0

<표 93>은 캄보디아에서 가장 효과적인 민주주의 국제협력 프로
그램에 대한 현황분석결과이다. 몽골에서 가장 효과적인 민주주의
국제협력 프로그램은 잘 모르겠다고 응답한 빈도가 106명(40.3%)
으로 가장 많았으며, 그 다음으로 교육 프로그램 68명(25.9%), 민주
적 리더십 프로그램 36명(13.7%), 인적교류 프로그램 25명(9.5%),
재정지원 프로그램 22명(8.4%), 기타 6명(2.3%) 등의 순서로 높은
빈도를 나타냈다.

<표 93> 가장 효과적인 민주주의 국제협력 프로그램

	빈도	퍼센트
민주적 리더십 프로그램	36	13.7
인적교류 프로그램	25	9.5
교육 프로그램	68	25.9
재정지원 프로그램	22	8.4
기타	6	2.3
잘 모르겠음	106	40.3
합 계	263	100.0

〈표 94〉는 캄보디아에서 가장 효과적이지 못한 민주주의 국제협력 프로그램에 대한 현황분석이다. 캄보디아에서 가장 효과적이지 못한 민주주의 국제협력 프로그램에 대해 잘 모르겠다고 응답한 빈도가 110명(41.8%)으로 가장 많았으며, 그 다음으로 인적교류 프로그램 49명(18.6%), 민주적 리더십 프로그램 42명(16.0%), 재정지원 프로그램 33명(12.5%), 교육 프로그램 18명(6.8%), 기타 11명(4.2%) 등의 순서로 높은 빈도를 나타냈다.

〈표 94〉 가장 효과적이지 못한 민주주의 국제협력 프로그램

	빈도	퍼센트
민주적 리더십 프로그램	42	16.0
인적교류 프로그램	49	18.6
교육 프로그램	18	6.8
재정지원 프로그램	33	12.5
기타	11	4.2
잘 모르겠음	110	41.8
합　계	263	100.0

<표 95>는 캄보디아에서 민주주의 국제협력 실행 상의 장애 요인에 대한 분석결과이다. 캄보디아에서 민주주의 국제협력 실행 상의 장애 요인은 비효율적인 행정체계라고 응답한 빈도가 103명(39.2%)으로 가장 많았으며, 그 다음으로 잘 모르겠음 98명(37.3%), 외부적 요인 36명(13.7%), 기타 17명(6.5%), 지원의 지속성 9명(3.4%) 등의 순서로 높은 빈도를 나타냈다.

<표 95> 민주주의 국제협력 실행 상의 장애 요인

	빈도	퍼센트
외부적 요인	36	13.7
비효율적인 행정체계	103	39.2
지원의 지속성	9	3.4
기타	17	6.5
잘 모르겠음	98	37.3
합 계	263	100.0

<표 96>은 캄보디아의 자국 민주주의 수준의 평가에 대한 현황분석이다. 자국 민주주의 수준의 평가에 대해 보통이라고 응답한 빈도가 121명(46.0%)으로 가장 많았으며, 그 다음으로 다소 비민주적 67명(25.5%), 민주적 50명(19.0%), 매우 비민주적 14명(5.3%), 매우 민주적 9명(3.4%), 잘 모르겠음 2명(0.8%) 등의 순서로 높은 빈도를 나타냈다.

<표 96> 자국 민주주의 수준에 대한 평가

	빈도	퍼센트
매우 비민주적	14	5.3
다소 비민주적	67	25.5
보통	121	46.0
민주적	50	19.0
매우 민주적	9	3.4
잘 모르겠음	2	0.8
합 계	263	100.0

〈표 97〉은 캄보디아에서 자국 민주주의의 핵심 이슈에 대한 분석이다. 자국 민주주의의 핵심 이슈에 대해 부정부패 척결이라고 응답한 빈도가 94명(35.7%)으로 가장 많았으며, 그 다음으로 정의 60명(22.8%), 자유 48명(18.3%), 발전 31명(11.8%), 관용 18명(6.8%), 평등 7명(2.7%), 잘 모르겠음 3명(1.1%), 기타 2명(0.8%) 등의 순서로 높은 빈도를 나타냈다.

〈표 97〉 자국 민주주의의 핵심 이슈

	빈도	퍼센트
자유	48	18.3
정의	60	22.8
부정부패 척결	94	35.7
관용	18	6.8
평등	7	2.7
발전	31	11.8
기타	2	0.8
잘 모르겠음	3	1.1
합 계	263	100.0

<표 98>은 캄보디아에서 자국의 민주주의 발전을 저해하는 요인 중 취약한 정당 시스템에 대한 분석이다. 취약한 정당 시스템의 심각성 정도에 대해 대체로 심각이라고 응답한 빈도가 90명(34.2%)으로 가장 많았으며, 그 다음으로 보통 73명(27.8%), 매우 심각 38명(14.4%), 다소 심각하지 않음 37명(14.1%), 전혀 심각하지 않음 13명(4.9%), 잘 모르겠음이 12명(4.6%) 등의 순서로 높은 빈도를 나타냈다.

<표 98> 자국의 민주주의 발전을 저해하는 요인들의 심각성 정도 : 취약한 정당 시스템

	빈도	퍼센트
전혀 심각하지 않음	13	4.9
다소 심각하지 않음	37	14.1
보통	73	27.8
대체로 심각	90	34.2
매우 심각	38	14.4
잘 모르겠음	12	4.6
합 계	263	100.0

〈표 99〉는 캄보디아에서 자국의 민주주의 발전을 저해하는 요인 중 부정부패에 대한 분석이다. 부정부패에 대한 심각성에 대해 매우 심각하다고 응답한 빈도가 149명(56.7%)으로 가장 많았으며, 그 다음으로 대체로 심각 71명(27.0%), 보통 20명(7.6%), 전혀 심각하지 않음이 12명(4.6%), 별로 심각하지 않음 7명(2.7%), 잘 모르겠음 4명(1.5%)등의 순서로 높은 빈도를 나타냈다.

〈표 99〉 자국의 민주주의 발전을 저해하는 요인들의 심각성 정도 : 부정부패

	빈도	퍼센트
전혀 심각하지 않음	12	4.6
별로 심각하지 않음	7	2.7
보통	20	7.6
대체로 심각	71	27.0
매우 심각	149	56.7
잘 모르겠음	4	1.5
합　계	263	100.0

〈표 100〉은 캄보디아에서 자국의 민주주의 발전을 저해하는 요인 중 시민사회의 취약성에 대한 분석이다. 시민사회의 취약성에 대해 대체로 심각하다고 응답한 빈도가 110명(41.8%)로 가장 많았으며, 그 다음으로 매우 심각 59명(22.4%), 보통 54명(20.5%), 별로 심각하지 않음 27명(10.3%), 전혀 심각하지 않음 8명(3.0%), 잘 모르겠음 5명(1.9%) 등의 순서로 높은 빈도를 나타냈다.

〈표 100〉 자국의 민주주의 발전을 저해하는 요인들의 심각성 정도 :
시민사회의 취약성

	빈도	퍼센트
전혀 심각하지 않음	8	3.0
별로 심각하지 않음	27	10.3
보통	54	20.5
대체로 심각	110	41.8
매우 심각	59	22.4
잘 모르겠음	5	1.9
합 계	263	100.0

　〈표 101〉은 캄보디아에서 자국의 민주주의 발전을 저해하는 요
인 중 민주적 문화의 결핍에 대한 분석이다. 민주적 문화의 결핍에
대해 대체로 심각이라고 응답한 빈도가 104명(39.5%)으로 가장 많
았으며, 그 다음으로 보통 63명(24.0%), 매우 심각 62명(23.6%), 별로
심각하지 않음 23명(8.7%), 전혀 심각하지 않음 6명(2.3%), 잘 모르
겠음 5명(1.9%) 등의 순서로 높은 빈도를 나타냈다.

〈표 101〉 자국의 민주주의 발전을 저해하는 요인들의 심각성 정도 :
　　　　　 민주적 문화의 결핍

	빈도	퍼센트
전혀 심각하지 않음	6	2.3
별로 심각하지 않음	23	8.7
보통	63	24.0
대체로 심각	104	39.5
매우 심각	62	23.6
잘 모르겠음	5	1.9
합　계	263	100.0

〈표 102〉는 캄보디아에서 자국의 민주주의 발전을 저해하는 요인 중 관료주의적 시스템에 대한 분석이다. 관료주의적 시스템에 대해 대체로 심각하다고 응답한 빈도가 77명(29.3%)으로 가장 많았으며, 그 다음으로 보통 75명(28.5%), 매우 심각 66명(25.1%), 별로 심각하지 않음 28명(10.6%), 전혀 심각하지 않음 12명(4.6%), 잘 모르겠음 5명(1.9%) 등의 순서로 높은 빈도를 나타냈다.

〈표 102〉 자국의 민주주의 발전을 저해하는 요인들의 심각성 정도 : 관료주의적 시스템

	빈도	퍼센트
전혀 심각하지 않음	12	4.6
별로 심각하지 않음	28	10.6
보통	75	28.5
대체로 심각	77	29.3
매우 심각	66	25.1
잘 모르겠음	5	1.9
합 계	263	100.0

<표 103>은 캄보디아에서 자국의 민주주의 발전을 저해하는 요인 중 사법 체계의 취약성에 대한 분석이다. 사법 체계의 취약성에 대해 매우 심각하다고 응답한 빈도가 141명(53.6%)으로 가장 많았으며, 그 다음으로 대체로 심각 73명(27.8%), 보통 25명(9.5%), 별로 심각하지 않음 16명(6.1%), 전혀 심각하지 않음 6명(2.3%), 잘 모르겠음 2명(0.8%) 등의 순서로 높은 빈도를 나타냈다.

<표 103> 자국의 민주주의 발전을 저해하는 요인들의 심각성 정도 : 사법 체계의 취약성

	빈도	퍼센트
전혀 심각하지 않음	6	2.3
별로 심각하지 않음	16	6.1
보통	25	9.5
대체로 심각	73	27.8
매우 심각	141	53.6
잘 모르겠음	2	0.8
합 계	263	100.0

<표 104>는 캄보디아에서 자국의 민주주의 발전을 저해하는 요인 중 민주적 가치 정향의 부재에 대한 분석이다. 민주적 가치 정향의 부재에 대해 대체로 심각하다고 응답한 빈도가 82명(31.2%)으로 가장 많았으며, 그 다음으로 보통 72명(27.4%), 매우 심각 59명(22.4%), 별로 심각하지 않음 32명(12.2%), 전혀 심각하지 않음 14명(5.3%), 잘 모르겠음 4명(1.5%) 등의 순서로 높은 빈도를 나타냈다.

<표 104> 자국의 민주주의 발전을 저해하는 요인들의 심각성 정도 : 민주적 가치 정향의 부재

	빈도	퍼센트
전혀 심각하지 않음	14	5.3
별로 심각하지 않음	32	12.2
보통	72	27.4
대체로 심각	82	31.2
매우 심각	59	22.4
잘 모르겠음	4	1.5
합 계	263	100.0

<표 105>는 캄보디아에서 민주주의 발전에 대한 문화적 장애 요인 중 봉건적 문화에 대한 분석이다. 봉건적 문화에 대해 보통이라고 응답한 빈도가 74명(28.1%)으로 가장 많았으며, 그 다음으로 매우 심각 64명(24.3%), 대체로 심각 60명(22.8%), 별로 심각하지 않음 35명(13.3%), 전혀 심각하지 않음 25명(9.5%), 잘 모르겠음 5명(1.9%) 등의 순서로 높은 빈도를 나타냈다.

<표 105> 민주주의 발전에 대한 문화적 장애 요인의 심각성 정도 : 봉건적 문화

	빈도	퍼센트
전혀 심각하지 않음	25	9.5
별로 심각하지 않음	35	13.3
보통	74	28.1
대체로 심각	60	22.8
매우 심각	64	24.3
잘 모르겠음	5	1.9
합 계	263	100.0

<표 106>은 캄보디아에서 민주주의 발전에 대한 문화적 장애 요인 중 군사주의 문화에 대한 분석이다. 군사주의 문화에 대해 매우 심각하다고 응답한 빈도가 79명(30.0%)으로 가장 많았으며, 그 다음으로 보통 68명(25.9%), 대체로 심각 66명(25.1%), 별로 심각하지 않음 30명(11.4%), 전혀 심각하지 않음 17명(6.5%), 잘 모르겠음 3명(1.1%) 등의 순서로 높은 빈도를 나타냈다.

<표 106> 민주주의 발전에 대한 문화적 장애 요인의 심각성 정도 : 군사주의 문화

	빈도	퍼센트
전혀 심각하지 않음	17	6.5
별로 심각하지 않음	30	11.4
보통	68	25.9
대체로 심각	66	25.1
매우 심각	79	30.0
잘 모르겠음	3	1.1
합 계	263	100.0

<표 107>는 캄보디아에서 민주주의 발전에 대한 문화적 장애 요인 중 가부장 문화에 대한 분석이다. 가부장 문화에 대해 보통이라고 응답한 빈도가 81명(30.8%)으로 가장 많았으며, 그 다음으로 전혀 심각하지 않음 54명(20.5%), 다소 심각 50명(19.0%), 대체로 심각하지 않음 44명(16.7%), 매우 심각 31명(11.8%), 잘 모르겠음 3명(1.1%) 등의 순서로 높은 빈도를 나타냈다.

<표 107> 민주주의 발전에 대한 문화적 장애 요인의 심각성 정도 : 가부장 문화

	빈도	퍼센트
전혀 심각하지 않음	54	20.5
대체로 심각하지 않음	44	16.7
보통	81	30.8
다소 심각	50	19.0
매우 심각	31	11.8
잘 모르겠음	3	1.1
합　계	263	100.0

〈표 108〉은 캄보디아에서 민주주의 발전에 대한 문화적 장애 요인 중 종교 문화에 대한 분석이다. 종교 문화에 대해 보통이라고 응답한 빈도가 83명(31.6%)으로 가장 많았으며, 그 다음으로 대체로 심각 54명(20.5%), 별로 심각하지 않음 53명(20.2%), 전혀 심각하지 않음 44명(16.7%), 매우 심각 24명(9.1%), 잘 모르겠음 5명(1.9%) 등의 순서로 높은 빈도를 나타냈다.

〈표 108〉 민주주의 발전에 대한 문화적 장애 요인의 심각성 정도 : 종교 문화

	빈도	퍼센트
전혀 심각하지 않음	44	16.7
별로 심각하지 않음	53	20.2
보통	83	31.6
대체로 심각	54	20.5
매우 심각	24	9.1
잘 모르겠음	5	1.9
합　계	263	100.0

<표 109>는 캄보디아에서 민주주의 발전에 대한 문화적 장애 요인 중 물질주의, 자본주의 문화에 대한 분석이다. 물질주의, 자본주의 문화에 대해 대체로 심각이라고 응답한 빈도가 80명(30.4%)으로 가장 많았으며, 그 다음으로 보통 65명(24.7%), 매우 심각 58명(22.1%), 별로 심각하지 않음 38명(14.4%), 전혀 심각하지 않음 19명(7.2%), 잘 모르겠음 3명(1.1%) 등의 순서로 높은 빈도를 나타냈다.

<표 109> 민주주의 발전에 대한 문화적 장애 요인의 심각성 정도 :
물질주의, 자본주의 문화

	빈도	퍼센트
전혀 심각하지 않음	19	7.2
별로 심각하지 않음	38	14.4
보통	65	24.7
대체로 심각	80	30.4
매우 심각	58	22.1
잘 모르겠음	3	1.1
합 계	263	100.0

<표 110>은 캄보디아에서 자국 민주주의 발전에 관련된 요소들 중 헌법과 헌정 질서의 중요성에 대한 분석이다. 헌법과 헌정 질서의 중요성에 대해 대체로 중요하다는 응답과 매우 중요하다는 응답의 빈도가 각 88명(33.5%)으로 가장 많았으며, 그 다음으로 보통 56명(21.3%), 별로 중요하지 않음(8.0%), 전혀 중요하지 않음 9명(3.4%), 잘 모르겠음 1명(0.4%) 등의 순서로 높은 빈도를 나타냈다.

<표 110> 자국 민주주의 발전에 관련된 요소들의 중요성 정도 : 헌법과 헌정 질서

	빈도	퍼센트
전혀 중요하지 않음	9	3.4
별로 중요하지 않음	21	8.0
보통	56	21.3
대체로 중요	88	33.5
매우 중요	88	33.5
잘 모르겠음	1	0.4
합 계	263	100.0

<표 111>은 캄보디아에서 자국 민주주의 발전에 관련된 요소들 중 다당제의 중요성에 대한 분석이다. 다당제의 중요성에 대해 대체로 중요하다고 응답한 빈도가 102명(38.8%)으로 가장 많았으며, 그 다음으로 보통 68명(25.9%), 매우 중요 51명 (19.4%), 별로 중요하지 않음 30명(11.4%), 전혀 중요하지 않음 10명(3.8%), 잘 모르겠음 2명(0.8%) 등의 순서로 높은 빈도를 나타냈다.

<표 111> 자국 민주주의 발전에 관련된 요소들의 중요성 정도 : 다당제

	빈도	퍼센트
전혀 중요하지 않음	10	3.8
별로 중요하지 않음	30	11.4
보통	68	25.9
대체로 중요	102	38.8
매우 중요	51	19.4
잘 모르겠음	2	0.8
합 계	263	100.0

〈표 112〉는 캄보디아에서 자국 민주주의 발전에 관련된 요소들 중 사법 체제의 독립성에 대한 분석이다. 사법 체제의 독립성에 대해 매우 중요하다고 응답한 빈도가 152명(57.8%)으로 가장 많았으며, 그 다음으로 대체로 중요 54명(20.5%), 보통 28명(10.6%), 별로 중요하지 않음 18명(6.8%), 전혀 중요하지 않음 9명(3.4%), 잘 모르겠음 2명(0.8%) 등의 순서로 높은 빈도를 나타냈다.

〈표 112〉 자국 민주주의 발전에 관련된 요소들의 중요성 정도 : 사법 체제의 독립성

	빈도	퍼센트
전혀 중요하지 않음	9	3.4
별로 중요하지 않음	18	6.8
보통	28	10.6
대체로 중요	54	20.5
매우 중요	152	57.8
잘 모르겠음	2	0.8
합　계	263	100.0

　〈표 113〉은 캄보디아에서 자국 민주주의 발전에 관련된 요소들 중 언론 자유에 대한 분석이다. 언론자유에 대해 매우 중요하다고 응답한 빈도가 114명(43.3%)으로 가장 많았으며, 그 다음으로 대체로 중요 84명(31.9%), 보통 33명(12.5%), 별로 중요하지 않음 22명(8.4%), 전혀 중요하지 않음 8명(3.0%), 잘 모르겠음 2명(0.8%)등의 순서로 높은 빈도를 나타냈다.

〈표 113〉 자국 민주주의 발전에 관련된 요소들의 중요성 정도 : 언론 자유

	빈도	퍼센트
전혀 중요하지 않음	8	3.0
별로 중요하지 않음	22	8.4
보통	33	12.5
대체로 중요	84	31.9
매우 중요	114	43.3
잘 모르겠음	2	0.8
합　계	263	100.0

　〈표 114〉는 캄보디아에서 자국 민주주의 발전에 관련된 요소들 중 시민사회 공고화에 대한 분석이다. 시민사회 공고화에 대해 대체로 중요하다고 응답한 빈도가 98명(37.3%)으로 가장 많았으며, 그 다음으로 매우 중요 78명(29.7%), 보통 67명(25.5%), 별로 중요하지 않음 14명(5.3%), 전혀 중요하지 않음과 잘 모르겠음이 각 3명(1.1%)등의 순서로 높은 빈도를 나타냈다.

〈표 114〉 자국 민주주의 발전에 관련된 요소들의 중요성 정도 : 시민사회 공고화

	빈도	퍼센트
전혀 중요하지 않음	3	1.1
별로 중요하지 않음	14	5.3
보통	67	25.5
대체로 중요	98	37.3
매우 중요	78	29.7
잘 모르겠음	3	1.1
합　계	263	100.0

<표 115>는 캄보디아에서 자국 민주주의 발전에 관련된 요소들 중 시민교육에 대한 분석이다. 시민교육의 중요성에 대해 매우 중요하다고 응답한 빈도가 148명(56.3%)으로 가장 많았으며, 그 다음으로 대체로 중요 69명(26.2%), 보통 25명(9.5%), 별로 중요하지 않음 11명(4.2%), 전혀 중요하지 않음 7명(2.7%), 잘 모르겠음 3명(1.1%)등의 순서로 높은 빈도를 나타냈다.

<표 115> 자국 민주주의 발전에 관련된 요소들의 중요성 정도 : 시민교육

	빈도	퍼센트
전혀 중요하지 않음	7	2.7
별로 중요하지 않음	11	4.2
보통	25	9.5
대체로 중요	69	26.2
매우 중요	148	56.3
잘 모르겠음	3	1.1
합 계	263	100.0

〈표 116〉은 캄보디아에서 자국 민주주의 발전에 관련된 요소들 중 민주적 가치 정향에 대한 분석이다. 민주적 가치정향에 대해 매우 중요라고 응답한 빈도가 108명(41.1%)으로 가장 많았으며, 그 다음으로 대체로 중요 82명(31.2%), 보통 49명(18.6%), 별로 중요하지 않음 19명(7.2%), 전혀 중요하지 않음 3명(1.1%), 잘 모르겠음 2명(0.8%)등의 순서로 높은 빈도를 나타냈다.

〈표 116〉 자국 민주주의 발전에 관련된 요소들의 중요성 정도 : 민주적 가치 정향

	빈도	퍼센트
전혀 중요하지 않음	3	1.1
별로 중요하지 않음	19	7.2
보통	49	18.6
대체로 중요	82	31.2
매우 중요	108	41.1
잘 모르겠음	2	0.8
합　계	263	100.0

<표 117>은 캄보디아에서 민주주의 국제협력 프로그램의 수요에 대한 현황분석이다. 민주주의 국제협력 프로그램의 수요는 민주적 리더십 프로그램이라고 응답한 빈도가 92명(35.0%)으로 가장 많았으며, 그 다음으로 교육프로그램 72명(27.4%), 인적교류 프로그램 34명(12.9%), 미디어프로그램과 조직교류프로그램이 각 18명(6.8%), 재정지원 프로그램 14명(5.3%), 인간 안보 발전 13명(4.9%), 잘 모르겠음 2명(0.8%) 등의 순서로 높은 빈도를 나타냈다.

<표 117> 민주주의 국제협력 프로그램에 대한 수요

	빈도	퍼센트
민주적 리더십 프로그램	92	35.0
인적교류 프로그램	34	12.9
조직교류프로그램	18	6.8
교육프로그램	72	27.4
인간 안보 발전	13	4.9
미디어프로그램	18	6.8
재정지원 프로그램	14	5.3
잘 모르겠음	2	0.8
합 계	263	100.0

<표 118>은 캄보디아에서 한국에 대한 가장 큰 인상에 대한 분석
이다. 한국에 대한 가장 큰 인상에 대해 급속한 경제 성장이라고
응답한 빈도가 144명(54.8%)으로 가장 많았으며, 그 다음으로 남북
분단 37명(14.1%), IT 기술 24명(9.1%), 민주화운동 21명(8.0%), 한국
문화와 잘 모르겠음이 각 15명(5.7%), 기타 7명(2.7%) 등의 순서로
높은 빈도를 나타냈다.

<표 118> 한국에 대한 가장 큰 인상

	빈도	퍼센트
남북분단	37	14.1
급속한 경제 성장	144	54.8
민주화운동	21	8.0
한국문화	15	5.7
IT 기술	24	9.1
기타	7	2.7
잘 모르겠음	15	5.7
합　계	263	100.0

<표 119>는 캄보디아에서 한국 민주주의 수준의 평가에 대한 분석이다. 한국 민주주의의 수준에 대해 다소 민주적이라고 응답한 빈도가 121명(46.0%)으로 가장 많았으며, 그 다음으로 보통 67명(25.5%), 매우 민주적 62명(23.6%), 다소 비민주적 7명(2.7%), 잘 모르겠음 6명(2.3%) 등의 순서로 높은 빈도를 나타냈다.

<표 119> 한국 민주주의 수준에 대한 평가

	빈도	퍼센트
다소 비민주적	7	2.7
보통	67	25.5
다소 민주적	121	46.0
매우 민주적	62	23.6
잘 모르겠음	6	2.3
합 계	263	100.0

<표 120>은 캄보디아에서 향후 한국에 기대되는 민주주의 국제 협력 프로그램에 대한 분석이다. 향후 한국에 기대되는 민주주의 국제협력 프로그램에 대해 교육훈련이라고 응답한 빈도가 94명 (35.7%)으로 가장 많았으며, 그 다음으로 네트워킹과 상호 교류 50 명(19.0%), 적극적 개입 46명(17.5%), 민주주의 관련 재정적 지원 36명(13.7%), 연구조사 35명(13.3%), 잘 모르겠음 2명(0.8%) 등의 순서로 높은 빈도를 나타냈다.

<표 120> 향후 한국에 기대되는 민주주의 국제협력 프로그램

	빈도	퍼센트
네트워킹과 상호 교류	50	19.0
연구조사	35	13.3
적극적 개입	46	17.5
교육훈련	94	35.7
민주주의 관련 재정적 지원	36	13.7
잘 모르겠음	2	0.8
합 계	263	100.0

<표 121>은 캄보디아에서 민주화운동기념사업회가 추진해야 할 프로그램 중 세계적 지역적 포럼에 대한 분석이다. 세계적 지역적 포럼의 필요성에 대해 대체로 필요하다고 응답한 빈도가 112명 (42.6%)으로 가장 많았으며, 그 다음으로 보통 60명(22.8%), 매우 필요 53명(20.2%), 별로 필요치 않음 19명(7.2%), 전혀 필요치 않음 12명(4.6%), 잘 모르겠음 7명(2.7%) 등의 순서로 높은 빈도를 나타냈다.

<표 121> 민주화운동기념사업회가 추진해야 할 프로그램의 필요 : 세계적 지역적 포럼

	빈도	퍼센트
전혀 필요치 않음	12	4.6
별로 필요치 않음	19	7.2
보통	60	22.8
대체로 필요	112	42.6
매우 필요	53	20.2
잘 모르겠음	7	2.7
합　계	263	100.0

〈표 122〉는 캄보디아에서 민주화운동기념사업회가 추진해야 할 프로그램 중 책임성 있고 효율적인 통치 모델 개발에 대한 분석이다. 책임성 있고 효율적인 통치 모델 개발의 필요성에 대해 대체로 필요하다고 응답한 빈도가 133명(50.6%)으로 가장 많았으며, 그 다음으로 매우 필요 61명(23.2%), 보통 46명(17.5%), 별로 필요치 않음 12명(4.6%), 전혀 필요치 않음 6명(2.3%), 잘 모르겠음 5명(1.9%) 등의 순서로 높은 빈도를 나타냈다.

〈표 122〉 민주화운동기념사업회가 추진해야 할 프로그램의 필요 :
책임성 있고 효율적인 통치 모델 개발

	빈도	퍼센트
전혀 필요치 않음	6	2.3
별로 필요치 않음	12	4.6
보통	46	17.5
대체로 필요	133	50.6
매우 필요	61	23.2
잘 모르겠음	5	1.9
합　계	263	100.0

〈표 123〉은 캄보디아에서 민주화운동기념사업회가 추진해야 할 프로그램 중 지식 기반 서비스에 대한 분석이다. 지식기반서비스에 대한 필요성에 대해 대체로 필요하다고 응답한 빈도가 106명(40.3%)으로 가장 많았으며, 그 다음으로 매우 필요 101명(38.4%), 보통 42명(16.0%), 별로 필요치 않음 10명(3.8%), 잘 모르겠음 3명(1.1%), 전혀 필요치 않음 1명(0.4%) 등의 순서로 높은 빈도를 나타냈다.

〈표 123〉 민주화운동기념사업회가 추진해야 할 프로그램의 필요 : 지식 기반 서비스

	빈도	퍼센트
전혀 필요치 않음	1	0.4
별로 필요치 않음	10	3.8
보통	42	16.0
대체로 필요	106	40.3
매우 필요	101	38.4
잘 모르겠음	3	1.1
합 계	263	100.0

　〈표 124〉는 캄보디아에서 민주화운동기념사업회가 추진해야 할 프로그램 중 커뮤니티 프로그램 증진에 대한 분석이다. 커뮤니티 프로그램 증진에 대해 매우 필요치 않음이라고 응답한 빈도가 115명(43.7%)으로 가장 많았으며, 그 다음으로 대체로 필요 93명(35.4%), 보통 37명(14.1%), 전혀 필요치 않음 9명(3.4%), 별로 필요치 않음 6명(2.3%), 잘 모르겠음 3명(1.1%)등의 순서로 높은 빈도를 나타냈다.

〈표 124〉 민주화운동기념사업회가 추진해야 할 프로그램의 필요 : 커뮤니티 프로그램 증진

	빈도	퍼센트
전혀 필요치 않음	9	3.4
별로 필요치 않음	6	2.3
보통	37	14.1
대체로 필요	93	35.4
매우 필요치 않음	115	43.7
잘 모르겠음	3	1.1
합　계	263	100.0

<표 125>는 캄보디아에서 민주화운동기념사업회가 추진해야 할 프로그램 중 교육 훈련 프로그램에 대한 분석이다. 교육훈련프로그램의 필요성에 대해 매우 필요하다는 응답의 빈도가 132명(50.2%)으로 가장 많았으며, 그 다음으로 대체로 필요 91명(34.6%), 보통 27명(10.3%), 별로 필요치 않음 9명(3.4%),잘 모르겠음 3명(1.1%), 전혀 필요치 않음 1명(0.4%) 등의 순서로 높은 빈도를 나타냈다.

<표 125> 민주화운동기념사업회가 추진해야 할 프로그램의 필요 : 교육 훈련 프로그램

	빈도	퍼센트
전혀 필요치 않음	1	0.4
별로 필요치 않음	9	3.4
보통	27	10.3
대체로 필요	91	34.6
매우 필요	132	50.2
잘 모르겠음	3	1.1
합 계	263	100.0

<표 126>은 캄보디아에서 민주화운동기념사업회가 추진해야 할 프로그램 중 인적·조직적 교환 프로그램에 대한 분석이다. 인적·조직적 교환 프로그램의 필요성에 대해 대체로 필요하다는 응답이 91명(34.6%)으로 가장 많았으며, 그 다음으로 보통 72명(27.4%), 매우 필요 66명(25.1%), 별로 필요치 않음 23명(8.7%), 전혀 필요치 않음 6명(2.3%), 잘 모르겠음 5명(1.9%) 등의 순서로 높은 빈도를 나타냈다.

<표 126> 민주화운동기념사업회가 추진해야 할 프로그램의 필요 : 인적·조직적 교환 프로그램

	빈도	퍼센트
전혀 필요치 않음	6	2.3
별로 필요치 않음	23	8.7
보통	72	27.4
대체로 필요	91	34.6
매우 필요	66	25.1
잘 모르겠음	5	1.9
합 계	263	100.0

<표 127>은 캄보디아에서 민주화운동기념사업회가 추진해야 할 프로그램 중 한국의 민주화 경험 공유에 대한 분석이다. 한국의 민주화 경험 공유의 필요성에 대한 대체로 필요하다는 응답의 빈도가 104명(39.5%)으로 가장 많았으며, 그 다음으로 매우 필요 91명(34.6%), 보통 48명(18.3%), 별로 필요치 않음 15명(5.7%), 잘 모르겠음 3명(1.1%), 전혀 필요치 않음 2명(0.8%)등의 순서로 높은 빈도를 나타냈다.

<표 127> 민주화운동기념사업회가 추진해야 할 프로그램의 필요 : 한국의 민주화 경험 공유

	빈도	퍼센트
전혀 필요치 않음	2	0.8
별로 필요치 않음	15	5.7
보통	48	18.3
대체로 필요	104	39.5
매우 필요	91	34.6
잘 모르겠음	3	1.1
합　계	263	100.0

<표 128>는 캄보디아에서 아시아 민주주의 증진을 위한 교육 프로그램 중 현장 연구 및 체험의 효율성에 대한 분석이다. 현장 연구 및 체험의 효율성에 대해 대체로 효율적이라고 응답한 빈도가 102명(38.9%)으로 가장 많았으며, 그 다음으로 매우 효율적이라는 응답과 보통이라는 응답이 각 68명(26.0%), 별로 효율적이지 않음 18명(6.9%), 잘 모르겠음 4명, 전혀 효율적이지 않음 2명(0.8%) 등의 순서로 높은 빈도를 나타냈다.

<표 128> 아시아 민주주의 증진을 위한 교육 프로그램의 효율성 정도 : 현장 연구 및 체험

	빈도	퍼센트
전혀 효율적이지 않음	2	0.8
별로 효율적이지 않음	18	6.9
보통	68	26.0
대체로 효율	102	38.9
매우 효율	68	26.0
잘 모르겠음	4	1.5
합 계	262	100.0

　〈표 129〉는 캄보디아에서 아시아 민주주의 증진을 위한 교육 프로그램 중 전문가 강좌의 효율성에 대한 분석이다. 전문가 강좌의 효율성수준에 대해 대체로 효율적이라고 응답한 빈도가 109명(41.4%)으로 가장 많았으며, 그 다음으로 보통 74명(28.1%), 매우 효율 46명(17.5%), 별로 효율적이지 않음 21명(8.0%), 잘 모르겠음 7명(2.7%), 전혀 효율적이지 않음 6명(2.3%) 등의 순서로 높은 빈도를 나타냈다.

〈표 129〉 아시아 민주주의 증진을 위한 교육 프로그램의 효율성 정도 : 전문가 강좌

	빈도	퍼센트
전혀 효율적이지 않음	6	2.3
별로 효율적이지 않음	21	8.0
보통	74	28.1
대체로 효율	109	41.4
매우 효율	46	17.5
잘 모르겠음	7	2.7
합　계	263	100.0

〈표 130〉은 캄보디아에서 아시아 민주주의 증진을 위한 교육 프로그램 중 문제 해결 토론의 효율성에 대한 분석이다. 문제 해결 토론의 효율성수준에 대해 대체로 효율이라고 응답한 빈도가 115명(43.7%)으로 가장 많았으며, 그 다음으로 매우 효율 76명(28.9%), 보통 49명(18.6%), 별로 효율적이지 않음 18명(6.8%), 잘 모르겠음 3명(1.1%), 전혀 효율적이지 않음 2명(0.8%)등의 순서로 높은 빈도를 나타냈다.

〈표 130〉 아시아 민주주의 증진을 위한 교육 프로그램의 효율성 정도 : 문제 해결 토론

	빈도	퍼센트
전혀 효율적이지 않음	2	0.8
별로 효율적이지 않음	18	6.8
보통	49	18.6
대체로 효율	115	43.7
매우 효율	76	28.9
잘 모르겠음	3	1.1
합 계	263	100.0

<표 131>은 캄보디아에서 아시아 민주주의 증진을 위한 교육 프로그램 중 기술 훈련의 효율성에 대한 분석이다. 기술 훈련의 효율성수준에 대해 매우 효율적이라고 응답한 빈도가 104명(39.5%)으로 가장 많았으며, 그 다음으로 대체로 효율 93명(35.4%), 보통 46명(17.5%), 별로 효율적이지 않음 13명(4.9%), 잘 모르겠음 5명(1.9%), 전혀 효율적이지 않음 2명(0.8%) 등의 순서로 높은 빈도를 나타냈다.

<표 131> 아시아 민주주의 증진을 위한 교육 프로그램의 효율성 정도 : 기술 훈련

	빈도	퍼센트
전혀 효율적이지 않음	2	0.8
별로 효율적이지 않음	13	4.9
보통	46	17.5
대체로 효율	93	35.4
매우 효율	104	39.5
잘 모르겠음	5	1.9
합　계	263	100.0

〈표 132〉는 캄보디아에서 아시아 민주주의 증진을 위한 교육 프로그램 중 인턴십·펠로우십의 효율성에 대한 분석이다. 인턴십·펠로우십의 효율성수준에 대해 매우 효율적이라고 응답한 빈도가 107명(40.7%)으로 가장 많았으며, 그 다음으로 대체로 효율 93명(35.4%), 보통 37명(14.1%), 별로 효율적이 않음 18명(6.8%), 잘 모르겠음 5명(1.9%), 전혀 효율적이지 않음 3명(1.1%) 등의 순서로 높은 빈도를 나타냈다.

〈표 132〉 아시아 민주주의 증진을 위한 교육 프로그램의 효율성 정도 : 인턴십·펠로우십

	빈도	퍼센트
전혀 효율적이지 않음	3	1.1
별로 효율적이지 않음	18	6.8
보통	37	14.1
대체로 효율	93	35.4
매우 효율	107	40.7
잘 모르겠음	5	1.9
합 계	263	100.0

4. 인도

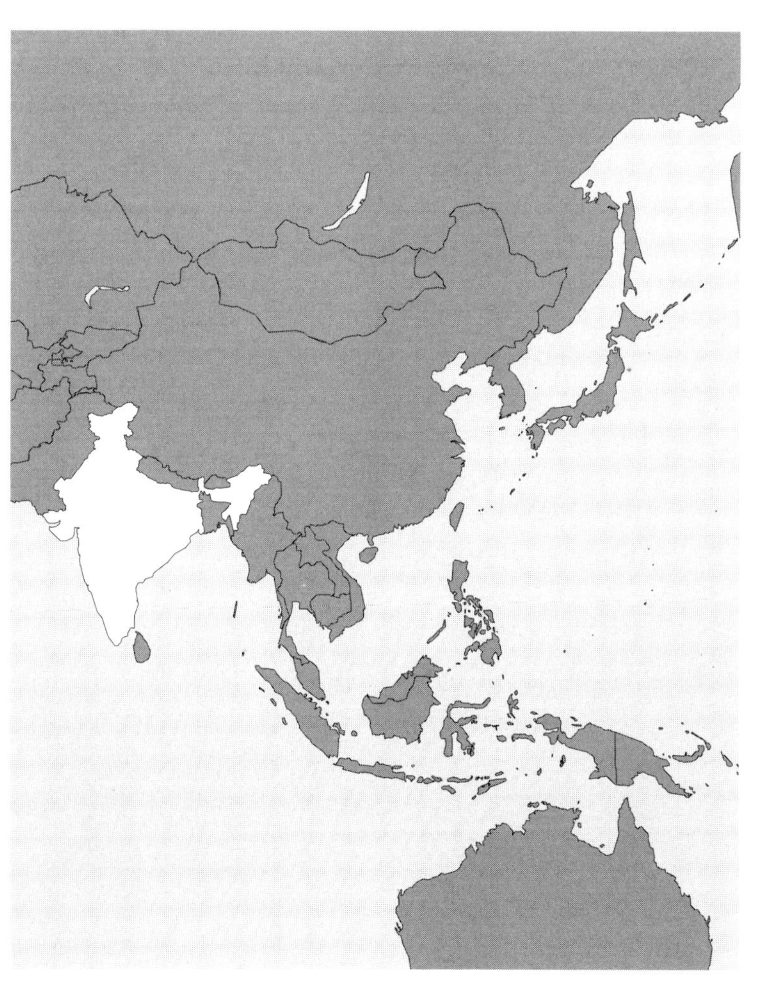

　　〈표 133〉은 인도에서 민주주의 증진을 위해 가장 필요한 국제협력 지원의 방식에 대한 현황분석이다. 인도에서 가장 필요로 하는 국제협력지원의 방식은 교육 훈련이 106명(62.7%)으로 가장 높은 빈도를 나타냈고 그 다음으로 재정지원 16명(9.5%), 인적교류 15명(8.9%), 상호 이해 형성 11명(6.5%), 국제연대활동 10명(5.9%), 기타 8명(4.7%), 잘 모르겠음 3명(1.8%) 등의 순서로 높은 빈도를 나타냈다.

〈표 133〉 자국 민주주의 증진을 위해 가장 필요한 국제협력 지원의 방식

	빈도	퍼센트
교육 훈련	106	62.7
인적교류	15	8.9
국제연대활동	10	5.9
재정지원	16	9.5
상호 이해 형성	11	6.5
기타	8	4.7
잘 모르겠음	3	1.8
합　계	169	100.0

　　인도에서 가장 효과적인 국제협력 네트워크 유형에 대한 현황분석은 〈표 134〉에 제시되었다. 인도에서 가장 효과적인 국제교류협력유형은 정부 간 네트워크가 73명(43.2%)으로 가장 높은 빈도를 나타냈으며 그 다음으로 비정부기구 간 네트워크 69명(40.8%), 의회 간 네트워크 12명(7.1%), 정당 간 네트워크 7명(4.1%), 기타 5명(3.0%), 언론기구 간 네트워크 2명(1.2%), 잘 모르겠음 1명(0.6%) 등의 순서로 높은 빈도를 나타냈다.

〈표 134〉 자국에서 가장 효과적인 국제협력 네트워크 유형

	빈도	퍼센트
정부 간 네트워크	73	43.2
의회 간 네트워크	12	7.1
정당 간 네트워크	7	4.1
비정부기구 간 네트워크	69	40.8
언론기구 간 네트워크	2	1.2
기타	5	3.0
잘 모르겠음	1	0.6
합　계	169	100.0

<표 135>는 인도에서 민주주의 국제협력의 핵심 동기에 대한 현황분석이다. 민주주의 국제협력의 핵심 동기는 국제사회에 대한 책임이라고 응답한 빈도가 41명(24.3%)으로 가장 많았으며, 그 다음으로 국제사회 일원으로서의 인식 제고 39명(23.1%), 경제적 효과 31명(18.3%), 글로벌 기준 17명(10.1%), 외교적 영향력 제고 15명(8.9%), 국가브랜드 이미지 제고 11명(6.5%), 국내민주주의 증진 8명(4.7%), 인도주의적 관심 4명(2.4%), 잘 모르겠음 3명(1.8%) 등의 순서로 높은 빈도를 나타냈다.

<표 135> 민주주의 국제협력의 핵심 동기

	빈도	퍼센트
국가브랜드 이미지 제고	11	6.5
외교적 영향력 제고	15	8.9
경제적 효과	31	18.3
국제사회 일원으로서의 인식 제고	39	23.1
국내의 민주주의 증진 효과	8	4.7
인도주의적 관심	4	2.4
국제사회에 대한 책임	41	24.3
글로벌 스탠더드에 부합	17	10.1
잘 모르겠음	3	1.8
합 계	169	100.0

<표 136>은 인도에서 민주주의 국제협력을 통한 긍정적 효과에 대한 현황분석이다. 민주주의 국제협력을 통한 긍정적 효과에 대해 국제사회일원으로서의 인식 제고라고 응답한 빈도가 60명(35.5%)으로 가장 많았으며, 그 다음으로 외교적 영향력제고 30명(17.8%), 경제적 효과 28명(16.6%), 국가브랜드 이미지제고 24명(14.2%), 잘 모르겠음 15명(8.9%), 국내민주주의 증진 7명(4.1%), 기타 5명(3.0%) 등의 순서로 높은 빈도를 나타냈다.

<표 136> 민주주의 국제협력을 통한 긍정적 효과

	빈도	퍼센트
국가브랜드 이미지 제고	24	14.2
외교적 영향력 확대	30	17.8
경제적 이익 실현	28	16.6
국제사회로부터의 인정	60	35.5
공여국 자국의 민주주의 증진	7	4.1
기타	5	3.0
잘 모르겠음	15	8.9
합 계	169	100.0

<표 137>은 인도에서 가장 효과적인 민주주의 국제협력 프로그램에 대한 현황분석결과이다. 인도에서 가장 효과적인 민주주의 국제협력 프로그램은 잘 모르겠다고 응답한 빈도가 71명(42.0%)으로 가장 많았으며, 그 다음으로 교육 프로그램 53명(31.4%), 인적교류 프로그램 17명(10.1%), 재정지원 프로그램 10명(5.9%), 민주적 리더십 프로그램과 기타가 각 9명(5.3%) 등의 순서로 높은 빈도를 나타냈다.

<표 137> 가장 효과적인 민주주의 국제협력 프로그램

	빈도	퍼센트
민주적 리더십 프로그램	9	5.3
인적교류 프로그램	17	10.1
교육 프로그램	53	31.4
재정지원 프로그램	10	5.9
기타	9	5.3
잘 모르겠음	71	42.0
합　계	169	100.0

<표 138>은 인도에서 가장 효과적이지 못한 민주주의 국제협력 프로그램에 대한 현황분석이다. 인도에서 가장 효과적이지 못한 민주주의 국제협력 프로그램잘 모르겠다고 응답한 빈도가 77명(45.6%)으로 가장 많았으며, 그 다음으로 재정지원 프로그램 31명(18.3%), 인적교류 프로그램 19명(11.2%), 민주적 리더십 프로그램 18명(10.7%), 교육 프로그램 13명(7.7%), 기타 11명(6.5%) 등의 순서로 높은 빈도를 나타냈다.

<표 138> 가장 효과적이지 못한 민주주의 국제협력 프로그램

	빈도	퍼센트
민주적 리더십 프로그램	18	10.7
인적교류 프로그램	19	11.2
교육 프로그램	13	7.7
재정지원 프로그램	31	18.3
기타	11	6.5
잘 모르겠음	77	45.6
합　계	169	100.0

<표 139>는 인도에서 민주주의 국제협력 실행 상의 장애 요인에 대한 분석결과이다. 인도에서 민주주의 국제협력 실행 상의 장애 요인에 대해 잘 모르겠다고 응답한 빈도가 68명(40.2%)으로 가장 많았으며, 그 다음으로 기타 45명(26.6%), 비효율적 관료제와 부패 44명(26.0%), 외부적 요인 12명(7.1%) 등의 순서로 높은 빈도를 나타냈다.

<표 139> 민주주의 국제협력 실행 상의 장애 요인

	빈도	퍼센트
외부적 요인	12	7.1
비효율적 관료제와 부패	44	26.0
기타	45	26.6
잘 모르겠음	68	40.2
합 계	169	100.0

<표 140>은 인도의 자국 민주주의 수준의 평가에 대한 현황분석
이다. 자국 민주주의 수준의 평가에 대해 보통이라고 응답한 빈도
가 69명(40.8%)으로 가장 많았으며, 그 다음으로 민주적 66명
(39.1%), 매우 민주적 22명(13.0%), 다소 비민주적 7명(4.1%), 잘 모
르겠음 4명(2.4%), 매우 비민주적 1명(0.6%) 등의 순서로 높은 빈도
를 나타냈다.

<표 140> 자국 민주주의 수준에 대한 평가

	빈도	퍼센트
매우 비민주적	1	0.6
다소 비민주적	7	4.1
보통	69	40.8
민주적	66	39.1
매우 민주적	22	13.0
잘 모르겠음	4	2.4
합　계	169	100.0

<표 141>은 인도에서 자국 민주주의의 핵심 이슈에 대한 분석이
다. 자국 민주주의의 핵심 이슈에 대해 부정부패 척결이라고 응답
한 빈도가 96명(56.8%)으로 가장 많았으며, 그 다음으로 정의 23명
(13.6%), 평등과 발전이 각 18명(10.7%), 관용 8명(4.7%), 자유 3명
(1.8%), 기타 2명(1.2%), 잘 모르겠음 1명(0.6%) 등의 순서로 높은
빈도를 나타냈다.

<표 141> 자국 민주주의의 핵심 이슈

	빈도	퍼센트
자유	3	1.8
정의	23	13.6
부정부패 척결	96	56.8
관용	8	4.7
평등	18	10.7
발전	18	10.7
기타	2	1.2
잘 모르겠음	1	0.6
합　계	169	100.0

〈표 142〉는 인도에서 자국의 민주주의 발전을 저해하는 요인 중 취약한 정당 시스템에 대한 분석이다. 취약한 정당 시스템의 심각성 정도에 대해 다소 심각하지 않음이라고 응답한 빈도가 70명 (41.7%)으로 가장 많았으며, 그 다음으로 보통 42명(25.0%), 대체로 심각 27명(16.1%), 전혀 심각하지 않음 15명(8.9%), 매우 심각 10명 (6.0%), 잘 모르겠음 4명(2.4%) 등의 순서로 높은 빈도를 나타냈다.

〈표 142〉 자국의 민주주의 발전을 저해하는 요인들의 심각성 정도 :
　　　　　　취약한 정당 시스템

	빈도	퍼센트
전혀 심각하지 않음	15	8.9
다소 심각하지 않음	70	41.7
보통	42	25.0
대체로 심각	27	16.1
매우 심각	10	6.0
잘 모르겠음	4	2.4
합　계	168	100.0

〈표 143〉은 인도에서 자국의 민주주의 발전을 저해하는 요인 중 부정부패에 대한 분석이다. 부정부패에 대한 심각성에 대해 대체로 심각하다고 응답한 빈도가 38명(22.5%)으로 가장 많았으며, 그 다음으로 별로 심각하지 않음과 매우 심각하다는 응답이 각 34명(20.1%), 보통 32명(18.9%), 전혀 심각하지 않음 27명(16.0%), 잘 모르겠음 4명(2.4%) 등의 순서로 높은 빈도를 나타냈다.

〈표 143〉 자국의 민주주의 발전을 저해하는 요인들의 심각성 정도 : 부정부패

	빈도	퍼센트
전혀 심각하지 않음	27	16.0
별로 심각하지 않음	34	20.1
보통	32	18.9
대체로 심각	38	22.5
매우 심각	34	20.1
잘 모르겠음	4	2.4
합 계	169	100.0

<표 144>는 인도에서 자국의 민주주의 발전을 저해하는 요인 중 시민사회의 취약성에 대한 분석이다. 시민사회의 취약성에 대해 보통이라고 응답한 빈도가 72명(42.6%)으로 가장 많았고, 다음으로는 별로 심각하지 않음 48명(28.4%), 전혀 심각하지 않음과 대체로 심각 그리고 매우 심각하다는 응답이 각 14명(8.3%), 잘 모르겠음 7명(4.1%) 등의 순서로 높은 빈도를 나타냈다.

<표 144> 자국의 민주주의 발전을 저해하는 요인들의 심각성 정도 : 시민사회의 취약성

	빈도	퍼센트
전혀 심각하지 않음	14	8.3
별로 심각하지 않음	48	28.4
보통	72	42.6
대체로 심각	14	8.3
매우 심각	14	8.3
잘 모르겠음	7	4.1
합 계	169	100.0

<표 145>는 인도에서 자국의 민주주의 발전을 저해하는 요인 중 민주적 문화의 결핍에 대한 분석이다. 민주적 문화의 결핍에 대해 보통이라고 응답한 빈도가 68명(40.2%)으로 가장 많았으며, 그 다음으로 별로 심각하지 않음 49명(29.0%), 대체로 심각 25명(14.8%), 매우 심각 14명(8.3%), 잘 모르겠음 7명(4.1%), 전혀 심각하지 않음 6명(3.6%) 등의 순서로 높은 빈도를 나타냈다.

<표 145> 자국의 민주주의 발전을 저해하는 요인들의 심각성 정도 : 민주적 문화의 결핍

	빈도	퍼센트
전혀 심각하지 않음	6	3.6
별로 심각하지 않음	49	29.0
보통	68	40.2
대체로 심각	25	14.8
매우 심각	14	8.3
잘 모르겠음	7	4.1
합　계	169	100.0

<표 146>은 인도에서 자국의 민주주의 발전을 저해하는 요인 중 관료주의적 시스템에 대한 분석이다. 관료주의적 시스템에 대해 보통이라고 응답한 빈도가 60명(35.5%)으로 가장 많았으며, 그 다음으로 별로 심각하지 않음 44명(26.0%), 대체로 심각 36명(21.3%), 전혀 심각하지 않음 14명(8.3%), 잘 모르겠음 8명(4.7%), 매우 심각 7명(4.1%) 등의 순서로 높은 빈도를 나타냈다.

<표 146> 자국의 민주주의 발전을 저해하는 요인들의 심각성 정도 :
관료주의적 시스템

	빈도	퍼센트
전혀 심각하지 않음	14	8.3
별로 심각하지 않음	44	26.0
보통	60	35.5
대체로 심각	36	21.3
매우 심각	7	4.1
잘 모르겠음	8	4.7
합　계	169	100.0

〈표 147〉은 인도에서 자국의 민주주의 발전을 저해하는 요인 중 사법 체계의 취약성에 대한 분석이다. 사법 체계의 취약성에 대해 보통이라고 응답한 빈도가 68명(40.2%)으로 가장 많았으며, 그 다음으로 대체로 심각 46명(27.2%), 별로 심각하지 않음 17명(10.1%), 전혀 심각하지 않음이 16명(9.5%), 잘 모르겠음 12명(7.1%), 매우 심각 10명(5.9%) 등의 순서로 높은 빈도를 나타냈다.

〈표 147〉 자국의 민주주의 발전을 저해하는 요인들의 심각성 정도 :
　　　　　사법 체계의 취약성

	빈도	퍼센트
전혀 심각하지 않음	16	9.5
별로 심각하지 않음	17	10.1
보통	68	40.2
대체로 심각	46	27.2
매우 심각	10	5.9
잘 모르겠음	12	7.1
합　계	169	100.0

〈표 148〉은 인도에서 자국의 민주주의 발전을 저해하는 요인 중 민주적 가치 정향의 부재에 대한 분석이다. 민주적 가치 정향의 부재에 대해 보통이라고 응답한 빈도가 70명(41.4%)으로 가장 많았으며, 그 다음으로 대체로 심각 37명(21.9%), 별로 심각하지 않음 33명(19.5%), 전혀 심각하지 않음 12명(7.1%), 매우 심각 9명(5.3%), 잘 모르겠음 8명(4.7%) 등의 순서로 높은 빈도를 나타냈다.

〈표 148〉 자국의 민주주의 발전을 저해하는 요인들의 심각성 정도 : 민주적 가치 정향의 부재

	빈도	퍼센트
전혀 심각하지 않음	12	7.1
별로 심각하지 않음	33	19.5
보통	70	41.4
대체로 심각	37	21.9
매우 심각	9	5.3
잘 모르겠음	8	4.7
합　계	169	100.0

<표 149>는 인도에서 민주주의 발전에 대한 문화적 장애 요인 중 봉건적 문화에 대한 분석이다. 봉건적 문화에 대해 보통이라고 응답한 빈도가 62명(36.7%)으로 가장 많았으며, 그 다음으로 별로 심각하지 않음 34명(20.1%), 대체로 심각 32명(18.9%), 전혀 심각하지 않음과 매우 심각이 각 14명(8.3%), 잘 모르겠음 13명(7.7%) 등의 순서로 높은 빈도를 나타냈다.

<표 149> 민주주의 발전에 대한 문화적 장애 요인의 심각성 정도 : 봉건적 문화

	빈도	퍼센트
전혀 심각하지 않음	14	8.3
별로 심각하지 않음	34	20.1
보통	62	36.7
대체로 심각	32	18.9
매우 심각	14	8.3
잘 모르겠음	13	7.7
합 계	169	100.0

<표 150>은 인도에서 민주주의 발전에 대한 문화적 장애 요인 중 군사주의 문화에 대한 분석이다. 군사주의 문화에 대해 보통이라고 응답한 빈도가 52명(30.8%)으로 가장 많았으며, 그 다음으로 전혀 심각하지 않음 47명(27.8%), 별로 심각하지 않음 32명(18.9%), 매우 심각 16명(9.5%), 대체로 심각 13명(7.7%), 잘 모르겠음 9명(5.3%) 등의 순서로 높은 빈도를 나타냈다.

<표 150> 민주주의 발전에 대한 문화적 장애 요인의 심각성 정도 : 군사주의 문화

	빈도	퍼센트
전혀 심각하지 않음	47	27.8
별로 심각하지 않음	32	18.9
보통	52	30.8
대체로 심각	13	7.7
매우 심각	16	9.5
잘 모르겠음	9	5.3
합 계	169	100.0

<표 151>은 인도에서 민주주의 발전에 대한 문화적 장애 요인 중 가부장 문화에 대한 분석이다. 가부장 문화에 대해 보통이라고 응답한 빈도가 55명(32.5%)으로 가장 많았으며, 그 다음으로 다소 심각 39명(23.1%), 매우 심각 28명(16.6%), 대체로 심각하지 않음 24명(14.2%), 잘 모르겠음 12명(7.1%), 전혀 심각하지 않음 11명 (6.5%) 등의 순서로 높은 빈도를 나타냈다.

<표 151> 민주주의 발전에 대한 문화적 장애 요인의 심각성 정도 : 가부장 문화

	빈도	퍼센트
전혀 심각하지 않음	11	6.5
대체로 심각하지 않음	24	14.2
보통	55	32.5
다소 심각	39	23.1
매우 심각	28	16.6
잘 모르겠음	12	7.1
합 계	169	100.0

〈표 152〉는 인도에서 민주주의 발전에 대한 문화적 장애 요인 중 종교 문화에 대한 분석이다. 종교 문화에 대해 보통이라고 응답한 빈도가 52명(30.8%)으로 가장 많았으며, 그 다음으로 대체로 심각 45명(26.6%), 매우 심각 42명(24.9%), 별로 심각하지 않음 18명(10.7%), 잘 모르겠음 7명(4.1%), 전혀 심각하지 않음 5명(3.0%) 등의 순서로 높은 빈도를 나타냈다.

〈표 152〉 민주주의 발전에 대한 문화적 장애 요인의 심각성 정도 : 종교 문화

	빈도	퍼센트
전혀 심각하지 않음	5	3.0
별로 심각하지 않음	18	10.7
보통	52	30.8
대체로 심각	45	26.6
매우 심각	42	24.9
잘 모르겠음	7	4.1
합 계	169	100.0

<표 153>은 인도에서 민주주의 발전에 대한 문화적 장애 요인 중 물질주의, 자본주의 문화에 대한 분석이다. 물질주의, 자본주의 문화에 대해 보통이라고 응답한 빈도가 55명(32.5%)으로 가장 많았으며, 그 다음으로 대체로 심각 49명(29.0%), 별로 심각하지 않음 23명(13.6%), 전혀 심각하지 않음 18명(10.7%), 매우 심각 15명(8.9%), 잘 모르겠음 9명(5.3%) 등의 순서로 높은 빈도를 나타냈다.

<표 153> 민주주의 발전에 대한 문화적 장애 요인의 심각성 정도 : 물질주의, 자본주의 문화

	빈도	퍼센트
전혀 심각하지 않음	18	10.7
별로 심각하지 않음	23	13.6
보통	55	32.5
대체로 심각	49	29.0
매우 심각	15	8.9
잘 모르겠음	9	5.3
합 계	169	100.0

〈표 154〉는 인도에서 자국 민주주의 발전에 관련된 요소들 중
헌법과 헌정 질서의 중요성에 대한 분석이다. 헌법과 헌정 질서의
중요성에 대해 매우 중요하다는 응답이 63명(37.3%)으로 가장 많
았으며, 그 다음으로 대체로 중요 56명(33.1%), 보통 28명(16.6%)
별로 중요하지 않음(6.5%), 잘 모르겠음(3.6%), 전혀 중요하지 않음
5명(3.0%), 등의 순서로 높은 빈도를 나타냈다.

〈표 154〉 자국 민주주의 발전에 관련된 요소들의 중요성 정도 : 헌법
　　　　　과 헌정 질서

	빈도	퍼센트
전혀 중요하지 않음	5	3.0
별로 중요하지 않음	11	6.5
보통	28	16.6
대체로 중요	56	33.1
매우 중요	63	37.3
잘 모르겠음	6	3.6
합　　계	169	100.0

〈표 155〉는 인도에서 자국 민주주의 발전에 관련된 요소들 중 다당제의 중요성에 대한 분석이다. 다당제의 중요성에 대해 매우 중요하다고 응답한 빈도가 47명(27.8%)으로 가장 많았으며, 그 다음으로 대체로 중요 43명(25.4%), 보통 40명 (23.7%), 별로 중요하지 않음 24명(14.2%), 잘 모르겠음 7명(4.1%), 전혀 중요하지 않음 6명(3.6%) 등의 순서로 높은 빈도를 나타냈다.

〈표 155〉 자국 민주주의 발전에 관련된 요소들의 중요성 정도 : 다당제

	빈도	퍼센트
전혀 중요하지 않음	6	3.6
별로 중요하지 않음	24	14.2
보통	40	23.7
대체로 중요	43	25.4
매우 중요	47	27.8
잘 모르겠음	7	4.1
합 계	167	98.8

　　〈표 156〉은 인도에서 자국 민주주의 발전에 관련된 요소들 중 사법 체제의 독립성에 대한 분석이다. 사법 체제의 독립성에 대해 매우 중요하다고 응답한 빈도 78명(46.2%)으로 가장 많았으며, 그 다음으로 대체로 중요 42명(24.9%), 보통 28명(16.6%), 잘 모르겠음 11명(6.5%), 별로 중요하지 않음 6명(3.6%), 전혀 중요하지 않음 4명(2.4%)등의 순서로 높은 빈도를 나타냈다.

〈표 156〉 자국 민주주의 발전에 관련된 요소들의 중요성 정도 : 사법 체제의 독립성

	빈도	퍼센트
전혀 중요하지 않음	4	2.4
별로 중요하지 않음	6	3.6
보통	28	16.6
대체로 중요	42	24.9
매우 중요	78	46.2
잘 모르겠음	11	6.5
합　계	169	100.0

<표 157>은 인도에서 자국 민주주의 발전에 관련된 요소들 중
언론 자유에 대한 분석이다. 언론자유에 대해 매우 중요하다고 응
답한 빈도가 77명(45.8%)으로 가장 많았으며, 그 다음으로 대체로
중요 51명(30.4%), 보통 26명(15.5%), 별로 중요하지 않음 8명(4.8%),
잘 모르겠음 5명(3.0%), 전혀 중요하지 않음 1명(0.6%)등의 순서로
높은 빈도를 나타냈다.

<표 157> 자국 민주주의 발전에 관련된 요소들의 중요성 정도 : 언론
         자유

	빈도	퍼센트
전혀 중요하지 않음	1	0.6
별로 중요하지 않음	8	4.8
보통	26	15.5
대체로 중요	51	30.4
매우 중요	77	45.8
잘 모르겠음	5	3.0
합 계	168	100.0

〈표 158〉은 인도에서 자국 민주주의 발전에 관련된 요소들 중 시민사회 공고화에 대한 분석이다. 시민사회 공고화에 대해 매우 중요하다고 응답한 빈도가 57명(34.5%)으로 가장 많았으며, 그 다음으로 보통 48명(29.1%), 대체로 중요 42명(25.5%), 별로 중요하지 않음 9명(5.5%), 잘 모르겠음 8명(4.8%), 전혀 중요하지 않음 1명(0.6%)등의 순서로 높은 빈도를 나타냈다.

〈표 158〉 자국 민주주의 발전에 관련된 요소들의 중요성 정도 : 시민 사회 공고화

	빈도	퍼센트
전혀 중요하지 않음	1	0.6
별로 중요하지 않음	9	5.5
보통	48	29.1
대체로 중요	42	25.5
매우 중요	57	34.5
잘 모르겠음	8	4.8
합 계	165	100.0

〈표 159〉는 인도에서 자국 민주주의 발전에 관련된 요소들 중 시민교육에 대한 분석이다. 시민교육의 중요성에 대해 매우 중요하다고 응답한 빈도가 71명(42.5%)으로 가장 많았으며, 그 다음으로 대체로 중요 40명(24.0%), 보통 36명(21.6%), 별로중요하지 않음 12명(7.2%), 잘 모르겠음 6명(3.6%), 전혀 중요하지 않음 2명(1.2%)등의 순서로 높은 빈도를 나타냈다.

〈표 159〉 자국 민주주의 발전에 관련된 요소들의 중요성 정도 : 시민교육

	빈도	퍼센트
전혀 중요하지 않음	2	1.2
별로 중요하지 않음	12	7.2
보통	36	21.6
대체로 중요	40	24.0
매우 중요	71	42.5
잘 모르겠음	6	3.6
합 계	167	100.0

〈표 160〉은 인도에서 자국 민주주의 발전에 관련된 요소들 중 민주적 가치 정향에 대한 분석이다. 민주적 가치정향에 대해 매우 중요하다고 응답한 빈도가 60명(35.5%)으로 가장 많았으며, 다음으로 대체로 중요 54명(32.0%), 보통 35명(20.7%), 별로 중요하지 않음 11명(6.5%), 잘 모르겠음 5명(3.0%), 전혀 중요하지 않음 4명(2.4%) 등의 순서로 높은 빈도를 나타냈다.

〈표 160〉 자국 민주주의 발전에 관련된 요소들의 중요성 정도 : 민주적 가치 정향

	빈도	퍼센트
전혀 중요하지 않음	4	2.4
별로 중요하지 않음	11	6.5
보통	35	20.7
대체로 중요	54	32.0
매우 중요	60	35.5
잘 모르겠음	5	3.0
합　계	169	100.0

<표 161>은 인도에서 민주주의 국제협력 프로그램의 수요에 대한 현황분석이다. 민주주의 국제협력 프로그램의 수요는 민주적 리더십 프로그램이라고 응답한 빈도가 61명(36.1%)으로 가장 많았으며, 그 다음으로 교육프로그램 45명(26.6%), 조직교류프로그램 17명(10.1%), 인적교류 프로그램 15명(8.9%), 재정지원 프로그램 12명(7.1%), 미디어프로그램 11명(6.5%), 인간 안보 발전과 잘 모르겠다는 응답이 각 3명(1.8%), 기타 2명(1.2%) 등의 순서로 높은 빈도를 나타냈다.

<표 161> 민주주의 국제협력 프로그램에 대한 수요

	빈도	퍼센트
민주적 리더십 프로그램	61	36.1
인적교류 프로그램	15	8.9
조직교류프로그램	17	10.1
교육프로그램	45	26.6
인간 안보 발전	3	1.8
미디어프로그램	11	6.5
재정지원 프로그램	12	7.1
기타	2	1.2
잘 모르겠음	3	1.8
합 계	169	100.0

<표 162>는 인도에서 한국에 대한 가장 큰 인상에 대한 분석이다. 한국에 대한 가장 큰 인상에 대해 남북분단이라고 응답한 빈도가 77명(45.6%)으로 가장 많았으며, 그 다음으로 급속한 경제 성장 47명(27.8%), 한국문화 13명(7.7%), 민주화운동 10명(5.9%), IT 기술과 기타가 각 9명(5.3%), 잘 모르겠음 4명(2.4%) 등의 순서로 높은 빈도를 나타냈다.

<표 162> 한국에 대한 가장 큰 인상

	빈도	퍼센트
남북분단	77	45.6
급속한 경제 성장	47	27.8
민주화운동	10	5.9
한국문화	13	7.7
IT 기술	9	5.3
기타	9	5.3
잘 모르겠음	4	2.4
합 계	169	100.0

〈표 163〉은 인도에서 한국 민주주의 수준의 평가에 대한 분석이
다. 한국 민주주의의 수준에 대해 보통이라고 응답한 빈도가 97명
(57.4%)으로 가장 많았으며, 그 다음으로 다소 민주적 25명(14.8%),
잘 모르겠음 24명(14.2%), 다소 비민주적 12명(7.1%), 매우 민주적
10명(5.9%), 매우 비민주적 1명(0.6%) 등의 순서로 높은 빈도를 나
타냈다.

〈표 163〉 한국 민주주의 수준에 대한 평가

	빈도	퍼센트
매우 비민주적	1	0.6
다소 비민주적	12	7.1
보통	97	57.4
다소 민주적	25	14.8
매우 민주적	10	5.9
잘 모르겠음	24	14.2
합　계	169	100.0

<표 164>는 인도에서 향후 한국에 기대되는 민주주의 국제협력 프로그램에 대한 분석이다. 향후 한국에 기대되는 민주주의 국제협력 프로그램에 대해 네트워킹과 상호 교류이라고 응답한 빈도가 80명(47.3%)으로 가장 많았으며, 그 다음으로 교육훈련 35명(20.7%), 연구조사 28명(16.6%), 적극적 개입 18명(10.7%), 민주주의 관련 재정적 지원 5명(3.0%), 잘 모르겠음 3명(1.8%) 등의 순서로 높은 빈도를 나타냈다.

<표 164> 향후 한국에 기대되는 민주주의 국제협력 프로그램

	빈도	퍼센트
네트워킹과 상호 교류	80	47.3
연구조사	28	16.6
적극적 개입	18	10.7
교육훈련	35	20.7
민주주의 관련 재정적 지원	5	3.0
잘 모르겠음	3	1.8
합 계	169	100.0

<표 165>는 인도에서 민주화운동기념사업회가 추진해야 할 프로그램 중 세계적 지역적 포럼에 대한 분석이다. 세계적 지역적 포럼의 필요성에 대해 대체로 필요하다고 응답한 빈도가 59명(34.9%)으로 가장 많았으며, 그 다음으로 보통 35명(20.7%), 잘 모르겠음 25명(14.8%), 별로 필요치 않음 24명(14.2%), 매우 필요 16명(9.5%), 전혀 필요치 않음 10명(5.9%) 등의 순서로 높은 빈도를 나타냈다.

<표 165> 민주화운동기념사업회가 추진해야 할 프로그램의 필요 : 세계적 지역적 포럼

	빈도	퍼센트
전혀 필요치 않음	10	5.9
별로 필요치 않음	24	14.2
보통	35	20.7
대체로 필요	59	34.9
매우 필요	16	9.5
잘 모르겠음	25	14.8
합 계	169	100.0

<표 166>은 인도에서 민주화운동기념사업회가 추진해야 할 프로그램 중 책임성 있고 효율적인 통치 모델 개발에 대한 분석이다. 책임성 있고 효율적인 통치 모델 개발의 필요성에 대해 대체로 필요하다고 응답한 빈도가 58명(34.3%)으로 가장 많았으며, 그 다음으로 보통 44명(26.0%), 잘 모르겠음 28명(16.6%), 매우 필요 23명(13.6%), 별로 필요치 않음 12명(7.1%), 전혀 필요치 않음 4명(2.4%) 등의 순서로 높은 빈도를 나타냈다.

<표 166> 민주화운동기념사업회가 추진해야 할 프로그램의 필요 :
책임성 있고 효율적인 통치 모델 개발

	빈도	퍼센트
전혀 필요치 않음	4	2.4
별로 필요치 않음	12	7.1
보통	44	26.0
대체로 필요	58	34.3
매우 필요	23	13.6
잘 모르겠음	28	16.6
합　계	169	100.0

<표 167>은 인도에서 민주화운동기념사업회가 추진해야 할 프로그램 중 지식 기반 서비스에 대한 분석이다. 지식기반서비스에 대한 필요성에 대해 대체로 필요하다고 응답한 빈도가 54명(32.1%)으로 가장 많았으며, 그 다음으로 보통 42명(25.0%), 매우 필요 37명(22.0%), 잘 모르겠음 23명(13.7%), 별로 필요치 않음 8명(4.8%), 전혀 필요치 않음 4명(2.4%) 등의 순서로 높은 빈도를 나타냈다.

<표 167> 민주화운동기념사업회가 추진해야 할 프로그램의 필요 : 지식 기반 서비스

	빈도	퍼센트
전혀 필요치 않음	4	2.4
별로 필요치 않음	8	4.8
보통	42	25.0
대체로 필요	54	32.1
매우 필요	37	22.0
잘 모르겠음	23	13.7
합　계	168	100.0

<표 168>은 인도에서 민주화운동기념사업회가 추진해야 할 프로그램 중 커뮤니티 프로그램 증진에 대한 분석이다. 커뮤니티 프로그램 증진에 대해 대체로 필요하다고 응답한 빈도가 59명(35.1%)으로 가장 많았으며, 그 다음으로 매우 필요 37명(22.0%), 보통 34명(20.2%), 잘 모르겠음 22명(13.1%), 별로 필요치 않음 13명(7.7%), 전혀 필요치 않음 3명(1.8%)등의 순서로 높은 빈도를 나타냈다.

<표 168> 민주화운동기념사업회가 추진해야 할 프로그램의 필요 : 커뮤니티 프로그램 증진

	빈도	퍼센트
전혀 필요치 않음	3	1.8
별로 필요치 않음	13	7.7
보통	34	20.2
대체로 필요	59	35.1
매우 필요	37	22.0
잘 모르겠음	22	13.1
합 계	168	100.0

　〈표 169〉는 인도에서 민주화운동기념사업회가 추진해야 할 프로그램 중 교육 훈련 프로그램에 대한 분석이다. 교육훈련프로그램의 필요성에 대해 대체로 필요하다고 응답한 빈도가 60명(35.5%)으로 가장 많았으며, 그 다음으로 매우 필요 52명(30.8%), 잘 모르겠음과 보통이라 응답한 빈도가 모두 23명(13.6%), 별로 필요치 않음 10명(5.9%), 전혀 필요치 않음 1명(0.6%) 등의 순서로 높은 빈도를 나타냈다.

〈표 169〉 민주화운동기념사업회가 추진해야 할 프로그램의 필요 :
교육 훈련 프로그램

	빈도	퍼센트
전혀 필요치 않음	1	0.6
별로 필요치 않음	10	5.9
보통	23	13.6
대체로 필요	60	35.5
매우 필요	52	30.8
잘 모르겠음	23	13.6
합　계	169	100.0

〈표 170〉은 인도에서 민주화운동기념사업회가 추진해야 할 프로그램 중 인적·조직적 교환 프로그램에 대한 분석이다. 인적·조직적 교환 프로그램의 필요성에 대해 보통이라고 응답한 빈도가 53명(31.4%)으로 가장 많았으며, 그 다음으로 매우 필요 48명(28.4%), 대체로 필요 37명(21.9%), 잘 모르겠음 20명(11.8%), 별로 필요치 않음 8명(4.7%), 전혀 필요치 않음 3명(1.8%) 등의 순서로 높은 빈도를 나타냈다.

〈표 170〉 민주화운동기념사업회가 추진해야 할 프로그램의 필요 : 인적·조직적 교환 프로그램

	빈도	퍼센트
전혀 필요치 않음	3	1.8
별로 필요치 않음	8	4.7
보통	53	31.4
대체로 필요	37	21.9
매우 필요	48	28.4
잘 모르겠음	20	11.8
합　계	169	100.0

<표 171>은 인도에서 민주화운동기념사업회가 추진해야 할 프로그램 중 한국의 민주화 경험 공유에 대한 분석이다. 한국의 민주화 경험 공유의 필요성에 대한 대체로 필요하다고 응답한 빈도가 63명(37.3%)으로 가장 많았으며, 그 다음으로 보통 31명(18.3%), 매우 필요와 잘 모르겠음이 각 24명(14.2%), 별로 필요치 않음 14명(8.3%), 전혀 필요치 않음 13명(7.7%)등의 순서로 높은 빈도를 나타냈다.

<표 171> 민주화운동기념사업회가 추진해야 할 프로그램의 필요 : 한국의 민주화 경험 공유

	빈도	퍼센트
전혀 필요치 않음	13	7.7
별로 필요치 않음	14	8.3
보통	31	18.3
대체로 필요	63	37.3
매우 필요	24	14.2
잘 모르겠음	24	14.2
합　계	169	100.0

〈표 172〉는 인도에서 아시아 민주주의 증진을 위한 교육 프로그램 중 현장 연구 및 체험의 효율성에 대한 분석이다. 현장 연구 및 체험의 효율성에 대해 대체로 효율적이라고 응답한 빈도가 60명(35.5%)으로 가장 많았으며, 그 다음으로 보통 42명(24.9%), 매우 효율 38명(22.5%), 별로 효율적이지 않음 16명(9.5%), 잘 모르겠음 8명(4.7%), 전혀 효율적이지 않음 5명(3.0%) 등의 순서로 높은 빈도를 나타냈다.

〈표 172〉 아시아 민주주의 증진을 위한 교육 프로그램의 효율성 정도 :
현장 연구 및 체험

	빈도	퍼센트
전혀 효율적이지 않음	5	3.0
별로 효율적이지 않음	16	9.5
보통	42	24.9
대체로 효율	60	35.5
매우 효율	38	22.5
잘 모르겠음	8	4.7
합　계	169	100.0

〈표 173〉은 인도에서 아시아 민주주의 증진을 위한 교육 프로그램 중 전문가 강좌의 효율성에 대한 분석이다. 전문가 강좌의 효율성수준에 대해 보통이라고 응답한 빈도가 60명(35.5%)으로 가장 많았으며, 그 다음으로 대체로 효율 48명(28.4%), 별로 효율적이지 않음 29명(17.2%), 잘 모르겠음 18명(10.7%), 매우 효율과 전혀 효율적이지 않음이 각 7명(4.1%) 등의 순서로 높은 빈도를 나타냈다.

〈표 173〉 아시아 민주주의 증진을 위한 교육 프로그램의 효율성 정도 : 전문가 강좌

	빈도	퍼센트
전혀 효율적이지 않음	7	4.1
별로 효율적이지 않음	29	17.2
보통	60	35.5
대체로 효율	48	28.4
매우 효율	7	4.1
잘 모르겠음	18	10.7
합　계	169	100.0

〈표 174〉는 인도에서 아시아 민주주의 증진을 위한 교육 프로그램 중 문제 해결 토론의 효율성에 대한 분석이다. 문제 해결 토론의 효율성수준에 대해 대체로 효율적이라고 응답한 빈도가 58명(34.3%)으로 가장 많았으며, 그 다음으로 보통 55명(32.5%), 매우 효율 24명(14.2%), 별로 효율적이지 않음 23명(13.6%), 잘 모르겠음 7명(4.1%), 전혀 효율적이지 않음 2명(1.2%)등의 순서로 높은 빈도를 나타냈다.

〈표 174〉 아시아 민주주의 증진을 위한 교육 프로그램의 효율성 정도 :
문제 해결 토론

	빈도	퍼센트
전혀 효율적이지 않음	2	1.2
별로 효율적이지 않음	23	13.6
보통	55	32.5
대체로 효율	58	34.3
매우 효율	24	14.2
잘 모르겠음	7	4.1
합　계	169	100.0

〈표 175〉는 인도에서 아시아 민주주의 증진을 위한 교육 프로그램 중 기술 훈련의 효율성에 대한 분석이다. 기술 훈련의 효율성수준에 대해 대체로 효율적이라고 응답한 빈도가 55명(32.5%)으로 가장 많았으며, 그 다음으로 보통 40명(23.7%), 매우 효율 37명(21.9%), 잘 모르겠음 20명(11.8%), 별로 효율적이지 않음 15명(8.9%), 전혀 효율적이지 않음 2명(1.2%) 등의 순서로 높은 빈도를 나타냈다.

〈표 175〉 아시아 민주주의 증진을 위한 교육 프로그램의 효율성 정도 : 기술 훈련

	빈도	퍼센트
전혀 효율적이지 않음	2	1.2
별로 효율적이지 않음	15	8.9
보통	40	23.7
대체로 효율	55	32.5
매우 효율	37	21.9
잘 모르겠음	20	11.8
합 계	169	100.0

〈표 176〉은 인도에서 아시아 민주주의 증진을 위한 교육 프로그램 중 인턴십·펠로우십의 효율성에 대한 분석이다. 인턴십·펠로우십의 효율성수준에 대해 대체로 효율적이라고 응답한 빈도가 62명(36.7%)으로 가장 많았으며, 그 다음으로 매우 효율 39명(23.1%), 보통 36명(21.3%), 별로 효율적이지 않음 16명(9.5%), 잘 모르겠음 11명(6.5%), 전혀 효율적이지 않음 5명(3.0%) 등의 순서로 높은 빈도를 나타냈다.

〈표 176〉 아시아 민주주의 증진을 위한 교육 프로그램의 효율성 정도 : 인턴십·펠로우십

	빈도	퍼센트
전혀 효율적이지 않음	5	3.0
별로 효율적이지 않음	16	9.5
보통	36	21.3
대체로 효율	62	36.7
매우 효율	39	23.1
잘 모르겠음	11	6.5
합　계	169	100.0

5. 인도네시아

<표 177>은 인도네시아에서 민주주의 증진을 위해 가장 필요한 국제협력 지원의 방식에 대한 현황분석이다. 인도네시아에서 가장 필요로 하는 국제협력지원의 방식은 교육 프로그램이 111명 (77.1%)으로 가장 높은 빈도를 나타냈고 그 다음으로 재정지원 10(21.8%), 상호 이해 형성 9(6.3%), 국제연대활동 6명(4.2%), 인적 교류 4(2.8%), 기타 3(2.1%), 잘 모르겠음 1(0.7%) 등의 순서로 높은 빈도를 나타냈다.

<표 177> 자국 민주주의 증진을 위해 가장 필요한 국제협력 지원의 방식

	빈도	퍼센트
교육 훈련	111	77.1
인적교류	4	2.8
국제연대활동	6	4.2
재정지원	10	6.9
상호 이해 형성	9	6.3
기타	3	2.1
잘 모르겠음	1	0.7
합 계	144	100.0

　　인도네시아에서 가장 효과적인 국제협력 네트워크 유형에 대한
현황분석은 〈표 178〉에 제시되었다. 인도네시아에서 가장 효과적
인 국제교류협력유형은 정부 간 네트워크가 68명(47.2%)으로 가장
높은 빈도를 나타냈으며 그 다음으로 비정부기구 간 네트워크 45명
(31.3%), 잘 모르겠음 9명(6.3%), 의회 간 네트워크 7명(4.9%), 언론
기구 간 네트워크 6명(4.2%), 기타 5명(3.5%), 정당 간 네트워크 4명
(2.8%) 등의 순서로 높은 빈도를 나타냈다.

〈표 178〉 자국에서 가장 효과적인 국제협력 네트워크 유형

	빈도	퍼센트
정부 간 네트워크	68	47.2
의회 간 네트워크	7	4.9
정당 간 네트워크	4	2.8
비정부기구 간 네트워크	45	31.3
언론기구 간 네트워크	6	4.2
기타	5	3.5
잘 모르겠음	9	6.3
합　계	144	100.0

<표 179>는 인도네시아에서 민주주의 국제협력의 핵심 동기에 대한 현황분석이다. 민주주의 국제협력의 핵심 동기는 국제사회 일원으로서의 인식 제고의 측면과 국제사회에 대한 책임이라고 응답한 빈도가 각 35명(18.8%)으로 가장 많았으며, 그 다음으로 경제적 효과 30명(20.8%), 국가브랜드 이미지 제고 13명(9.0%), 잘 모르겠음 9명(6.3%), 외교적 영향력 제고 7명(4.9%), 글로벌 스탠더드에 부합 5명(3.5%), 국내민주주의 증진 4명(2.8%), 인도주의적 관심과 기타가 각 3명(2.1%) 등의 순서로 높은 빈도를 나타냈다.

<표 179> 민주주의 국제협력의 핵심 동기

	빈도	퍼센트
국가브랜드 이미지 제고	13	9.0
외교적 영향력 제고	7	4.9
경제적 효과	30	20.8
국제사회 일원으로서의 인식 제고	35	24.3
국내의 민주주의 증진 효과	4	2.8
인도주의적 관심	3	2.1
국제사회에 대한 책임	35	24.3
글로벌 스탠더드에 부합	5	3.5
기타	3	2.1
잘 모르겠음	9	6.3
합　계	144	100.0

〈표 180〉은 인도네시아에서 민주주의 국제협력을 통한 긍정적
효과에 대한 현황분석이다. 민주주의 국제협력을 통한 긍정적 효과
에 대해 국제사회 일원으로서의 인식 제고라고 응답한 빈도가 50명
(34.7%)으로 가장 많았으며, 그 다음으로 경제적 효과 42명(29.2%),
국가브랜드 이미지 제고 15명(10.4%), 외교적 영향력 제고 14명
(9.7%), 기타와 잘 모르겠음이 각 8명(5.6%), 국내민주주의 증진 7명
(4.9%) 등의 순서로 높은 빈도를 나타냈다.

〈표 180〉 민주주의 국제협력을 통한 긍정적 효과

	빈도	퍼센트
국가브랜드 이미지 제고	15	10.4
외교적 영향력 확대	14	9.7
경제적 이익 실현	42	29.2
국제사회로부터의 인정	50	34.7
공여국 자국의 민주주의 증진	7	4.9
기타	8	5.6
잘 모르겠음	8	5.6
합　계	144	100.0

〈표 181〉은 인도네시아에서 가장 효과적인 민주주의 국제협력 프로그램에 대한 현황분석결과이다. 인도네시아에서 가장 효과적인 민주주의 국제협력 프로그램은 잘 모르겠다고 응답한 빈도가 60명(41.7%)으로 가장 많았으며, 그 다음으로 교육 프로그램 53명(36.8%), 민주적 리더십 프로그램 23명(16.0%), 재정지원 프로그램 6명(4.2%), 기타 2명(1.4%) 등의 순서로 높은 빈도를 나타냈다.

〈표 181〉 가장 효과적인 민주주의 국제협력 프로그램

	빈도	퍼센트
민주적 리더십 프로그램	23	16.0
교육 프로그램	53	36.8
재정지원 프로그램	6	4.2
기타	2	1.4
잘 모르겠음	60	41.7
합　계	144	100.0

<표 182>는 인도네시아에서 가장 효과적이지 못한 민주주의 국제협력 프로그램에 대한 현황분석이다. 인도네시아에서 가장 효과적이지 못한 민주주의 국제협력 프로그램에 대해 잘 모르겠다고 응답한 빈도가 69명(47.9%)으로 가장 많았으며, 그 다음으로 인적교류 프로그램 30명(20.8%), 재정지원 프로그램 19명(13.2%), 민주적 리더십 프로그램 14명(9.7%), 교육 프로그램과 기타가 각 6명(4.2%) 등의 순서로 높은 빈도를 나타냈다.

<표 182> 가장 효과적이지 못한 민주주의 국제협력 프로그램

	빈도	퍼센트
민주적 리더십 프로그램	14	9.7
인적교류 프로그램	30	20.8
교육 프로그램	6	4.2
재정지원 프로그램	19	13.2
기타	6	4.2
잘 모르겠음	69	47.9
합 계	144	100.0

〈표 183〉은 인도네시아에서 민주주의 국제협력 실행 상의 장애 요인에 대한 분석결과이다. 인도네시아에서 민주주의 국제협력 실행 상의 장애 요인은 잘 모르겠다고 응답한 빈도가 64명(44.4%)으로 가장 많았으며, 그 다음으로 비효율적 관료제와 부패와 외부적 요인이 각 35명(24.3%), 기타 7명(4.9%), 지원의 지속성 3명(2.1%) 등의 순서로 높은 빈도를 나타냈다.

〈표 183〉 민주주의 국제협력 실행 상의 장애 요인

	빈도	퍼센트
외부적 요인	35	24.3
비효율적 관료제와 부패	35	24.3
지원의 지속성	3	2.1
기타	7	4.9
잘 모르겠음	64	44.4
합 계	144	100.0

　〈표 184〉는 인도네시아의 자국 민주주의 수준의 평가에 대한 현황분석이다. 자국 민주주의 수준의 평가에 대해 보통이라고 응답한 빈도가 43명(29.9%)으로 가장 많았으며, 그 다음으로 다소 비민주적 30명(20.8%), 매우 비민주적 29명(20.1%), 민주적 20명(13.9%), 매우 민주적 12명(8.3%), 잘 모르겠음 10명(6.9%) 등의 순서로 높은 빈도를 나타냈다.

〈표 184〉 자국 민주주의 수준에 대한 평가

	빈도	퍼센트
매우 비민주적	29	20.1
다소 비민주적	30	20.8
보통	43	29.9
민주적	20	13.9
매우 민주적	12	8.3
잘 모르겠음	10	6.9
합　계	144	100.0

〈표 185〉는 인도네시아에서 자국 민주주의의 핵심 이슈에 대한 분석이다. 자국 민주주의의 핵심 이슈에 대해 부정부패 척결이라고 응답한 빈도가 105명(72.9%)으로 가장 많았으며, 그 다음으로 정의 24명(16.7%), 자유 8명(5.6%), 잘 모르겠음 3명(2.1%), 발전 2명(1.4%), 관용과 기타가 각 1명(각 0.7%) 등의 순서로 높은 빈도를 나타냈다.

〈표 185〉 자국 민주주의의 핵심 이슈

	빈도	퍼센트
자유	8	5.6
정의	24	16.7
부정부패 척결	105	72.9
관용	1	0.7
발전	2	1.4
기타	1	0.7
잘 모르겠음	3	2.1
합 계	144	100.0

〈표 186〉은 인도네시아에서 자국의 민주주의 발전을 저해하는 요인 중 취약한 정당 시스템에 대한 분석이다. 취약한 정당 시스템의 심각성 정도에 대해 매우 심각하다고 응답한 빈도가 40명(27.8%)으로 가장 많았으며, 그 다음으로 대체로 심각 30명(20.8%), 다소 심각하지 않음과 보통이 각 21명(14.6%), 잘 모르겠음 20명(13.9%), 전혀 심각하지 않음 12명(8.3%) 등의 순서로 높은 빈도를 나타냈다.

〈표 186〉 자국의 민주주의 발전을 저해하는 요인들의 심각성 정도 :
취약한 정당 시스템

	빈도	퍼센트
전혀 심각하지 않음	12	8.3
다소 심각하지 않음	21	14.6
보통	21	14.6
대체로 심각	30	20.8
매우 심각	40	27.8
잘 모르겠음	20	13.9
합　계	144	100.0

〈표 187〉은 인도네시아에서 자국의 민주주의 발전을 저해하는 요인 중 부정부패에 대한 분석이다. 부정부패에 대한 심각성에 대해 매우 심각하다고 응답한 빈도가 77명(53.5%)으로 가장 많았으며, 그 다음으로 잘 모르겠음 19명(13.2%), 대체로 심각 18명(12.5%), 전혀 심각하지 않음 17명(11.8%), 보통 8명(5.6%), 별로 심각하지 않음 5명(3.5%)등의 순서로 높은 빈도를 나타냈다.

〈표 187〉 자국의 민주주의 발전을 저해하는 요인들의 심각성 정도 : 부정부패

	빈도	퍼센트
전혀 심각하지 않음	17	11.8
별로 심각하지 않음	5	3.5
보통	8	5.6
대체로 심각	18	12.5
매우 심각	77	53.5
잘 모르겠음	19	13.2
합　계	144	100.0

<표 188>은 인도네시아에서 자국의 민주주의 발전을 저해하는 요인 중 시민사회의 취약성에 대한 분석이다. 시민사회의 취약성에 대해 매우 심각하다고 응답한 빈도가 41명(28.5%)로 가장 많았으며, 그 다음으로 보통 29명(20.1%), 대체로 심각 25명(17.4%), 잘 모르겠음 23명(16.0%), 별로 심각하지 않음 15명(10.4%), 전혀 심각하지 않음 11명(7.6%) 등의 순으로 높은 빈도를 나타냈다.

<표 188> 자국의 민주주의 발전을 저해하는 요인들의 심각성 정도 : 시민사회의 취약성

	빈도	퍼센트
전혀 심각하지 않음	11	7.6
별로 심각하지 않음	15	10.4
보통	29	20.1
대체로 심각	25	17.4
매우 심각	41	28.5
잘 모르겠음	23	16.0
합 계	144	100.0

〈표 189〉는 인도네시아에서 자국의 민주주의 발전을 저해하는 요인 중 민주적 문화의 결핍에 대한 분석이다. 민주적 문화의 결핍에 대해 매우 심각하다고 응답한 빈도가 37명(25.7%)으로 가장 많았으며, 그 다음으로 대체로 심각 35명(24.3%), 보통 30명(20.8%), 잘 모르겠음 23명(16.0%), 전혀 심각하지 않음 10명(6.9%), 별로 심각하지 않음 9명(6.3%) 등의 순서로 높은 빈도를 나타냈다.

〈표 189〉 자국의 민주주의 발전을 저해하는 요인들의 심각성 정도 : 민주적 문화의 결핍

	빈도	퍼센트
전혀 심각하지 않음	10	6.9
별로 심각하지 않음	9	6.3
보통	30	20.8
대체로 심각	35	24.3
매우 심각	37	25.7
잘 모르겠음	23	16.0
합　계	144	100.0

<표 190>은 인도네시아에서 자국의 민주주의 발전을 저해하는 요인 중 관료주의적 시스템에 대한 분석이다. 관료주의적 시스템에 대해 매우 심각하다고 응답한 빈도가 42명(29.2%)으로 가장 많았으며, 그 다음으로 대체로 심각 34명(23.6%), 보통 25명(17.4%), 잘 모르겠음 22명(15.3%), 전혀 심각하지 않음 12명(8.3%), 별로 심각하지 않음 9명(6.3%) 등의 순서로 높은 빈도를 나타냈다.

<표 190> 자국의 민주주의 발전을 저해하는 요인들의 심각성 정도 : 관료주의적 시스템

	빈도	퍼센트
전혀 심각하지 않음	12	8.3
별로 심각하지 않음	9	6.3
보통	25	17.4
대체로 심각	34	23.6
매우 심각	42	29.2
잘 모르겠음	22	15.3
합 계	144	100.0

　〈표 191〉은 인도네시아에서 자국의 민주주의 발전을 저해하는 요인 중 사법 체계의 취약성에 대한 분석이다. 사법 체계의 취약성에 대해 매우 심각하다고 응답한 빈도가 50명(34.7%)으로 가장 많았으며, 그 다음으로 대체로 심각 28명(19.4%), 보통 23명(16.0%), 잘 모르겠음 21명(14.6%), 전혀 심각하지 않음 17명(11.8%), 별로 심각하지 않음 5명(3.5%) 등의 순서로 높은 빈도를 나타냈다.

〈표 191〉 자국의 민주주의 발전을 저해하는 요인들의 심각성 정도 :
　　　　　 사법 체계의 취약성

	빈도	퍼센트
전혀 심각하지 않음	17	11.8
별로 심각하지 않음	5	3.5
보통	23	16.0
대체로 심각	28	19.4
매우 심각	50	34.7
잘 모르겠음	21	14.6
합　계	144	100.0

<표 192>는 인도네시아에서 자국의 민주주의 발전을 저해하는 요인 중 민주적 가치 정향의 부재에 대한 분석이다. 민주적 가치 정향의 부재에 대해 보통이라고 응답한 빈도가 43명(29.9%)으로 가장 많았으며, 그 다음으로 매우 심각 32명(22.2%), 대체로 심각 23명(16.0%), 잘 모르겠음 22명(15.3%), 전혀 심각하지 않음 13명(9.0%), 별로 심각하지 않음 11명(7.6%) 등의 순서로 높은 빈도를 나타냈다.

<표 192> 자국의 민주주의 발전을 저해하는 요인들의 심각성 정도 : 민주적 가치 정향의 부재

	빈도	퍼센트
전혀 심각하지 않음	13	9.0
별로 심각하지 않음	11	7.6
보통	43	29.9
대체로 심각	23	16.0
매우 심각	32	22.2
잘 모르겠음	22	15.3
합 계	144	100.0

〈표 193〉은 인도네시아에서 민주주의 발전에 대한 문화적 장애 요인 중 봉건적 문화에 대한 분석이다. 봉건적 문화에 대해 매우 심각하다고 응답한 빈도가 37명(25.7%)으로 가장 많았으며, 그 다음으로 보통 35명(24.3%), 대체로 심각 28명(19.4%), 잘 모르겠음 22명(15.3%), 전혀 심각하지 않음 12명(8.3%), 별로 심각하지 않음 10명(6.9%) 등의 순서로 높은 빈도를 나타냈다.

〈표 193〉 민주주의 발전에 대한 문화적 장애 요인의 심각성 정도 : 봉건적 문화

	빈도	퍼센트
전혀 심각하지 않음	12	8.3
별로 심각하지 않음	10	6.9
보통	35	24.3
대체로 심각	28	19.4
매우 심각	37	25.7
잘 모르겠음	22	15.3
합 계	144	100.0

〈표 194〉는 인도네시아에서 민주주의 발전에 대한 문화적 장애 요인 중 군사주의 문화에 대한 분석이다. 군사주의 문화에 대해 보통이라고 응답한 빈도가 34명(23.6%)으로 가장 많았으며, 그 다음으로 대체로 심각 32명(22.2%), 매우 심각 31명(21.5%), 잘 모르겠음 25명(17.4%), 별로 심각하지 않음 14명(9.7%), 전혀 심각하지 않음 8명(5.6%) 등의 순서로 높은 빈도를 나타냈다.

〈표 194〉 민주주의 발전에 대한 문화적 장애 요인의 심각성 정도 : 군사주의 문화

	빈도	퍼센트
전혀 심각하지 않음	8	5.6
별로 심각하지 않음	14	9.7
보통	34	23.6
대체로 심각	32	22.2
매우 심각	31	21.5
잘 모르겠음	25	17.4
합　계	144	100.0

<표 195>는 인도네시아에서 민주주의 발전에 대한 문화적 장애 요인 중 가부장 문화에 대한 분석이다. 가부장 문화에 대해 보통이라고 응답한 빈도가 45명(31.3%)으로 가장 많았으며, 그 다음으로 다소 심각 33명(22.9%), 잘 모르겠음 27명(18.8%), 매우 심각 21명(14.6%), 대체로 심각하지 않음 15명(10.4%), 전혀 심각하지 않음 3명(2.1%) 등의 순서로 높은 빈도를 나타냈다.

<표 195> 민주주의 발전에 대한 문화적 장애 요인의 심각성 정도 : 가부장 문화

	빈도	퍼센트
전혀 심각하지 않음	3	2.1
대체로 심각하지 않음	15	10.4
보통	45	31.3
다소 심각	33	22.9
매우 심각	21	14.6
잘 모르겠음	27	18.8
합 계	144	100.0

〈표 196〉은 인도네시아에서 민주주의 발전에 대한 문화적 장애 요인 중 종교 문화에 대한 분석이다. 종교 문화에 대해 보통이라고 응답한 빈도가 45명(31.3%)으로 가장 많았으며, 그 다음으로 매우 심각 28명(19.4%), 잘 모르겠음 23명(16.0%), 대체로 심각 21명(14.6%), 별로 심각하지 않음 15명(10.4%), 전혀 심각하지 않음 12명(8.3%) 등의 순서로 높은 빈도를 나타냈다.

〈표 196〉 민주주의 발전에 대한 문화적 장애 요인의 심각성 정도 : 종교 문화

	빈도	퍼센트
전혀 심각하지 않음	12	8.3
별로 심각하지 않음	15	10.4
보통	45	31.3
대체로 심각	21	14.6
매우 심각	28	19.4
잘 모르겠음	23	16.0
합 계	144	100.0

〈표 197〉은 인도네시아에서 민주주의 발전에 대한 문화적 장애 요인 중 물질주의, 자본주의 문화에 대한 분석이다. 물질주의, 자본주의 문화에 대해 매우 심각하다고 응답한 빈도가 47명(32.9%)으로 가장 많았으며, 그 다음으로 보통 31명(21.7%), 잘 모르겠음 24명(16.8%), 대체로 심각 23명(16.1%), 전혀 심각하지 않음과 별로 심각하지 않음이 각 9명(6.3%) 등의 순서로 높은 빈도를 나타냈다.

〈표 197〉 민주주의 발전에 대한 문화적 장애 요인의 심각성 정도 : 물질주의, 자본주의 문화

	빈도	퍼센트
전혀 심각하지 않음	9	6.3
별로 심각하지 않음	9	6.3
보통	31	21.7
대체로 심각	23	16.1
매우 심각	47	32.9
잘 모르겠음	24	16.8
합 계	143	100.0

〈표 198〉은 인도네시아에서 자국 민주주의 발전에 관련된 요소들 중 헌법과 헌정 질서의 중요성에 대한 분석이다. 헌법과 헌정 질서의 중요성에 대해 보통과 대체로 중요가 각 30명(각 20.8%)으로 가장 많았으며, 그 다음으로 매우 중요 28명(19.4%), 전혀 중요하지 않음 20명(13.9%), 잘 모르겠음 19명(13.2%), 별로 중요하지 않음 17명(11.8%) 등의 순서로 높은 빈도를 나타냈다.

〈표 198〉 자국 민주주의 발전에 관련된 요소들의 중요성 정도 : 헌법과 헌정 질서

	빈도	퍼센트
전혀 중요하지 않음	20	13.9
별로 중요하지 않음	17	11.8
보통	30	20.8
대체로 중요	30	20.8
매우 중요	28	19.4
잘 모르겠음	19	13.2
합 계	144	100.0

<표 199>는 인도네시아에서 자국 민주주의 발전에 관련된 요소들 중 다당제의 중요성에 대한 분석이다. 다당제의 중요성에 대해 보통이라고 응답한 빈도가 43명(29.9%)으로 가장 많았으며, 그 다음으로 별로 중요하지 않음 27명(18.8%), 잘 모르겠음 23명 (16.0%), 매우 중요와 대체로 중요가 각 20명(13.9%), 전혀 중요하지 않음 11명(7.6%) 등의 순서로 높은 빈도를 나타냈다.

<표 199> 자국 민주주의 발전에 관련된 요소들의 중요성 정도 : 다당제

	빈도	퍼센트
전혀 중요하지 않음	11	7.6
별로 중요하지 않음	27	18.8
보통	43	29.9
대체로 중요	20	13.9
매우 중요	20	13.9
잘 모르겠음	23	16.0
합 계	144	100.0

　〈표 200〉은 인도네시아에서 자국 민주주의 발전에 관련된 요소들 중 사법 체제의 독립성에 대한 분석이다. 사법 체제의 독립성에 대해 매우 중요하다고 응답한 빈도는 38명(26.4%)으로 가장 많았으며, 그 다음으로 보통 33명(22.9%), 대체로 중요 27명(18.8%), 잘 모르겠음 20명(13.9%), 전혀 중요하지 않음 15명(10.4%), 별로 중요하지 않음 11명(7.6%) 등의 순서로 높은 빈도를 나타냈다.

〈표 200〉 자국 민주주의 발전에 관련된 요소들의 중요성 정도 : 사법 체제의 독립성

	빈도	퍼센트
전혀 중요하지 않음	15	10.4
별로 중요하지 않음	11	7.6
보통	33	22.9
대체로 중요	27	18.8
매우 중요	38	26.4
잘 모르겠음	20	13.9
합　계	144	100.0

<표 201>은 인도네시아에서 자국 민주주의 발전에 관련된 요소들 중 언론 자유에 대한 분석이다. 언론자유에 대해 대체로 중요하다고 응답한 빈도가 43명(29.9%)으로 가장 많았으며, 그 다음으로 보통 34명(23.6%), 매우 중요 32명(22.2%), 잘 모르겠음 23명(16.0%), 별로 중요하지 않음과 전혀 중요하지 않음이 각 6명(4.2%)등의 순서로 높은 빈도를 나타냈다.

<표 201> 자국 민주주의 발전에 관련된 요소들의 중요성 정도 : 언론 자유

	빈도	퍼센트
전혀 중요하지 않음	6	4.2
별로 중요하지 않음	6	4.2
보통	34	23.6
대체로 중요	43	29.9
매우 중요	32	22.2
잘 모르겠음	23	16.0
합 계	144	100.0

　〈표 202〉는 인도네시아에서 자국 민주주의 발전에 관련된 요소들 중 시민사회 공고화에 대한 분석이다. 시민사회 공고화에 대해 매우 중요하다고 응답한 빈도가 37명(25.7%)으로 가장 많았으며, 그 다음으로 보통 35명(24.3%), 대체로 중요 28명(19.4%), 잘 모르겠음 20명(13.9%), 전혀 중요하지 않음 13명(9.0%), 별로 중요하지 않음 11명(7.6%)등의 순서로 높은 빈도를 나타냈다.

〈표 202〉 자국 민주주의 발전에 관련된 요소들의 중요성 정도 : 시민사회 공고화

	빈도	퍼센트
전혀 중요하지 않음	13	9.0
별로 중요하지 않음	11	7.6
보통	35	24.3
대체로 중요	28	19.4
매우 중요	37	25.7
잘 모르겠음	20	13.9
합　계	144	100.0

〈표 203〉은 인도네시아에서 자국 민주주의 발전에 관련된 요소들 중 시민교육에 대한 분석이다. 시민교육의 중요성에 대해 매우 중요하다고 응답한 빈도가 56명(38.9%)으로 가장 많았으며, 그 다음으로 보통 27명(18.8%), 대체로 중요 22명(15.3%), 잘 모르겠음 18명(12.5%), 전혀 중요하지 않음 13명(9.0%), 별로 중요하지 않음 8명(5.6%)등의 순서로 높은 빈도를 나타냈다.

〈표 203〉 자국 민주주의 발전에 관련된 요소들의 중요성 정도 : 시민교육

	빈도	퍼센트
전혀 중요하지 않음	13	9.0
별로 중요하지 않음	8	5.6
보통	27	18.8
대체로 중요	22	15.3
매우 중요	56	38.9
잘 모르겠음	18	12.5
합 계	144	100.0

〈표 204〉는 인도네시아에서 자국 민주주의 발전에 관련된 요소들 중 민주적 가치 정향에 대한 분석이다. 민주적 가치정향에 대해 보통이라고 응답한 빈도가 39명(27.1%)으로 가장 많았으며, 그 다음으로 매우 중요 38명(26.4%), 대체로 중요 25명(17.4%), 잘 모르겠음 21명(14.6%), 전혀 중요하지 않음 11명(7.6%), 별로 중요하지 않음 10명(6.9%)등의 순서로 높은 빈도를 나타냈다.

〈표 204〉 자국 민주주의 발전에 관련된 요소들의 중요성 정도 : 민주적 가치 정향

	빈도	퍼센트
전혀 중요하지 않음	11	7.6
별로 중요하지 않음	10	6.9
보통	39	27.1
대체로 중요	25	17.4
매우 중요	38	26.4
잘 모르겠음	21	14.6
합　계	144	100.0

〈표 205〉는 인도네시아에서 민주주의 국제협력 프로그램의 수요에 대한 현황분석이다. 민주주의 국제협력 프로그램의 수요는 교육 프로그램이라고 응답한 빈도가 68명(47.2%)으로 가장 많았으며, 그 다음으로 민주적 리더십 프로그램 33명(22.9%), 재정지원 프로그램 13명(9.0%), 인간 안보 발전 10명(6.9%), 미디어 프로그램 6명(4.2%), 조직교류프로그램 5명(3.5%), 잘 모르겠다는 응답이 4명(2.8%), 인적교류 프로그램 3명(2.1%), 기타 2명(1.2%) 등의 순서로 높은 빈도를 나타냈다.

〈표 205〉 민주주의 국제협력 프로그램에 대한 수요

	빈도	퍼센트
민주적 리더십 프로그램	33	22.9
인적교류 프로그램	3	2.1
조직교류프로그램	5	3.5
교육프로그램	68	47.2
인간 안보 발전	10	6.9
미디어프로그램	6	4.2
재정지원 프로그램	13	9.0
기타	2	1.4
잘 모르겠음	4	2.8
합 계	144	100.0

<표 206>은 인도네시아에서 한국에 대한 가장 큰 인상에 대한 분석이다. 한국에 대한 가장 큰 인상에 대해 급속한 경제 성장이라고 응답한 빈도가 61명(42.4%)으로 가장 많았으며, 그 다음으로 민주화운동 30명(20.8%), 남북분단 17명(11.8%), 한국문화 12명(8.3%), IT 기술과 잘 모르겠음이 각 10명(6.9%), 기타 4명(2.8%) 등의 순서로 높은 빈도를 나타냈다.

<표 206> 한국에 대한 가장 큰 인상

	빈도	퍼센트
남북분단	17	11.8
급속한 경제 성장	61	42.4
민주화운동	30	20.8
한국문화	12	8.3
IT 기술	10	6.9
기타	4	2.8
잘 모르겠음	10	6.9
합 계	144	100.0

<표 207>은 인도네시아에서 한국 민주주의 수준의 평가에 대한 분석이다. 한국 민주주의의 수준에 대해 보통이라고 응답한 빈도가 49명(34.0%)으로 가장 많았으며, 그 다음으로 다소 민주적 44명(30.6%), 매우 민주적 27명(18.8%), 잘 모르겠음 19명(13.2%), 매우 비민주적 3명(2.1%), 다소 비민주적 2명(1.4%) 등의 순서로 높은 빈도를 나타냈다.

<표 207> 한국 민주주의 수준에 대한 평가

	빈도	퍼센트
매우 비민주적	3	2.1
다소 비민주적	2	1.4
보통	49	34.0
다소 민주적	44	30.6
매우 민주적	27	18.8
잘 모르겠음	19	13.2
합　계	144	100.0

<표 208>은 인도네시아에서 향후 한국에 기대되는 민주주의 국제협력 프로그램에 대한 분석이다. 향후 한국에 기대되는 민주주의 국제협력 프로그램에 대해 교육훈련이라고 응답한 빈도가 61명(42.4%)으로 가장 많았으며, 그 다음으로 네트워킹과 상호 교류 47명(32.6%), 연구조사 12명(8.3%), 적극적 개입과 민주주의 관련 재정적 지원, 잘 모르겠음이 각 8명(5.6%) 등의 순서로 높은 빈도를 나타냈다.

<표 208> 향후 한국에 기대되는 민주주의 국제협력 프로그램

	빈도	퍼센트
네트워킹과 상호 교류	47	32.6
연구조사	12	8.3
적극적 개입	8	5.6
교육훈련	61	42.4
민주주의 관련 재정적 지원	8	5.6
잘 모르겠음	8	5.6
합 계	144	100.0

〈표 209〉는 인도네시아에서 민주화운동기념사업회가 추진해야
할 프로그램 중 세계적 지역적 포럼에 대한 분석이다. 세계적 지역
적 포럼의 필요성에 대해 대체로 필요하다고 응답한 빈도가 41명
(28.5%)으로 가장 많았으며, 그 다음으로 보통 37명(25.7%), 매우
필요 32명(22.2%), 잘 모르겠음 27명(18.8%), 전혀 필요치 않음 6명
(4.2%), 별로 필요치 않음 1명(0.7%) 등의 순서로 높은 빈도를 나타
냈다.

〈표 209〉 민주화운동기념사업회가 추진해야 할 프로그램의 필요 :
세계적 지역적 포럼

	빈도	퍼센트
전혀 필요치 않음	6	4.2
별로 필요치 않음	1	0.7
보통	37	25.7
대체로 필요	41	28.5
매우 필요	32	22.2
잘 모르겠음	27	18.8
합 계	144	100.0

<표 210>은 인도네시아에서 민주화운동기념사업회가 추진해야 할 프로그램 중 책임성 있고 효율적인 통치 모델 개발에 대한 분석이다. 책임성 있고 효율적인 통치 모델 개발의 필요성에 대해 보통이라고 응답한 빈도가 37명(25.7%)으로 가장 많았으며, 그 다음으로 대체로 필요 35명(24.3%), 매우 필요 29명(20.1%), 잘 모르겠음 25명(17.4%), 전혀 필요치 않음 10명(6.9%), 별로 필요치 않음 8명(5.6%) 등의 순서로 높은 빈도를 나타냈다.

<표 210> 민주화운동기념사업회가 추진해야 할 프로그램의 필요 : 책임성 있고 효율적인 통치 모델 개발

	빈도	퍼센트
전혀 필요치 않음	10	6.9
별로 필요치 않음	8	5.6
보통	37	25.7
대체로 필요	35	24.3
매우 필요	29	20.1
잘 모르겠음	25	17.4
합 계	144	100.0

〈표 211〉은 인도네시아에서 민주화운동기념사업회가 추진해야 할 프로그램 중 지식 기반 서비스에 대한 분석이다. 지식기반서비스에 대한 필요성에 대해 매우 필요하다고 응답한 빈도가 48명(33.3%)으로 가장 많았으며, 그 다음으로 대체로 필요 36명(25.0%), 보통 27명(18.8%), 잘 모르겠음 25명(17.4%), 전혀 필요치 않음 7명(4.9%), 별로 필요치 않음 1명(0.7%) 등의 순서로 높은 빈도를 나타냈다.

〈표 211〉 민주화운동기념사업회가 추진해야 할 프로그램의 필요 : 지식 기반 서비스

	빈도	퍼센트
전혀 필요치 않음	7	4.9
별로 필요치 않음	1	0.7
보통	27	18.8
대체로 필요	36	25.0
매우 필요	48	33.3
잘 모르겠음	25	17.4
합 계	144	100.0

〈표 212〉는 인도네시아에서 민주화운동기념사업회가 추진해야 할 프로그램 중 커뮤니티 프로그램 증진에 대한 분석이다. 커뮤니티 프로그램 증진에 대해 매우 필요치 않음이라고 응답한 빈도가 53명(36.8%)으로 가장 많았으며, 그 다음으로 대체로 필요 42명(29.2%), 잘 모르겠음 24명(16.7%), 보통 18명(12.5%), 전혀 필요치 않음 7명(4.9%) 등의 순서로 높은 빈도를 나타냈다.

〈표 212〉 민주화운동기념사업회가 추진해야 할 프로그램의 필요 : 커뮤니티 프로그램 증진

	빈도	퍼센트
전혀 필요치 않음	7	4.9
보통	18	12.5
대체로 필요	42	29.2
매우 필요치 않음	53	36.8
잘 모르겠음	24	16.7
합　계	144	100.0

〈표 213〉은 인도네시아에서 민주화운동기념사업회가 추진해야 할 프로그램 중 교육 훈련 프로그램에 대한 분석이다. 교육훈련프로그램의 필요성에 대해 매우 필요하다고 응답한 빈도가 57명(39.6%)으로 가장 많았으며, 그 다음으로 대체로 필요 38명(26.4%), 잘 모르겠음 25명(17.4%), 보통 14명(9.7%), 별로 필요치 않음과 전혀 필요치 않음이 각 5명(3.5%) 등의 순서로 높은 빈도를 나타냈다.

〈표 213〉 민주화운동기념사업회가 추진해야 할 프로그램의 필요 : 교육 훈련 프로그램

	빈도	퍼센트
전혀 필요치 않음	5	3.5
별로 필요치 않음	5	3.5
보통	14	9.7
대체로 필요	38	26.4
매우 필요	57	39.6
잘 모르겠음	25	17.4
합　계	144	100.0

〈표 214〉는 인도네시아에서 민주화운동기념사업회가 추진해야 할 프로그램 중 인적·조직적 교환 프로그램에 대한 분석이다. 인적·조직적 교환 프로그램의 필요성에 대해 대체로 필요하다고 응답한 빈도가 43명(29.9%)으로 가장 많았으며, 그 다음으로 보통 35명(24.3%), 잘 모르겠음 24명(16.7%), 매우 필요 23명(16.0%), 별로 필요치 않음 12명(8.3%), 전혀 필요치 않음 7명(4.9%) 등의 순서로 높은 빈도를 나타냈다.

〈표 214〉 민주화운동기념사업회가 추진해야 할 프로그램의 필요 : 인적·조직적 교환 프로그램

	빈도	퍼센트
전혀 필요치 않음	7	4.9
별로 필요치 않음	12	8.3
보통	35	24.3
대체로 필요	43	29.9
매우 필요	23	16.0
잘 모르겠음	24	16.7
합 계	144	100.0

〈표 215〉는 인도네시아에서 민주화운동기념사업회가 추진해야
할 프로그램 중 한국의 민주화 경험 공유에 대한 분석이다. 한국의
민주화 경험 공유의 필요성에 대한 매우 필요하다고 응답한 빈도가
47명(32.6%)으로 가장 많았으며, 그 다음으로 보통 35명(24.3%), 대
체로 필요 33명(22.9%), 잘 모르겠음 23명(16.0%), 전혀 필요치 않음
5명(3.5%), 별로 필요치 않음 1명(0.7%) 등의 순서로 높은 빈도를
나타냈다.

〈표 215〉 민주화운동기념사업회가 추진해야 할 프로그램의 필요 :
　　　　　한국의 민주화 경험 공유

	빈도	퍼센트
전혀 필요치 않음	5	3.5
별로 필요치 않음	1	0.7
보통	35	24.3
대체로 필요	33	22.9
매우 필요	47	32.6
잘 모르겠음	23	16.0
합　계	144	100.0

<표 216>은 인도네시아에서 아시아 민주주의 증진을 위한 교육 프로그램 중 현장 연구 및 체험의 효율성에 대한 분석이다. 현장 연구 및 체험의 효율성에 대해 대체로 효율적이라고 응답한 빈도가 39명(27.1%)으로 가장 많았으며, 그 다음으로 보통 34명(23.6%), 매우 효율 31명(21.5%), 잘 모르겠음 25명(17.4%), 전혀 효율적이지 않음 11명(7.6%), 별로 효율적이지 않음 4명(2.8%) 등의 순서로 높은 빈도를 나타냈다.

<표 216> 아시아 민주주의 증진을 위한 교육 프로그램의 효율성 정도 :
현장 연구 및 체험

	빈도	퍼센트
전혀 효율적이지 않음	11	7.6
별로 효율적이지 않음	4	2.8
보통	34	23.6
대체로 효율	39	27.1
매우 효율	31	21.5
잘 모르겠음	25	17.4
합　계	144	100.0

<표 217>은 인도네시아에서 아시아 민주주의 증진을 위한 교육 프로그램 중 전문가 강좌의 효율성에 대한 분석이다. 전문가 강좌의 효율성 수준에 대해 보통이라고 응답한 빈도가 41명(28.5)으로 가장 많았으며, 그 다음으로 매우 효율 36명(25.0%), 대체로 효율 27명(18.8%), 잘 모르겠음 26명(18.1%), 전혀 효율적이지 않음 9명(6.3%), 별로 효율적이지 않음 5명(3.5%) 등의 순서로 높은 빈도를 나타냈다.

<표 217> 아시아 민주주의 증진을 위한 교육 프로그램의 효율성 정도 : 전문가 강좌

	빈도	퍼센트
전혀 효율적이지 않음	9	6.3
별로 효율적이지 않음	5	3.5
보통	41	28.5
대체로 효율	27	18.8
매우 효율	36	25.0
잘 모르겠음	26	18.1
합　계	144	100.0

〈표 218〉은 인도네시아에서 아시아 민주주의 증진을 위한 교육 프로그램 중 문제 해결 토론의 효율성에 대한 분석이다. 문제 해결 토론의 효율성 수준에 대해 보통이라고 응답한 빈도가 43명(29.9%)으로 가장 많았으며, 그 다음으로 대체로 효율 35명(24.3%), 잘 모르겠음 26명(18.1%), 매우 효율 24명(16.7%), 전혀 효율적이지 않음 10명(6.9%), 별로 효율적이지 않음 6명(4.2%)등의 순서로 높은 빈도를 나타냈다.

〈표 218〉 아시아 민주주의 증진을 위한 교육 프로그램의 효율성 정도 : 문제 해결 토론

	빈도	퍼센트
전혀 효율적이지 않음	10	6.9
별로 효율적이지 않음	6	4.2
보통	43	29.9
대체로 효율	35	24.3
매우 효율	24	16.7
잘 모르겠음	26	18.1
합　계	144	100.0

<표 219>는 인도네시아에서 아시아 민주주의 증진을 위한 교육 프로그램 중 기술 훈련의 효율성에 대한 분석이다. 기술 훈련의 효율성수준에 대해 매우 효율적이라고 응답한 빈도가 51명(35.7%)으로 가장 많았으며, 그 다음으로 대체로 효율 38명(26.6%), 잘 모르겠음 25명(17.5%), 보통 18명(12.6%), 전혀 효율적이지 않음 8명(5.6%), 별로 효율적이지 않음 3명(2.1%) 등의 순서로 높은 빈도를 나타냈다.

<표 219> 아시아 민주주의 증진을 위한 교육 프로그램의 효율성 정도 : 기술 훈련

	빈도	퍼센트
전혀 효율적이지 않음	8	5.6
별로 효율적이지 않음	3	2.1
보통	18	12.6
대체로 효율	38	26.6
매우 효율	51	35.7
잘 모르겠음	25	17.5
합　계	143	100.0

　〈표 220〉은 인도네시아에서 아시아 민주주의 증진을 위한 교육 프로그램 중 인턴십·펠로우십의 효율성에 대한 분석이다. 인턴십· 펠로우십의 효율성 수준에 대해 매우 효율적이라고 응답한 빈도가 48명(33.3%)으로 가장 많았으며, 그 다음으로 대체로 효율 36명 (25.0%), 잘 모르겠음 26명(18.1%), 보통 23명(16.0%), 전혀 효율적이 않음 9명(6.3%), 별로 효율적이지 않음 2명(1.4%) 등의 순서로 높은 빈도를 나타냈다.

〈표 220〉 아시아 민주주의 증진을 위한 교육 프로그램의 효율성 정도 :
　　　　　인턴십·펠로우십

	빈도	퍼센트
전혀 효율적이지 않음	9	6.3
별로 효율적이지 않음	2	1.4
보통	23	16.0
대체로 효율	36	25.0
매우 효율	48	33.3
잘 모르겠음	26	18.1
합　계	144	100.0

6. 말레이시아

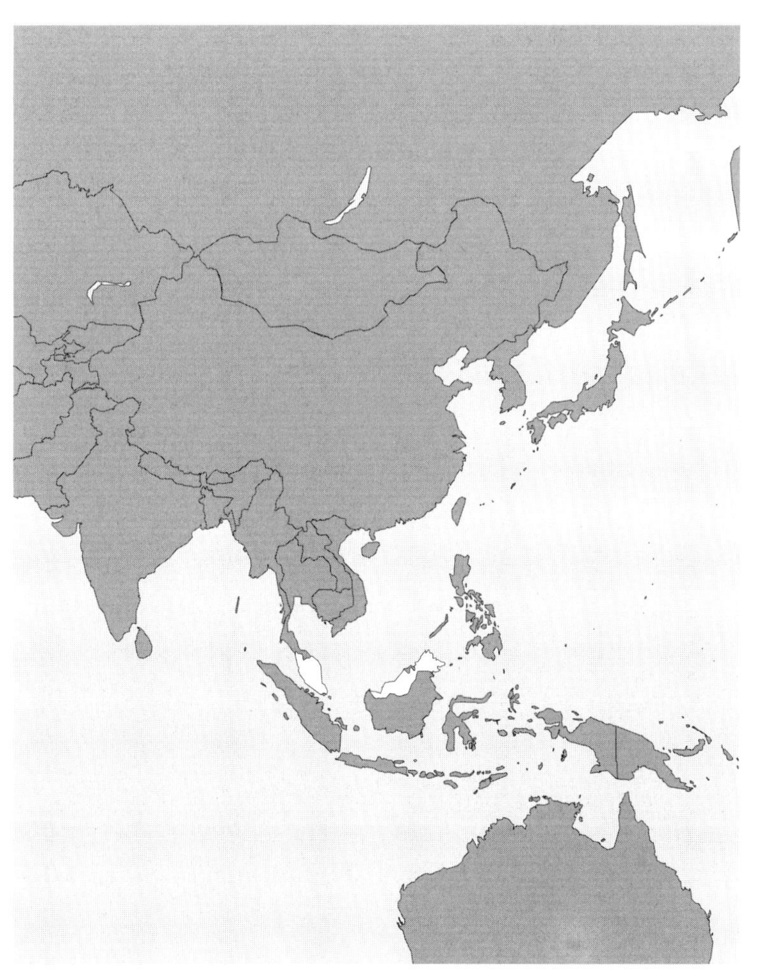

〈표 221〉은 말레이시아에서 민주주의 증진을 위해 가장 필요한 국제협력 지원의 방식에 대한 현황분석이다. 말레이시아에서 가장 필요로 하는 국제협력지원의 방식은 교육 프로그램이 11명(36.5%)으로 가장 높은 빈도를 나타냈고 그 다음으로 재정지원과 국제연대 활동이 각각 8명(각각 25.8%), 상호 이해 형성 2명(6.5%), 인적교류 2명(6.5%) 등의 순서로 높은 빈도를 나타냈다.

〈표 221〉 자국 민주주의 증진을 위해 가장 필요한 국제협력 지원의 방식

	빈도	퍼센트
교육 훈련	11	35.5
인적교류	2	6.5
국제연대활동	8	25.8
재정지원	8	25.8
상호 이해 형성	2	6.5
합 계	31	100.0

말레이시아에서 가장 효과적인 국제협력 네트워크 유형에 대한 현황분석은 〈표 222〉에 제시되었다. 말레이시아에서 가장 효과적인 국제교류협력유형은 비 정부기구 간 네트워크가 27명(87.1%)으로 가장 높은 빈도를 나타냈으며 그 다음으로 정부 간 네트워크, 언론기구 간 네트워크, 정당 간 네트워크, 그리고 기타가 각각 1명(각각 3.2%) 등의 순서로 높은 빈도를 나타냈다.

〈표 222〉 자국에서 가장 효과적인 국제협력 네트워크 유형

	빈도	퍼센트
정부 간 네트워크	1	3.2
정당 간 네트워크	1	3.2
비정부기구 간 네트워크	27	87.1
언론기구 간 네트워크	1	3.2
기타	1	3.2
합 계	31	100.0

<표 223>은 말레이시아에서 민주주의 국제협력의 핵심 동기에 대한 현황분석이다. 민주주의 국제협력의 핵심 동기는 국내민주주의 증진이라고 응답한 빈도가 11명(35.5%)으로 가장 많았으며, 그 다음으로 국가브랜드 이미지 제고 6명(19.4%), 국제사회 일원으로서의 인식 제고 5명(16.1%), 국제사회에 대한 책임과 외교적 영향력 제고가 각각 3명(각각 9.7%), 글로벌 스탠더드에 부합 2명(6.5%), 경제적 효과 1명(3.2%) 등의 순서로 높은 빈도를 나타냈다.

<표 223> 민주주의 국제협력의 핵심 동기

	빈도	퍼센트
국가브랜드 이미지 제고	6	19.4
외교적 영향력 제고	3	9.7
경제적 효과	1	3.2
국제사회 일원으로서의 인식 제고	5	16.1
국내의 민주주의 증진 효과	11	35.5
국제사회에 대한 책임	3	9.7
글로벌 스탠더드에 부합	2	6.5
합 계	31	100.0

<표 224>는 말레이시아에서 민주주의 국제협력을 통한 긍정적 효과에 대한 현황분석이다. 민주주의 국제협력을 통한 긍정적 효과에 대해 국내민주주의 증진이라고 응답한 빈도가 13명(41.9%)으로 가장 많았으며, 그 다음으로 국제사회 일원으로서의 인식 제고 9명(29.0%), 외교적 영향력 제고 4명(12.9%), 경제적 효과 3명(9.7%), 국가브랜드 이미지 제고 2명(6.5%) 등의 순서로 높은 빈도를 나타냈다.

<표 224> 민주주의 국제협력을 통한 긍정적 효과

	빈도	퍼센트
국가브랜드 이미지 제고	2	6.5
외교적 영향력 확대	4	12.9
경제적 이익 실현	3	9.7
국제사회로부터의 인정	9	29.0
공여국 자국의 민주주의 증진	13	41.9
합　계	31	100.0

<표 225>는 말레이시아에서 가장 효과적인 민주주의 국제협력 프로그램에 대한 현황분석결과이다. 말레이시아에서 가장 효과적인 민주주의 국제협력 프로그램은 잘 모르겠다고 응답한 빈도가 23명(74.2%)로 가장 많았으며, 그 다음으로 민주적 리더십 프로그램과 재정지원 프로그램이 각각 3명(각각 9.7%), 교육 프로그램 2명(6.5%) 등의 순서로 높은 빈도를 나타냈다.

<표 225> 가장 효과적인 민주주의 국제협력 프로그램

	빈도	퍼센트
민주적 리더십 프로그램	3	9.7
교육 프로그램	2	6.5
재정지원 프로그램	3	9.7
잘 모르겠음	23	74.2
합　계	31	100.0

<표 226>은 말레이시아에서 가장 효과적이지 못한 민주주의 국제협력 프로그램에 대한 현황분석이다. 말레이시아에서 가장 효과적이지 못한 민주주의 국제협력 프로그램잘 모르겠다고 응답한 빈도가 24명(77.4%)으로 가장 많았으며, 그 다음으로 재정지원 프로그램 3명(9.7%), 인적교류 프로그램 2명(6.5%), 교육 프로그램과 기타가 각각 1명(각각 3.2%) 등의 순서로 높은 빈도를 나타냈다.

<표 226> 가장 효과적이지 못한 민주주의 국제협력 프로그램

	빈도	퍼센트
인적교류 프로그램	2	6.5
교육 프로그램	1	3.2
재정지원 프로그램	3	9.7
기타	1	3.2
잘 모르겠음	24	77.4
합 계	31	100.0

〈표 227〉은 말레이시아에서 민주주의 국제협력 실행 상의 장애 요인에 대한 분석결과이다. 말레이시아에서 민주주의 국제협력 실행 상의 장애 요인은 잘 모르겠다고 응답한 빈도가 23명(74.2%)으로 가장 많았으며, 그 다음으로 외부적 요인과 기타가 각각 3명(각각 9.7%), 비효율적 관료제와 부패 2명(6.5%) 등의 순서로 높은 빈도를 나타냈다.

〈표 227〉 민주주의 국제협력 실행 상의 장애 요인

	빈도	퍼센트
외부적 요인	3	9.7
비효율적 관료제와 부패	2	6.5
기타	3	9.7
잘 모르겠음	23	74.2
합 계	31	100.0

〈표 228〉은 말레이시아의 자국 민주주의 수준의 평가에 대한 현황분석이다. 자국 민주주의 수준의 평가에 대해 다소 비민주적이라고 응답한 빈도가 23명(74.2%)으로 가장 많았으며, 그 다음으로 보통 6명(19.4%), 매우 비민주적 2명(6.5%) 등의 순서로 높은 빈도를 나타냈다.

〈표 228〉 자국 민주주의 수준에 대한 평가

	빈도	퍼센트
매우 비민주적	2	6.5
다소 비민주적	23	74.2
보통	6	19.4
합 계	31	100.0

〈표 229〉는 말레이시아에서 자국 민주주의의 핵심 이슈에 대한 분석이다. 자국 민주주의의 핵심 이슈에 대해 자유라고 응답한 빈도가 10명(32.3%)으로 가장 많았으며, 그 다음으로 평등 9명(29.0%), 정의 6명(19.4%), 부정부패 척결 5명(16.1%), 잘 모르겠음 1명(3.2%) 등의 순서로 높은 빈도를 나타냈다.

〈표 229〉 자국 민주주의의 핵심 이슈

	빈도	퍼센트
자유	10	32.3
정의	6	19.4
부정부패 척결	5	16.1
평등	9	29.0
잘 모르겠음	1	3.2
합　계	31	100.0

〈표 230〉은 말레이시아에서 자국의 민주주의 발전을 저해하는 요인 중 취약한 정당 시스템에 대한 분석이다. 취약한 정당 시스템의 심각성 정도에 대해 전혀 심각하지 않다고 응답한 빈도가 13명(41.9%)으로 가장 많았으며, 그 다음으로 다소 심각하지 않음 6명(19.4%), 보통과 매우 심각이 각각 5명(각각 16.1), 대체로 심각 2명(6.5%) 등의 순서로 높은 빈도를 나타냈다.

〈표 230〉 자국의 민주주의 발전을 저해하는 요인들의 심각성 정도 :
취약한 정당 시스템

	빈도	퍼센트
전혀 심각하지 않음	13	41.9
다소 심각하지 않음	6	19.4
보통	5	16.1
대체로 심각	2	6.5
매우 심각	5	16.1
합　계	31	100.0

〈표 231〉은 말레이시아에서 자국의 민주주의 발전을 저해하는 요인 중 부정부패에 대한 분석이다. 부정부패에 대한 심각성에 대해 전혀 심각하지 않다고 응답한 빈도가 14명(45.2%)으로 가장 많았으며, 그 다음으로 매우 심각 9명(29.0%), 대체로 심각 5명(16.1%), 보통 2명(6.5%), 별로 심각하지 않음 1명(3.2%) 등의 순서로 높은 빈도를 나타냈다.

〈표 231〉 자국의 민주주의 발전을 저해하는 요인들의 심각성 정도 : 부정부패

	빈도	퍼센트
전혀 심각하지 않음	14	45.2
별로 심각하지 않음	1	3.2
보통	2	6.5
대체로 심각	5	16.1
매우 심각	9	29.0
합　계	31	100.0

<표 232>는 말레이시아에서 자국의 민주주의 발전을 저해하는 요인 중 시민사회의 취약성에 대한 분석이다. 시민사회의 취약성에 대해 대체로 심각하다고 응답한 빈도가 12명(38.7%)로 가장 많았으며, 그 다음으로 보통 6명(19.4%), 별로 심각하지 않음 5명(16.1%), 매우 심각 4명(12.9%), 전혀 심각하지 않음 3명(9.7%), 잘 모르겠음 1명(3.2%) 등의 순서로 높은 빈도를 나타냈다.

<표 232> 자국의 민주주의 발전을 저해하는 요인들의 심각성 정도 : 시민사회의 취약성

	빈도	퍼센트
전혀 심각하지 않음	3	9.7
별로 심각하지 않음	5	16.1
보통	6	19.4
대체로 심각	12	38.7
매우 심각	4	12.9
잘 모르겠음	1	3.2
합 계	31	100.0

<표 233>은 말레이시아에서 자국의 민주주의 발전을 저해하는
요인 중 민주적 문화의 결핍에 대한 분석이다. 민주적 문화의 결핍
에 대해 전혀 심각하지 않다고 응답한 빈도가 14명(45.2%)으로 가
장 많았으며, 그 다음으로 대체로 심각 9명(29.0%), 매우 심각 5명
(16.1%), 별로 심각하지 않음 2명(6.5%), 보통 1명(3.2%) 등의 순서
로 높은 빈도를 나타냈다.

<표 233> 자국의 민주주의 발전을 저해하는 요인들의 심각성 정도 :
　　　　　 민주적 문화의 결핍

	빈도	퍼센트
전혀 심각하지 않음	14	45.2
별로 심각하지 않음	2	6.5
보통	1	3.2
대체로 심각	9	29.0
매우 심각	5	16.1
합　계	31	100.0

〈표 234〉는 말레이시아에서 자국의 민주주의 발전을 저해하는 요인 중 관료주의적 시스템에 대한 분석이다. 관료주의적 시스템에 대해 전혀 심각하지 않다고 응답한 빈도가 12명(38.7%)으로 가장 많았으며, 그 다음으로 대체로 심각 7명(22.6%), 보통 5명(16.1%), 매우 심각 4명(12.9%), 별로 심각하지 않음 3명(9.7%) 등의 순서로 높은 빈도를 나타냈다.

〈표 234〉 자국의 민주주의 발전을 저해하는 요인들의 심각성 정도 :
관료주의적 시스템

	빈도	퍼센트
전혀 심각하지 않음	12	38.7
별로 심각하지 않음	3	9.7
보통	5	16.1
대체로 심각	7	22.6
매우 심각	4	12.9
합 계	31	100.0

〈표 235〉는 말레이시아에서 자국의 민주주의 발전을 저해하는 요인 중 사법 체계의 취약성에 대한 분석이다. 사법 체계의 취약성에 대해 전혀 심각하지 않다고 응답한 빈도가 14명(45.2%)으로 가장 많았으며, 그 다음으로 매우 심각 10명(32.3%), 대체로 심각 5명(16.1%), 보통 2명(6.5%) 등의 순서로 높은 빈도를 나타냈다.

〈표 235〉 자국의 민주주의 발전을 저해하는 요인들의 심각성 정도 : 사법 체계의 취약성

	빈도	퍼센트
전혀 심각하지 않음	14	45.2
보통	2	6.5
대체로 심각	5	16.1
매우 심각	10	32.3
합 계	31	100.0

<표 236>은 말레이시아에서 자국의 민주주의 발전을 저해하는 요인 중 민주적 가치 정향의 부재에 대한 분석이다. 민주적 가치 정향의 부재에 대해 전혀 심각하지 않다고 응답한 빈도가 13명(41.9%)으로 가장 많았으며, 그 다음으로 별로 심각하지 않음 6명(19.4%), 매우 심각 5명(16.1%), 대체로 심각 4명(12.9%), 보통 2명(6.5%), 잘 모르겠음 1명(3.2%) 등의 순서로 높은 빈도를 나타냈다.

<표 236> 자국의 민주주의 발전을 저해하는 요인들의 심각성 정도 : 민주적 가치 정향의 부재

	빈도	퍼센트
전혀 심각하지 않음	13	41.9
별로 심각하지 않음	6	19.4
보통	2	6.5
대체로 심각	4	12.9
매우 심각	5	16.1
잘 모르겠음	1	3.2
합 계	31	100.0

〈표 237〉은 말레이시아에서 민주주의 발전에 대한 문화적 장애 요인 중 봉건적 문화에 대한 분석이다. 봉건적 문화에 대해 대체로 심각하다고 응답한 빈도가 20명(64.5%)으로 가장 많았으며, 그 다음으로 보통 5명(16.1%), 매우 심각 4명(12.9%), 전혀 심각하지 않음과 잘 모르겠음 각각 1명(각각 3.2%) 등의 순서로 높은 빈도를 나타냈다.

〈표 237〉 민주주의 발전에 대한 문화적 장애 요인의 심각성 정도 : 봉건적 문화

	빈도	퍼센트
전혀 심각하지 않음	1	3.2
보통	5	16.1
대체로 심각	20	64.5
매우 심각	4	12.9
잘 모르겠음	1	3.2
합 계	31	100.0

<표 238>은 말레이시아에서 민주주의 발전에 대한 문화적 장애 요인 중 군사주의 문화에 대한 분석이다. 군사주의 문화에 대해 별로 심각하지 않다고 응답한 빈도가 14명(45.2%)으로 가장 많았으며, 그 다음으로 전혀 심각하지 않음 12명(38.7%), 보통 4명(12.9%), 대체로 심각 1명(3.2%) 등의 순서로 높은 빈도를 나타냈다.

<표 238> 민주주의 발전에 대한 문화적 장애 요인의 심각성 정도 : 군사주의 문화

	빈도	퍼센트
전혀 심각하지 않음	12	38.7
별로 심각하지 않음	14	45.2
보통	4	12.9
대체로 심각	1	3.2
합　계	31	100.0

〈표 239〉는 말레이시아에서 민주주의 발전에 대한 문화적 장애 요인 중 가부장 문화에 대한 분석이다. 가부장 문화에 대해 보통이라고 응답한 빈도가 13명(41.9%)으로 가장 많았으며, 그 다음으로 다소 심각 10명(32.3%), 대체로 심각하지 않음 4명(12.9%), 전혀 심각하지 않음과 매우 심각이 각각 2명(각각 6.5%) 등의 순서로 높은 빈도를 나타냈다.

〈표 239〉 민주주의 발전에 대한 문화적 장애 요인의 심각성 정도 : 가부장 문화

	빈도	퍼센트
전혀 심각하지 않음	2	6.5
대체로 심각하지 않음	4	12.9
보통	13	41.9
다소 심각	10	32.3
매우 심각	2	6.5
합 계	31	100.0

<표 240>은 말레이시아에서 민주주의 발전에 대한 문화적 장애 요인 중 종교 문화에 대한 분석이다. 종교 문화에 대해 대체로 심각 하다고 응답한 빈도가 15명(48.4%)으로 가장 많았으며, 그 다음으로 보통 9명(29.0%), 매우 심각 7명(22.6%) 등의 순서로 높은 빈도를 나타냈다.

<표 240> 민주주의 발전에 대한 문화적 장애 요인의 심각성 정도 : 종교 문화

	빈도	퍼센트
보통	9	29.0
대체로 심각	15	48.4
매우 심각	7	22.6
합　계	31	100.0

<표 241>은 말레이시아에서 민주주의 발전에 대한 문화적 장애 요인 중 물질주의, 자본주의 문화에 대한 분석이다. 물질주의, 자본주의 문화에 대해 보통이라고 응답한 빈도가 12명(38.7%)으로 가장 많았으며, 그 다음으로 대체로 심각 10명(32.3%), 매우 심각 4명(12.9%), 별로 심각하지 않음 3명(9.7%), 전혀 심각하지 않음과 잘 모르겠음이 각각 1명(각각 3.2%) 등의 순서로 높은 빈도를 나타냈다.

<표 241> 민주주의 발전에 대한 문화적 장애 요인의 심각성 정도 : 물질주의, 자본주의 문화

	빈도	퍼센트
전혀 심각하지 않음	1	3.2
별로 심각하지 않음	3	9.7
보통	12	38.7
대체로 심각	10	32.3
매우 심각	4	12.9
잘 모르겠음	1	3.2
합　계	31	100.0

〈표 242〉는 말레이시아에서 자국 민주주의 발전에 관련된 요소
들 중 헌법과 헌정 질서의 중요성에 대한 분석이다. 헌법과 헌정
질서의 중요성에 대해 대체로 중요하다고 응답한 빈도가 13명
(41.9%)으로 가장 많았으며, 그 다음으로 매우 중요 11명(35.5%),
보통 7명(22.6%) 등의 순서로 높은 빈도를 나타냈다.

〈표 242〉 자국 민주주의 발전에 관련된 요소들의 중요성 정도 : 헌법
과 헌정 질서

	빈도	퍼센트
보통	7	22.6
대체로 중요	13	41.9
매우 중요	11	35.5
합　계	31	100.0

<표 243>은 말레이시아에서 자국 민주주의 발전에 관련된 요소들 중 다당제의 중요성에 대한 분석이다. 다당제의 중요성에 대해 매우 중요하다고 응답한 빈도가 12명(38.7%)으로 가장 많았으며, 그 다음으로 보통 11명(35.5%), 별로 중요하지 않음 4명(12.9%), 대체로 중요 3명(9.7%), 잘 모르겠음 1명(3.2%) 등의 순서로 높은 빈도를 나타냈다.

<표 243> 자국 민주주의 발전에 관련된 요소들의 중요성 정도 : 다당제

	빈도	퍼센트
별로 중요하지 않음	4	12.9
보통	11	35.5
대체로 중요	3	9.7
매우 중요	12	38.7
잘 모르겠음	1	3.2
합 계	31	100.0

　〈표 244〉는 말레이시아에서 자국 민주주의 발전에 관련된 요소들 중 사법 체제의 독립성에 대한 분석이다. 사법 체제의 독립성에 대해 매우 중요하다고 응답한 빈도 15명(48.4%)으로 가장 많았으며, 그 다음으로 전혀 중요하지 않음 6명(19.4%), 보통과 대체로 중요가 각각 4명(각각 12.9%), 별로 중요하지 않음 2명(6.5%) 등의 순서로 높은 빈도를 나타냈다.

〈표 244〉 자국 민주주의 발전에 관련된 요소들의 중요성 정도 : 사법 체제의 독립성

	빈도	퍼센트
전혀 중요하지 않음	6	19.4
별로 중요하지 않음	2	6.5
보통	4	12.9
대체로 중요	4	12.9
매우 중요	15	48.4
합　계	31	100.0

<표 245>는 말레이시아에서 자국 민주주의 발전에 관련된 요소들 중 언론 자유에 대한 분석이다. 언론자유에 대해 매우 중요하다고 응답한 빈도가 13명(41.9%)으로 가장 많았으며, 그 다음으로 별로 중요하지 않음과 대체로 중요가 각각 7명(각각 22.6%), 보통 4명(12.9%) 등의 순서로 높은 빈도를 나타냈다.

<표 245> 자국 민주주의 발전에 관련된 요소들의 중요성 정도 : 언론 자유

	빈도	퍼센트
별로 중요하지 않음	7	22.6
보통	4	12.9
대체로 중요	7	22.6
매우 중요	13	41.9
합 계	31	100.0

〈표 246〉은 말레이시아에서 자국 민주주의 발전에 관련된 요소
들 중 시민사회 공고화에 대한 분석이다. 시민사회 공고화에 대해
매우 중요하다고 응답한 빈도가 18명(58.1%)으로 가장 많았으며,
그 다음으로 대체로 중요 12명(38.7%), 보통 1명(3.2%) 등의 순서로
높은 빈도를 나타냈다.

〈표 246〉 자국 민주주의 발전에 관련된 요소들의 중요성 정도 : 시민
　　　　　 사회 공고화

	빈도	퍼센트
보통	1	3.2
대체로 중요	12	38.7
매우 중요	18	58.1
합　계	31	100.0

〈표 247〉은 말레이시아에서 자국 민주주의 발전에 관련된 요소들 중 시민교육에 대한 분석이다. 시민교육의 중요성에 대해 대체로 중요하다고 응답한 빈도가 10명(32.3%)으로 가장 많았으며, 그 다음으로 매우 중요 9명(29.0%), 보통 8명(25.8%), 별로 중요하지 않음 4명(12.9%) 등의 순서로 높은 빈도를 나타냈다.

〈표 247〉 자국 민주주의 발전에 관련된 요소들의 중요성 정도 : 시민교육

	빈도	퍼센트
별로 중요하지 않음	4	12.9
보통	8	25.8
대체로 중요	10	32.3
매우 중요	9	29.0
합　계	31	100.0

<표 248>은 말레이시아에서 자국 민주주의 발전에 관련된 요소들 중 민주적 가치 정향에 대한 분석이다. 민주적 가치정향에 대해 보통이라고 응답한 빈도가 11명(35.5%)으로 가장 많았으며, 그 다음으로 매우 중요 8명(25.8%), 대체로 중요 6명(19.4%), 별로 중요하지 않음 4명(12.9%), 잘 모르겠음 2명(6.5%) 등의 순서로 높은 빈도를 나타냈다.

<표 248> 자국 민주주의 발전에 관련된 요소들의 중요성 정도 : 민주적 가치 정향

	빈도	퍼센트
별로 중요하지 않음	4	12.9
보통	11	35.5
대체로 중요	6	19.4
매우 중요	8	25.8
잘 모르겠음	2	6.5
합　계	31	100.0

<표 249>는 말레이시아에서 민주주의 국제협력 프로그램의 수요에 대한 현황분석이다. 민주주의 국제협력 프로그램의 수요는 재정지원 프로그램이라고 응답한 빈도가 11명(35.5%)으로 가장 많았으며, 그 다음으로 민주적 리더십 프로그램 7명(22.6%), 조직교류프로그램 6명(19.4%), 교육프로그램 5명(16.1%), 인적교류 프로그램과 인간 안보 발전 각각 1명(각각 3.2%) 등의 순서로 높은 빈도를 나타냈다.

<표 249> 민주주의 국제협력 프로그램에 대한 수요

	빈도	퍼센트
민주적 리더십 프로그램	7	22.6
인적교류 프로그램	1	3.2
조직교류프로그램	6	19.4
교육프로그램	5	16.1
인간 안보 발전	1	3.2
재정지원 프로그램	11	35.5
합 계	31	100.0

<표 250>은 말레이시아에서 한국에 대한 가장 큰 인상에 대한 분석이다. 한국에 대한 가장 큰 인상에 대해 남북분단이라고 응답한 빈도가 12명(38.7%)으로 가장 많았으며, 그 다음으로 급속한 경제 성장 8명(25.8%), 민주화운동 7명(22.6%), IT 기술과 기타가 각각 2명(각각 6.5%) 등의 순서로 높은 빈도를 나타냈다.

<표 250> 한국에 대한 가장 큰 인상

	빈도	퍼센트
남북분단	12	38.7
급속한 경제 성장	8	25.8
민주화운동	7	22.6
IT 기술	2	6.5
기타	2	6.5
합　계	31	100.0

<표 251>은 말레이시아에서 한국 민주주의 수준의 평가에 대한 분석이다. 한국민주주의의 수준에 대해 다소 민주적이라고 응답한 빈도가 22명(71.0%)으로 가장 많았으며, 그 다음으로 보통 3명(9.7%), 매우 민주적과 다소 비민주적이 각각 2명(각각 6.5%), 매우 비민주적과 잘 모르겠음이 각각 1명(각각 3.2%) 등의 순서로 높은 빈도를 나타냈다.

<표 251> 한국 민주주의 수준에 대한 평가

	빈도	퍼센트
매우 비민주적	1	3.2
다소 비민주적	2	6.5
보통	3	9.7
다소 민주적	22	71.0
매우 민주적	2	6.5
잘 모르겠음	1	3.2
합　계	31	100.0

〈표 252〉는 말레이시아에서 향후 한국에 기대되는 민주주의 국제협력 프로그램에 대한 분석이다. 향후 한국에 기대되는 민주주의 국제협력 프로그램에 대해 교육훈련이라고 응답한 빈도가 12명(38.7%)으로 가장 많았으며, 그 다음으로 민주주의 관련 재정적 지원 11명(35.5%), 네트워킹과 상호 교류 5명(16.1%), 적극적 개입 3명(9.7%) 등의 순서로 높은 빈도를 나타냈다.

〈표 252〉 향후 한국에 기대되는 민주주의 국제협력 프로그램

	빈도	퍼센트
네트워킹과 상호 교류	5	16.1
적극적 개입	3	9.7
교육훈련	12	38.7
민주주의 관련 재정적 지원	11	35.5
합　계	31	100.0

<표 253>은 말레이시아에서 민주화운동기념사업회가 추진해야 할 프로그램 중 세계적 지역적 포럼에 대한 분석이다. 세계적 지역적 포럼의 필요성에 대해 대체로 필요하다고 응답한 빈도가 19명(61.3%)으로 가장 많았으며, 그 다음으로 보통 6명(19.4%), 별로 필요치 않음 4명(12.9%), 매우 필요 2명(6.5%) 등의 순서로 높은 빈도를 나타냈다.

<표 253> 민주화운동기념사업회가 추진해야 할 프로그램의 필요 : 세계적 지역적 포럼

	빈도	퍼센트
별로 필요치 않음	4	12.9
보통	6	19.4
대체로 필요	19	61.3
매우 필요	2	6.5
합 계	31	100.0

〈표 254〉는 말레이시아에서 민주화운동기념사업회가 추진해야 할 프로그램 중 책임성 있고 효율적인 통치 모델 개발에 대한 분석이다. 책임성 있고 효율적인 통치 모델 개발의 필요성에 대해 대체로 필요하다고 응답한 빈도가 15명(48.4%)으로 가장 많았으며, 그 다음으로 보통 10명(32.3%), 매우 필요 4명(12.9%), 별로 필요치 않음 2명(6.5%) 등의 순서로 높은 빈도를 나타냈다.

〈표 254〉 민주화운동기념사업회가 추진해야 할 프로그램의 필요 : 책임성 있고 효율적인 통치 모델 개발

	빈도	퍼센트
별로 필요치 않음	2	6.5
보통	10	32.3
대체로 필요	15	48.4
매우 필요	4	12.9
합 계	31	100.0

　〈표 255〉는 말레이시아에서 민주화운동기념사업회가 추진해야 할 프로그램 중 지식 기반 서비스에 대한 분석이다. 지식기반서비스에 대한 필요성에 대해 대체로 필요하다고 응답한 빈도가 14명(45.2%)으로 가장 많았으며, 그 다음으로 보통 11명(35.5%), 별로 필요치 않음 3명(9.7%), 매우 필요 2명(6.5%), 잘 모르겠음 1명(3.2%) 등의 순서로 높은 빈도를 나타냈다.

〈표 255〉 민주화운동기념사업회가 추진해야 할 프로그램의 필요 : 지식 기반 서비스

	빈도	퍼센트
별로 필요치 않음	3	9.7
보통	11	35.5
대체로 필요	14	45.2
매우 필요	2	6.5
잘 모르겠음	1	3.2
합　계	31	100.0

　　〈표 256〉은 말레이시아에서 민주화운동기념사업회가 추진해야
할 프로그램 중 커뮤니티 프로그램 증진에 대한 분석이다. 커뮤니
티 프로그램 증진에 대해 대체로 필요하다고 응답한 빈도가 17명
(54.8%)으로 가장 많았으며, 그 다음으로 매우 필요치 않음 8명
(25.8%), 보통 6명(19.4%) 등의 순서로 높은 빈도를 나타냈다.

〈표 256〉 민주화운동기념사업회가 추진해야 할 프로그램의 필요 :
　　　　　커뮤니티 프로그램 증진

	빈도	퍼센트
보통	6	19.4
대체로 필요	17	54.8
매우 필요치 않음	8	25.8
합　계	31	100.0

〈표 257〉은 말레이시아에서 민주화운동기념사업회가 추진해야 할 프로그램 중 교육 훈련 프로그램에 대한 분석이다. 교육훈련프로그램의 필요성에 대해 대체로 필요하다고 응답한 빈도가 18명(58.1%)으로 가장 많았으며, 그 다음으로 매우 필요 8명(25.8%), 보통 3명(9.7%), 별로 필요치 않음과 잘 모르겠음 각각 1명(각각 3.2%) 등의 순서로 높은 빈도를 나타냈다.

〈표 257〉 민주화운동기념사업회가 추진해야 할 프로그램의 필요 : 교육 훈련 프로그램

	빈도	퍼센트
별로 필요치 않음	1	3.2
보통	3	9.7
대체로 필요	18	58.1
매우 필요	8	25.8
잘 모르겠음	1	3.2
합 계	31	100.0

<표 258>은 말레이시아에서 민주화운동기념사업회가 추진해야 할 프로그램 중 인적·조직적 교환 프로그램에 대한 분석이다. 인적·조직적 교환 프로그램의 필요성에 대해 대체로 필요하다고 응답한 빈도가 16명(51.6%)으로 가장 많았으며, 그 다음으로 보통 9명(29.0%), 매우 필요 6명(19.4%) 등의 순서로 높은 빈도를 나타냈다.

<표 258> 민주화운동기념사업회가 추진해야 할 프로그램의 필요 : 인적·조직적 교환 프로그램

	빈도	퍼센트
보통	9	29.0
대체로 필요	16	51.6
매우 필요	6	19.4
합　계	31	100.0

<표 259>는 말레이시아에서 민주화운동기념사업회가 추진해야 할 프로그램 중 한국의 민주화 경험 공유에 대한 분석이다. 한국의 민주화 경험 공유의 필요성에 대한 대체로 필요하다고 응답한 빈도가 15명(48.4%)으로 가장 많았으며, 그 다음으로 보통 8명(25.8%), 매우 필요와 별로 필요치 않음이 각각 4명(각각 12.9%) 등의 순서로 높은 빈도를 나타냈다.

<표 259> 민주화운동기념사업회가 추진해야 할 프로그램의 필요 :
한국의 민주화 경험 공유

	빈도	퍼센트
별로 필요치 않음	4	12.9
보통	8	25.8
대체로 필요	15	48.4
매우 필요	4	12.9
합　계	31	100.0

<표 260>은 말레이시아에서 아시아 민주주의 증진을 위한 교육 프로그램 중 현장 연구 및 체험의 효율성에 대한 분석이다. 현장 연구 및 체험의 효율성에 대해 대체로 효율적이라고 응답한 빈도가 24명(77.4%)으로 가장 많았으며, 그 다음으로 매우 효율 5명(16.1%), 별로 효율적이지 않음과 보통이 각각 1명(각각 3.2%) 등의 순서로 높은 빈도를 나타냈다.

<표 260> 아시아 민주주의 증진을 위한 교육 프로그램의 효율성 정도 : 현장 연구 및 체험

	빈도	퍼센트
별로 효율적이지 않음	1	3.2
보통	1	3.2
대체로 효율	24	77.4
매우 효율	5	16.1
합 계	31	100.0

<표 261>은 말레이시아에서 아시아 민주주의 증진을 위한 교육 프로그램 중 전문가 강좌의 효율성에 대한 분석이다. 전문가 강좌의 효율성수준에 보통이라고 응답한 빈도가 16명(51.6%)으로 가장 많았으며, 그 다음으로 대체로 효율 8명(25.8%), 별로 효율적이지 않음과 매우 효율이 각각 3명(각각 9.7%), 잘 모르겠음 1명(3.2%) 등의 순서로 높은 빈도를 나타냈다.

<표 261> 아시아 민주주의 증진을 위한 교육 프로그램의 효율성 정도 : 전문가 강좌

	빈도	퍼센트
별로 효율적이지 않음	3	9.7
보통	16	51.6
대체로 효율	8	25.8
매우 효율	3	9.7
잘 모르겠음	1	3.2
합 계	31	100.0

<표 262>는 말레이시아에서 아시아 민주주의 증진을 위한 교육 프로그램 중 문제 해결 토론의 효율성에 대한 분석이다. 문제 해결 토론의 효율성수준에 대해 보통이라고 응답한 빈도가 16명(51.6%)으로 가장 많았으며, 그 다음으로 대체로 효율 10명(32.3%), 매우 효율 4명(12.9%), 별로 효율적이지 않음 1명(3.2%) 등의 순서로 높은 빈도를 나타냈다.

<표 262> 아시아 민주주의 증진을 위한 교육 프로그램의 효율성 정도 : 문제 해결 토론

	빈도	퍼센트
별로 효율적이지 않음	1	3.2
보통	16	51.6
대체로 효율	10	32.3
매우 효율	4	12.9
합　계	31	100.0

〈표 263〉은 말레이시아에서 아시아 민주주의 증진을 위한 교육 프로그램 중 기술 훈련의 효율성에 대한 분석이다. 기술 훈련의 효율성수준에 대해 대체로 효율적이라고 응답한 빈도가 13명 (41.9%)으로 가장 많았으며, 그 다음으로 매우 효율 11명(35.5%), 보통 6명(19.4%), 별로 효율적이지 않음 1명(3.2%) 등의 순서로 높은 빈도를 나타냈다.

〈표 263〉 아시아 민주주의 증진을 위한 교육 프로그램의 효율성 정도 : 기술 훈련

	빈도	퍼센트
별로 효율적이지 않음	1	3.2
보통	6	19.4
대체로 효율	13	41.9
매우 효율	11	35.5
합 계	31	100.0

<표 264>는 말레이시아에서 아시아 민주주의 증진을 위한 교육 프로그램 중 인턴십·펠로우십의 효율성에 대한 분석이다. 인턴십·펠로우십의 효율성수준에 대해 매우 효율적이라고 응답한 빈도가 17명(54.8%)으로 가장 많았으며, 그 다음으로 보통과 대체로 효율 각각 7명(각각 22.6%) 등의 순서로 높은 빈도를 나타냈다.

<표 264> 아시아 민주주의 증진을 위한 교육 프로그램의 효율성 정도 : 인턴십·펠로우십

	빈도	퍼센트
보통	7	22.6
대체로 효율	7	22.6
매우 효율	17	54.8
합　계	31	100.0

7. 네 팔

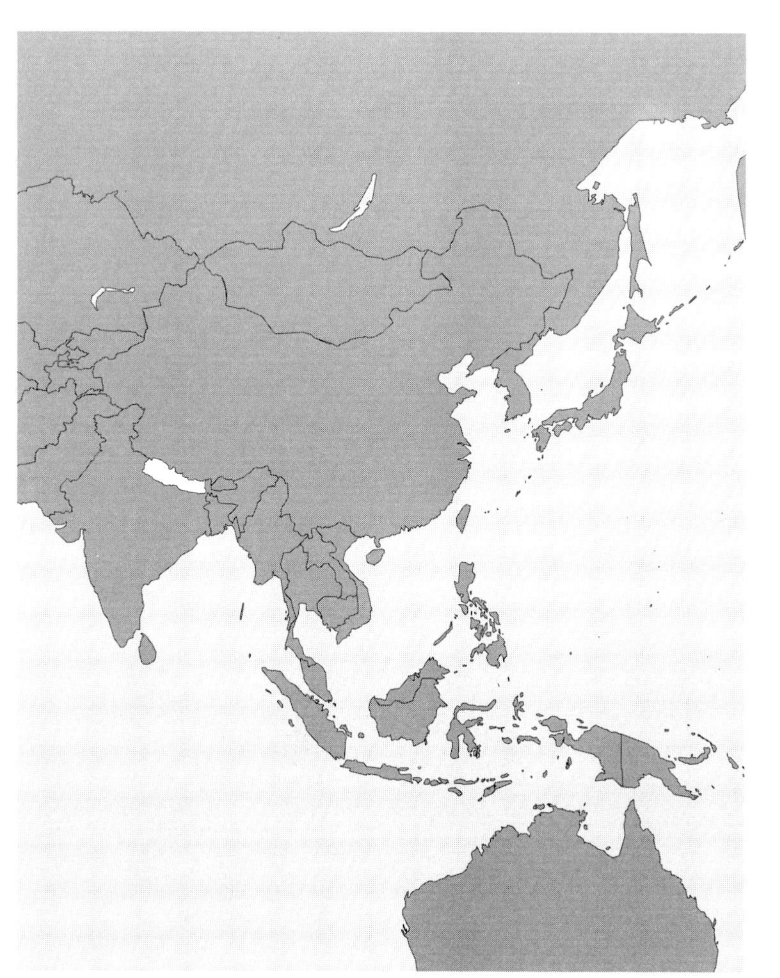

〈표 265〉는 네팔에서 민주주의 증진을 위해 가장 필요한 국제협력 지원의 방식에 대한 현황분석이다. 네팔에서 가장 필요로 하는 국제협력지원의 방식은 교육 프로그램이 102명(60.4%)으로 가장 높은 빈도를 나타냈고 그 다음으로 재정지원 35명(20.7%), 국제연대활동 12명(7.1%), 인적교류 9명(5.3%), 기타 7명(4.1%), 잘 모르겠음 3명(1.8%), 상호 이해 형성 1명(0.6%) 등의 순서로 높은 빈도를 나타냈다.

〈표 265〉 자국 민주주의 증진을 위해 가장 필요한 국제협력 지원의 방식

	빈도	퍼센트
교육 훈련	102	60.4
인적교류	9	5.3
국제연대활동	12	7.1
재정지원	35	20.7
상호 이해 형성	1	0.6
기타	7	4.1
잘 모르겠음	3	1.8
합　계	169	100.0

네팔에서 가장 효과적인 국제협력 네트워크 유형에 대한 현황분석은 〈표 266〉에 제시되었다. 네팔에서 가장 효과적인 국제교류협력유형은 정부 간 네트워크가 65명(38.5%)으로 가장 높은 빈도를 나타냈으며 그 다음으로 비정부 간 네트워크 51명(30.2%), 정당 간 네트워크 18명(10.7%), 의회 간 네트워크 15명(8.9%), 기타 14명(8.3%), 언론기구 간 네트워크 3명(1.8%), 잘 모르겠음 3명(1.8%) 등의 순서로 높은 빈도를 나타냈다.

〈표 266〉 자국에서 가장 효과적인 국제협력 네트워크 유형

	빈도	퍼센트
정부 간 네트워크	65	38.5
의회 간 네트워크	15	8.9
정당 간 네트워크	18	10.7
비정부기구 간 네트워크	51	30.2
언론기구 간 네트워크	3	1.8
기타	14	8.3
잘 모르겠음	3	1.8
합 계	169	100.0

〈표 267〉은 네팔에서 민주주의 국제협력의 핵심 동기에 대한 현황분석이다. 민주주의 국제협력의 핵심 동기는 외교적 영향력 제고라고 응답한 빈도가 40명(23.7%)으로 가장 많았으며, 그 다음 으로 국제사회에 대한 책임 32명(18.9%), 경제적 효과 26명 (15.4%), 국가브랜드 이미지 제고 22명(13.0%), 국제사회 일원으로서의 인식 제고 20명(11.8%), 글로벌 기준 14명(8.3%), 국내의 민주주의 증진 효과 9명(5.3%), 인도주의적 관심과 잘 모르겠음이 각각 3명(각각 1.8%) 등의 순서로 높은 빈도를 나타냈다.

〈표 267〉 민주주의 국제협력의 핵심 동기

	빈도	퍼센트
국가브랜드 이미지 제고	22	13.0
외교적 영향력 제고	40	23.7
경제적 효과	26	15.4
국제사회 일원으로서의 인식 제고	20	11.8
국내의 민주주의 증진 효과	9	5.3
인도주의적 관심	3	1.8
국제사회에 대한 책임	32	18.9
글로벌 스탠더드에 부합	14	8.3
잘 모르겠음	3	1.8
합 계	169	100.0

　〈표 268〉은 네팔에서 민주주의 국제협력을 통한 긍정적 효과에 대한 현황분석이다. 민주주의 국제협력을 통한 긍정적 효과에 대해 국제사회 일원으로서의 인식 제고라고 응답한 빈도가 42명(24.9%)으로 가장 많았으며, 그 다음으로 경제적 효과 39명(23.1%), 외교적 영향력 제고 27명(16.0%), 국가브랜드 이미지 제고 21명(12.4%), 국내의 민주주의 증진 효과 20명(11.8%), 잘 모르겠음 14명(8.3%), 기타 6명(3.6%) 등의 순서로 높은 빈도를 나타냈다.

〈표 268〉 민주주의 국제협력을 통한 긍정적 효과

	빈도	퍼센트
국가브랜드 이미지 제고	21	12.4
외교적 영향력 확대	27	16.0
경제적 이익 실현	39	23.1
국제사회로부터의 인정	42	24.9
공여국 자국의 민주주의 증진	20	11.8
기타	6	3.6
잘 모르겠음	14	8.3
합　계	169	100.0

<표 269>는 네팔에서 가장 효과적인 민주주의 국제협력 프로그램에 대한 현황분석결과이다. 네팔에서 가장 효과적인 민주주의 국제협력 프로그램에 대해 잘 모르겠다고 응답한 빈도가 86명(50.9%)으로 가장 많았으며, 그 다음으로 교육 프로그램 39명(23.1%), 재정지원 프로그램이 17명(10.1%), 민주적 리더십 프로그램 14명(8.3%), 인적교류 프로그램 9명(5.3%), 기타 4명(2.4%) 등의 순서로 높은 빈도를 나타냈다.

<표 269> 가장 효과적인 민주주의 국제협력 프로그램

	빈도	퍼센트
민주적 리더십 프로그램	14	8.3
인적교류 프로그램	9	5.3
교육 프로그램	39	23.1
재정지원 프로그램	17	10.1
기타	4	2.4
잘 모르겠음	86	50.9
합 계	169	100.0

〈표 270〉은 네팔에서 가장 효과적이지 못한 민주주의 국제협력 프로그램에 대한 현황분석이다. 네팔에서 가장 효과적이지 못한 민주주의 국제협력 프로그램에 대해 잘 모르겠다고 응답한 빈도가 89명(52.7%)으로 가장 많았으며, 그 다음으로 민주적 리더십 프로그램 27명(16.0%), 인적교류 프로그램 21명(12.4%), 재정지원 프로그램 17명(10.1%), 교육 프로그램 9명(5.3%), 기타 6명(3.6%) 등의 순서로 높은 빈도를 나타냈다.

〈표 270〉 가장 효과적이지 못한 민주주의 국제협력 프로그램

	빈도	퍼센트
민주적 리더십 프로그램	27	16.0
인적교류 프로그램	21	12.4
교육 프로그램	9	5.3
재정지원 프로그램	17	10.1
기타	6	3.6
잘 모르겠음	89	52.7
합　계	169	100.0

<표 271>은 네팔에서 민주주의 국제협력 실행 상의 장애 요인에 대한 분석결과이다. 네팔에서 민주주의 국제협력 실행 상의 장애 요인은 잘 모르겠다고 응답한 빈도가 75명(44.4%)으로 가장 많았으며, 그 다음으로 비효율적 관료제와 부패 46명(27.2%), 기타 21명(12.4%), 외부적 요인 18명(10.7%), 지원의 지속성 9명(5.3%) 등의 순서로 높은 빈도를 나타냈다.

<표 271> 민주주의 국제협력 실행 상의 장애 요인

	빈도	퍼센트
외부적 요인	18	10.7
비효율적 관료제와 부패	46	27.2
지원의 지속성	9	5.3
기타	21	12.4
잘 모르겠음	75	44.4
합　계	169	100.0

<표 272>는 네팔의 자국 민주주의 수준의 평가에 대한 현황분석이다. 자국 민주주의 수준의 평가에 대해 보통이라고 응답한 빈도가 89명(52.7%)으로 가장 많았으며, 그 다음으로 다소 비민주적 39명(23.1%), 민주적 26명(15.4%), 매우 비민주적 7명(4.1%), 매우 민주적과 잘 모르겠음이 각각 4명(각각 2.4%) 등의 순서로 높은 빈도를 나타냈다.

<표 272> 자국 민주주의 수준에 대한 평가

	빈도	퍼센트
매우 비민주적	7	4.1
다소 비민주적	39	23.1
보통	89	52.7
민주적	26	15.4
매우 민주적	4	2.4
잘 모르겠음	4	2.4
합 계	169	100.0

〈표 273〉은 네팔에서 자국 민주주의의 핵심 이슈에 대한 분석이
다. 자국 민주주의의 핵심 이슈에 대해 정의와 부정부패 척결이라
고 응답한 빈도가 각각 37명(각각 21.9%)으로 가장 많았으며, 그
다음으로 발전 32명(18.9%), 평등 26명(15.4%), 자유 22명(13.0%),
기타 9명(5.3%), 관용 4명(2.4%), 잘 모르겠음 2명(1.2%) 등의 순서
로 높은 빈도를 나타냈다.

〈표 273〉 자국 민주주의의 핵심 이슈

	빈도	퍼센트
자유	22	13.0
정의	37	21.9
부정부패 척결	37	21.9
관용	4	2.4
평등	26	15.4
발전	32	18.9
기타	9	5.3
잘 모르겠음	2	1.2
합 계	169	100.0

　〈표 274〉는 네팔에서 자국의 민주주의 발전을 저해하는 요인 중 취약한 정당 시스템에 대한 분석이다. 취약한 정당 시스템의 심각성 정도에 대해 다소 심각하지 않다고 응답한 빈도가 39명(23.1%)으로 가장 많았으며, 그 다음으로 대체로 심각 34명(20.1%), 보통과 매우 심각이 각각 31명(각각 18.3%), 전혀 심각하지 않음 30명(17.8%), 잘 모르겠음 4명(2.4%) 등의 순서로 높은 빈도를 나타냈다.

〈표 274〉 자국의 민주주의 발전을 저해하는 요인들의 심각성 정도 : 취약한 정당 시스템

	빈도	퍼센트
전혀 심각하지 않음	30	17.8
다소 심각하지 않음	39	23.1
보통	31	18.3
대체로 심각	34	20.1
매우 심각	31	18.3
잘 모르겠음	4	2.4
합　　계	169	100.0

　　〈표 275〉는 네팔에서 자국의 민주주의 발전을 저해하는 요인 중 부정부패에 대한 분석이다. 부정부패에 대한 심각성에 대해 매우 심각하다고 응답한 빈도가 54명(32.0%)으로 가장 많았으며, 그 다음으로 전혀 심각하지 않음과 별로 심각하지 않음 각각 35명(각각 20.7%), 대체로 심각 24명(14.2%), 보통 16명(9.5%), 잘 모르겠음 5명(3.0%) 등의 순서로 높은 빈도를 나타냈다.

〈표 275〉 자국의 민주주의 발전을 저해하는 요인들의 심각성 정도 :
　　　　　 부정부패

	빈도	퍼센트
전혀 심각하지 않음	35	20.7
별로 심각하지 않음	35	20.7
보통	16	9.5
대체로 심각	24	14.2
매우 심각	54	32.0
잘 모르겠음	5	3.0
합　　계	169	100.0

<표 276>은 네팔에서 자국의 민주주의 발전을 저해하는 요인 중 시민사회의 취약성에 대한 분석이다. 시민사회의 취약성에 대해 보통이라고 응답한 빈도가 48명(28.4%)로 가장 많았으며, 그 다음으로 별로 심각하지 않음 42명(24.9%), 대체로 심각 36명(21.3%), 매우 심각 27명(16.0%), 전혀 심각하지 않음 11명(6.5%), 잘 모르겠음 5명(3.0%) 등의 순서로 높은 빈도를 나타냈다.

<표 276> 자국의 민주주의 발전을 저해하는 요인들의 심각성 정도 : 시민사회의 취약성

	빈도	퍼센트
전혀 심각하지 않음	11	6.5
별로 심각하지 않음	42	24.9
보통	48	28.4
대체로 심각	36	21.3
매우 심각	27	16.0
잘 모르겠음	5	3.0
합 계	169	100.0

〈표 277〉은 네팔에서 자국의 민주주의 발전을 저해하는 요인 중 민주적 문화의 결핍에 대한 분석이다. 민주적 문화의 결핍에 대해 보통이라고 응답한 빈도가 44명(26.0%)으로 가장 많았으며, 그 다음으로 대체로 심각 37명(21.9%), 별로 심각하지 않음 34명(20.1%), 매우 심각 30명(17.8%), 전혀 심각하지 않음 20명(11.8%), 잘 모르겠음 4명(2.4%) 등의 순서로 높은 빈도를 나타냈다.

〈표 277〉 자국의 민주주의 발전을 저해하는 요인들의 심각성 정도 : 민주적 문화의 결핍

	빈도	퍼센트
전혀 심각하지 않음	20	11.8
별로 심각하지 않음	34	20.1
보통	44	26.0
대체로 심각	37	21.9
매우 심각	30	17.8
잘 모르겠음	4	2.4
합　계	169	100.0

<표 278>은 네팔에서 자국의 민주주의 발전을 저해하는 요인 중 관료주의적 시스템에 대한 분석이다. 관료주의적 시스템에 대해 별로 심각하지 않다고 응답한 빈도가 38명(22.5%)으로 가장 많았으며, 그 다음으로 보통 34(20.1%), 매우 심각 33명(19.5%), 대체로 심각 32명(18.9%), 전혀 심각하지 않음 24명(14.2%), 잘 모르겠음 8명(4.7%) 등의 순서로 높은 빈도를 나타냈다.

<표 278> 자국의 민주주의 발전을 저해하는 요인들의 심각성 정도 : 관료주의적 시스템

	빈도	퍼센트
전혀 심각하지 않음	24	14.2
별로 심각하지 않음	38	22.5
보통	34	20.1
대체로 심각	32	18.9
매우 심각	33	19.5
잘 모르겠음	8	4.7
합 계	169	100.0

〈표 279〉는 네팔에서 자국의 민주주의 발전을 저해하는 요인
중 사법 체계의 취약성에 대한 분석이다. 사법 체계의 취약성에
대해 전혀 별로 심각하지 않다고 응답한 빈도가 43명(25.4%)으로
가장 많았으며, 그 다음으로 보통 39명(23.1%), 대체로 심각 35명
(20.7%), 매우 심각 29명(17.2%), 전혀 심각하지 않음 14명(8.3%),
잘 모르겠음 9명(5.3%)등의 순서로 높은 빈도를 나타냈다.

〈표 279〉 자국의 민주주의 발전을 저해하는 요인들의 심각성 정도 :
사법 체계의 취약성

	빈도	퍼센트
전혀 심각하지 않음	14	8.3
별로 심각하지 않음	43	25.4
보통	39	23.1
대체로 심각	35	20.7
매우 심각	29	17.2
잘 모르겠음	9	5.3
합 계	169	100.0

〈표 280〉은 네팔에서 자국의 민주주의 발전을 저해하는 요인 중 민주적 가치 정향의 부재에 대한 분석이다. 민주적 가치 정향의 부재에 대해 대체로 심각하다고 응답한 빈도가 44명(26.0%)으로 가장 많았으며, 그 다음으로 보통 41명(24.3%), 별로 심각하지 않음 35명(20.7%), 매우 심각 28명(16.6%), 전혀 심각하지 않음 17명(10.1%), 잘 모르겠음 4명(2.4%) 등의 순서로 높은 빈도를 나타냈다.

〈표 280〉 자국의 민주주의 발전을 저해하는 요인들의 심각성 정도 : 민주적 가치 정향의 부재

	빈도	퍼센트
전혀 심각하지 않음	17	10.1
별로 심각하지 않음	35	20.7
보통	41	24.3
대체로 심각	44	26.0
매우 심각	28	16.6
잘 모르겠음	4	2.4
합 계	169	100.0

<표 281>은 네팔에서 민주주의 발전에 대한 문화적 장애 요인 중 봉건적 문화에 대한 분석이다. 봉건적 문화에 대해 대체로 심각하다고 응답한 빈도가 61명(36.1%)으로 가장 많았으며, 그 다음으로 매우 심각 46명(27.2%), 보통 35명(20.7%), 별로 심각하지 않음 13명(7.7%), 전혀 심각하지 않음 10명(5.9%), 잘 모르겠음 4명(2.4%) 등의 순서로 높은 빈도를 나타냈다.

<표 281> 민주주의 발전에 대한 문화적 장애 요인의 심각성 정도 : 봉건적 문화

	빈도	퍼센트
전혀 심각하지 않음	10	5.9
별로 심각하지 않음	13	7.7
보통	35	20.7
대체로 심각	61	36.1
매우 심각	46	27.2
잘 모르겠음	4	2.4
합　계	169	100.0

　〈표 282〉는 네팔에서 민주주의 발전에 대한 문화적 장애 요인 중 군사주의 문화에 대한 분석이다. 군사주의 문화에 대해 별로 심각하지 않다고 응답한 빈도가 46명(27.2%)으로 가장 많았으며, 그 다음으로 보통 37명(21.9%), 전혀 심각하지 않음 28명(16.6%), 매우 심각 26명(15.4%), 대체로 심각 24명(14.2%), 잘 모르겠음 8명(4.7%) 등의 순서로 높은 빈도를 나타냈다.

〈표 282〉 민주주의 발전에 대한 문화적 장애 요인의 심각성 정도 : 군사주의 문화

	빈도	퍼센트
전혀 심각하지 않음	28	16.6
별로 심각하지 않음	46	27.2
보통	37	21.9
대체로 심각	24	14.2
매우 심각	26	15.4
잘 모르겠음	8	4.7
합　계	169	100.0

　〈표 283〉은 네팔에서 민주주의 발전에 대한 문화적 장애 요인 중 가부장 문화에 대한 분석이다. 가부장 문화에 대해 보통이라고 응답한 빈도가 50명(29.9%)으로 가장 많았으며, 그 다음으로 다소 심각 46명(27.5%), 대체로 심각하지 않음과 매우 심각이 각각 27명(각각 16.2%), 전혀 심각하지 않음 9명(5.4%), 잘 모르겠음 8명(4.8%) 등의 순서로 높은 빈도를 나타냈다.

〈표 283〉 민주주의 발전에 대한 문화적 장애 요인의 심각성 정도 : 가부장 문화

	빈도	퍼센트
전혀 심각하지 않음	9	5.4
대체로 심각하지 않음	27	16.2
보통	50	29.9
다소 심각	46	27.5
매우 심각	27	16.2
잘 모르겠음	8	4.8
합　계	167	100.0

<표 284>는 네팔에서 민주주의 발전에 대한 문화적 장애 요인 중 종교 문화에 대한 분석이다. 종교 문화에 대해 보통이라고 응답한 빈도가 44명(26.0%)으로 가장 많았으며, 그 다음으로 별로 심각하지 않음 42명(24.9%), 대체로 심각 41명(24.3%), 전혀 심각하지 않음 24명(14.2%), 매우 심각 13명(7.7%), 잘 모르겠음 5명(3.0%) 등의 순서로 높은 빈도를 나타냈다.

<표 284> 민주주의 발전에 대한 문화적 장애 요인의 심각성 정도 : 종교 문화

	빈도	퍼센트
전혀 심각하지 않음	24	14.2
별로 심각하지 않음	42	24.9
보통	44	26.0
대체로 심각	41	24.3
매우 심각	13	7.7
잘 모르겠음	5	3.0
합 계	169	100.0

<표 285>는 네팔에서 민주주의 발전에 대한 문화적 장애 요인 중 물질주의, 자본주의 문화에 대한 분석이다. 물질주의, 자본주의 문화에 대해 보통이라고 응답한 빈도가 51명(30.2%)으로 가장 많았으며, 그 다음으로 대체로 심각 47명(27.8%), 별로 심각하지 않음 32명(18.9%), 매우 심각 22명(13.0%), 전혀 심각하지 않음 12명(7.1%), 잘 모르겠음 5명(3.0%) 등의 순서로 높은 빈도를 나타냈다.

<표 285> 민주주의 발전에 대한 문화적 장애 요인의 심각성 정도 :
물질주의, 자본주의 문화

	빈도	퍼센트
전혀 심각하지 않음	12	7.1
별로 심각하지 않음	32	18.9
보통	51	30.2
대체로 심각	47	27.8
매우 심각	22	13.0
잘 모르겠음	5	3.0
합　계	169	100.0

〈표 286〉은 네팔에서 자국 민주주의 발전에 관련된 요소들 중 헌법과 헌정 질서의 중요성에 대한 분석이다. 헌법과 헌정 질서의 중요성에 대해 매우 중요하다고 응답한 빈도가 101명(60.1%)로 가장 많았으며, 그 다음으로 대체로 중요 47명(28.0%), 보통 11명 (6.5%), 별로 중요하지 않음 6명(3.6%), 전혀 중요하지 않음 2명 (1.2%), 잘 모르겠음 1명(0.6%) 등의 순서로 높은 빈도를 나타냈다.

〈표 286〉 자국 민주주의 발전에 관련된 요소들의 중요성 정도 : 헌법과 헌정 질서

	빈도	퍼센트
전혀 중요하지 않음	2	1.2
별로 중요하지 않음	6	3.6
보통	11	6.5
대체로 중요	47	28.0
매우 중요	101	60.1
잘 모르겠음	1	0.6
합　계	168	100.0

<표 287>은 네팔에서 자국 민주주의 발전에 관련된 요소들 중 다당제의 중요성에 대한 분석이다. 다당제의 중요성에 대해 매우 중요하다고 응답한 빈도가 61명(36.1%)으로 가장 많았으며, 그 다음으로 대체로 중요 49명(29.0%), 보통 35명(20.7%), 전혀 중요하지 않음 11명(6.5%), 별로 중요하지 않음 10명(5.9%), 잘 모르겠음 3명(1.8%) 등의 순서로 높은 빈도를 나타냈다.

<표 287> 자국 민주주의 발전에 관련된 요소들의 중요성 정도 : 다당제

	빈도	퍼센트
전혀 중요하지 않음	11	6.5
별로 중요하지 않음	10	5.9
보통	35	20.7
대체로 중요	49	29.0
매우 중요	61	36.1
잘 모르겠음	3	1.8
합　계	169	100.0

　〈표 288〉은 네팔에서 자국 민주주의 발전에 관련된 요소들 중 사법 체제의 독립성에 대한 분석이다. 사법 체제의 독립성에 대해 매우 중요하다고 응답한 빈도가 92명(54.4%)으로 가장 많았으며, 그 다음으로 대체로 중요 48명(28.4%), 보통 17명(10.1%), 별로 중요하지 않음 6명(3.6%), 잘 모르겠음 4명(2.4%), 전혀 중요하지 않음 2명(1.2%) 등의 순서로 높은 빈도를 나타냈다.

〈표 288〉 자국 민주주의 발전에 관련된 요소들의 중요성 정도 : 사법 체제의 독립성

	빈도	퍼센트
전혀 중요하지 않음	2	1.2
별로 중요하지 않음	6	3.6
보통	17	10.1
대체로 중요	48	28.4
매우 중요	92	54.4
잘 모르겠음	4	2.4
합　계	169	100.0

<표 289>는 네팔에서 자국 민주주의 발전에 관련된 요소들 중 언론 자유에 대한 분석이다. 언론자유에 대해 매우 중요하다고 응답한 빈도가 78명(46.2%)으로 가장 많았으며, 그 다음으로 대체로 중요 57명(33.7%), 보통 21명(12.4%), 별로 중요하지 않음 7명(4.1%), 잘 모르겠음 5명(3.0%), 전혀 중요하지 않음 1명(0.6%) 등의 순서로 높은 빈도를 나타냈다.

<표 289> 자국 민주주의 발전에 관련된 요소들의 중요성 정도 : 언론 자유

	빈도	퍼센트
전혀 중요하지 않음	1	0.6
별로 중요하지 않음	7	4.1
보통	21	12.4
대체로 중요	57	33.7
매우 중요	78	46.2
잘 모르겠음	5	3.0
합 계	169	100.0

<표 290>은 네팔에서 자국 민주주의 발전에 관련된 요소들 중 시민사회 공고화에 대한 분석이다. 시민사회 공고화에 대해 매우 중요하다고 응답한 빈도가 71명(42.0%)으로 가장 많았으며, 그 다음으로 대체로 중요 60명(35.5%), 보통 27명(16.0%), 잘 모르겠음 6명(3.6%), 별로 중요하지 않음 3명(1.8%), 전혀 중요하지 않음 2명(1.2%) 등의 순서로 높은 빈도를 나타냈다.

<표 290> 자국 민주주의 발전에 관련된 요소들의 중요성 정도 : 시민사회 공고화

	빈도	퍼센트
전혀 중요하지 않음	2	1.2
별로 중요하지 않음	3	1.8
보통	27	16.0
대체로 중요	60	35.5
매우 중요	71	42.0
잘 모르겠음	6	3.6
합 계	169	100.0

〈표 291〉은 네팔에서 자국 민주주의 발전에 관련된 요소들 중
시민교육에 대한 분석이다. 시민교육의 중요성에 대해 매우 중요하
다고 응답한 빈도가 107명(63.3%)으로 가장 많았으며, 그 다음으로
대체로 중요 46명(27.2%), 보통 9명(5.3%), 잘 모르겠음 6명(3.6%),
별로 중요하지 않음 1명(0.6%) 등의 순서로 높은 빈도를 나타냈다.

〈표 291〉 자국 민주주의 발전에 관련된 요소들의 중요성 정도 : 시민
교육

	빈도	퍼센트
별로 중요하지 않음	1	0.6
보통	9	5.3
대체로 중요	46	27.2
매우 중요	107	63.3
잘 모르겠음	6	3.6
합 계	169	100.0

〈표 292〉는 네팔에서 자국 민주주의 발전에 관련된 요소들 중 민주적 가치 정향에 대한 분석이다. 민주적 가치정향에 대해 매우 중요하다고 응답한 빈도가 87명(51.5%)으로 가장 많았으며, 그 다음으로 대체로 중요 60명(35.5%), 보통 16명(9.5%), 별로 중요하지 않음 4명(2.4%), 잘 모르겠음 2명(1.2%) 등의 순서로 높은 빈도를 나타냈다.

〈표 292〉 자국 민주주의 발전에 관련된 요소들의 중요성 정도 : 민주적 가치 정향

	빈도	퍼센트
별로 중요하지 않음	4	2.4
보통	16	9.5
대체로 중요	60	35.5
매우 중요	87	51.5
잘 모르겠음	2	1.2
합 계	169	100.0

<표 293>은 네팔에서 민주주의 국제협력 프로그램의 수요에 대한 현황분석이다. 민주주의 국제협력 프로그램의 수요는 민주적 리더십 프로그램이라고 응답한 빈도가 51명(30.2%)으로 가장 많았으며, 그 다음으로 교육프로그램 50명(29.6%), 조직교류프로그램 23명(13.6%), 인적교류 프로그램과 재정지원 프로그램이 각각 11명(각각 6.5%), 재정지원 프로그램 10명(5.9%), 인간 안보 발전 9명(5.3%), 기타 3명(1.8%), 잘 모르겠음 1명(0.6%) 등의 순서로 높은 빈도를 나타냈다.

<표 293> 민주주의 국제협력 프로그램에 대한 수요

	빈도	퍼센트
민주적 리더십 프로그램	51	30.2
인적교류 프로그램	11	6.5
조직교류프로그램	23	13.6
교육프로그램	50	29.6
인간 안보 발전	9	5.3
미디어프로그램	11	6.5
재정지원 프로그램	10	5.9
기타	3	1.8
잘 모르겠음	1	0.6
합 계	169	100.0

〈표 294〉는 네팔에서 한국에 대한 가장 큰 인상에 대한 분석이다.
한국에 대한 가장 큰 인상에 대해 급속한 경제 성장이라고 응답한
빈도가 96명(56.8%)으로 가장 많았으며, 그 다음으로 남북분단 21
명(12.4%), IT 기술 18명(10.7%), 민주화운동 13명(7.7%), 기타 10명
(5.9%), 잘 모르겠음 9명(5.3%), 한국문화 2명(1.2%) 등의 순서로
높은 빈도를 나타냈다.

〈표 294〉 한국에 대한 가장 큰 인상

	빈도	퍼센트
남북분단	21	12.4
급속한 경제 성장	96	56.8
민주화운동	13	7.7
한국문화	2	1.2
IT 기술	18	10.7
기타	10	5.9
잘 모르겠음	9	5.3
합 계	169	100.0

〈표 295〉은 네팔에서 한국 민주주의 수준의 평가에 대한 분석이
다. 한국 민주주의의 수준에 대해 다소 민주적이라고 응답한 빈도
가 67명(39.9%)으로 가장 많았으며, 그 다음으로 보통 59명(35.1%),
잘 모르겠음 20명(11.9%), 매우 민주적 14명(8.3%), 다소 비민주적
7명(4.2%), 매우 비민주적 1명(0.6%) 등의 순서로 높은 빈도를 나타
냈다.

〈표 295〉 한국 민주주의 수준에 대한 평가

	빈도	퍼센트
매우 비민주적	1	0.6
다소 비민주적	7	4.2
보통	59	35.1
다소 민주적	67	39.9
매우 민주적	14	8.3
잘 모르겠음	20	11.9
합　계	168	100.0

<표 296>은 네팔에서 향후 한국에 기대되는 민주주의 국제협력 프로그램에 대한 분석이다. 향후 한국에 기대되는 민주주의 국제협력 프로그램에 대해 네트워킹과 상호 교류와 교육훈련이라고 응답한 빈도가 각각 48명(각각 28.4%)으로 가장 많았으며, 그 다음으로 민주주의 관련 재정적 지원 26명(15.4%), 연구조사 21명(12.4%), 적극적 개입 15명(8.9%), 잘 모르겠음 11명(6.5%) 등의 순서로 높은 빈도를 나타냈다.

<표 296> 향후 한국에 기대되는 민주주의 국제협력 프로그램

	빈도	퍼센트
네트워킹과 상호 교류	48	28.4
연구조사	21	12.4
적극적 개입	15	8.9
교육훈련	48	28.4
민주주의 관련 재정적 지원	26	15.4
잘 모르겠음	11	6.5
합　계	169	100.0

〈표 297〉은 네팔에서 민주화운동기념사업회가 추진해야 할 프로그램 중 세계적 지역적 포럼에 대한 분석이다. 세계적 지역적 포럼의 필요성에 대해 대체로 필요하다고 응답한 빈도가 69명(40.8%)으로 가장 많았으며, 그 다음으로 보통 49명(29.0%), 매우 필요 23명(13.6%), 별로 필요치 않음 15명(8.9%), 잘 모르겠음 12명(7.1%), 전혀 필요치 않음 1명(0.6%) 등의 순서로 높은 빈도를 나타냈다.

〈표 297〉 민주화운동기념사업회가 추진해야 할 프로그램의 필요 : 세계적 지역적 포럼

	빈도	퍼센트
전혀 필요치 않음	1	0.6
별로 필요치 않음	15	8.9
보통	49	29.0
대체로 필요	69	40.8
매우 필요	23	13.6
잘 모르겠음	12	7.1
합　계	169	100.0

<표 298>은 네팔에서 민주화운동기념사업회가 추진해야 할 프로그램 중 책임성 있고 효율적인 통치 모델 개발에 대한 분석이다. 책임성 있고 효율적인 통치 모델 개발의 필요성에 대해 대체로 필요하다고 응답한 빈도가 72명(42.6%)으로 가장 많았으며, 그 다음으로 매우 필요 55명(32.5%), 보통 27명(16.0%), 잘 모르겠음 10명(5.9%), 별로 필요치 않음 4명(2.4%), 전혀 필요치 않음 1명(0.6%) 등의 순서로 높은 빈도를 나타냈다.

<표 298> 민주화운동기념사업회가 추진해야 할 프로그램의 필요 : 책임성 있고 효율적인 통치 모델 개발

	빈도	퍼센트
전혀 필요치 않음	1	0.6
별로 필요치 않음	4	2.4
보통	27	16.0
대체로 필요	72	42.6
매우 필요	55	32.5
잘 모르겠음	10	5.9
합　계	169	100.0

〈표 299〉는 네팔에서 민주화운동기념사업회가 추진해야 할 프로그램 중 지식 기반 서비스에 대한 분석이다. 지식기반서비스에 대한 필요성에 대해 대체로 필요하다고 응답한 빈도가 78명(46.2%)으로 가장 많았으며, 그 다음으로 매우 필요 47명(27.8%), 보통 32명(18.9%), 잘 모르겠음 10명(5.9%), 별로 필요치 않음 2명(1.2%) 등의 순서로 높은 빈도를 나타냈다.

〈표 299〉 민주화운동기념사업회가 추진해야 할 프로그램의 필요 : 지식 기반 서비스

	빈도	퍼센트
별로 필요치 않음	2	1.2
보통	32	18.9
대체로 필요	78	46.2
매우 필요	47	27.8
잘 모르겠음	10	5.9
합　계	169	100.0

<표 300>은 네팔에서 민주화운동기념사업회가 추진해야 할 프로그램 중 커뮤니티 프로그램 증진에 대한 분석이다. 커뮤니티 프로그램 증진에 대해 대체로 필요하다고 응답한 빈도가 73명(43.2%)으로 가장 많았으며, 그 다음으로 매우 필요 48명(28.4%), 보통 32명(18.9%), 잘 모르겠음 11명(6.5%), 별로 필요치 않음 4명(2.4%), 전혀 필요치 않음 1명(0.6%) 등의 순서로 높은 빈도를 나타냈다.

<표 300> 민주화운동기념사업회가 추진해야 할 프로그램의 필요 : 커뮤니티 프로그램 증진

	빈도	퍼센트
전혀 필요치 않음	1	0.6
별로 필요치 않음	4	2.4
보통	32	18.9
대체로 필요	73	43.2
매우 필요	48	28.4
잘 모르겠음	11	6.5
합 계	169	100.0

〈표 301〉은 네팔에서 민주화운동기념사업회가 추진해야 할 프로그램 중 교육 훈련 프로그램에 대한 분석이다. 교육훈련프로그램의 필요성에 대해 매우 필요하다고 응답한 빈도가 79명(46.7%)으로 가장 많았으며, 그 다음으로 대체로 필요 63명(37.3%), 잘 모르겠음 13명(7.7%), 보통 11명(6.5%), 별로 필요치 않음 3명(1.8%) 등의 순서로 높은 빈도를 나타냈다.

〈표 301〉 민주화운동기념사업회가 추진해야 할 프로그램의 필요 :
　　　　　 교육 훈련 프로그램

	빈도	퍼센트
별로 필요치 않음	3	1.8
보통	11	6.5
대체로 필요	63	37.3
매우 필요	79	46.7
잘 모르겠음	13	7.7
합　계	169	100.0

<표 302>는 네팔에서 민주화운동기념사업회가 추진해야 할 프로그램 중 인적·조직적 교환 프로그램에 대한 분석이다. 인적·조직적 교환 프로그램의 필요성에 대해 대체로 필요하다고 응답한 빈도가 54명(32.0%)으로 가장 많았으며, 그 다음으로 보통 45명(26.6%), 매우 필요 42명(24.9%), 잘 모르겠음 15명(8.9%), 별로 필요치 않음 11명(6.5%), 전혀 필요치 않음 2명(1.2%) 등의 순서로 높은 빈도를 나타냈다.

<표 302> 민주화운동기념사업회가 추진해야 할 프로그램의 필요 : 인적·조직적 교환 프로그램

	빈도	퍼센트
전혀 필요치 않음	2	1.2
별로 필요치 않음	11	6.5
보통	45	26.6
대체로 필요	54	32.0
매우 필요	42	24.9
잘 모르겠음	15	8.9
합 계	169	100.0

<표 303>은 네팔에서 민주화운동기념사업회가 추진해야 할 프로
그램 중 한국의 민주화 경험 공유에 대한 분석이다. 한국의 민주화
경험 공유의 필요성에 대한 대체로 필요하다고 응답한 빈도가 54명
(32.0%)으로 가장 많았으며, 그 다음으로 보통 46명(27.2%), 매우
필요 43명(25.4%), 잘 모르겠음 11명(6.5%), 별로 필요치 않음 10명
(5.9%), 전혀 필요치 않음 5명(3.0%) 등의 순서로 높은 빈도를 나타
냈다.

<표 303> 민주화운동기념사업회가 추진해야 할 프로그램의 필요 :
한국의 민주화 경험 공유

	빈도	퍼센트
전혀 필요치 않음	5	3.0
별로 필요치 않음	10	5.9
보통	46	27.2
대체로 필요	54	32.0
매우 필요	43	25.4
잘 모르겠음	11	6.5
합 계	169	100.0

<표 304>는 네팔에서 아시아 민주주의 증진을 위한 교육 프로그램 중 현장 연구 및 체험의 효율성에 대한 분석이다. 현장 연구 및 체험의 효율성에 대해 대체로 효율적이라고 응답한 빈도가 67명(39.6%)으로 가장 많았으며, 그 다음으로 매우 효율 43명(25.4%), 보통 40명(23.7%), 별로 효율적이지 않음 11명(6.5%), 잘 모르겠음 6명(3.6%), 전혀 효율적이지 않음 2명(1.2%) 등의 순서로 높은 빈도를 나타냈다.

<표 304> 아시아 민주주의 증진을 위한 교육 프로그램의 효율성 정도 :
현장 연구 및 체험

	빈도	퍼센트
전혀 효율적이지 않음	2	1.2
별로 효율적이지 않음	11	6.5
보통	40	23.7
대체로 효율	67	39.6
매우 효율	43	25.4
잘 모르겠음	6	3.6
합　계	169	100.0

〈표 305〉는 네팔에서 아시아 민주주의 증진을 위한 교육 프로그램 중 전문가 강좌의 효율성에 대한 분석이다. 전문가 강좌의 효율성수준에 대체로 효율적이라고 응답한 빈도가 56명(33.1%)으로 가장 많았으며, 그 다음으로 보통 55명(32.5%), 매우 효율 27명(16.0%), 별로 효율적이지 않음 22명(13.0%), 잘 모르겠음 5명(3.0%), 전혀 효율적이지 않음 4명(2.4%) 등의 순서로 높은 빈도를 나타냈다.

〈표 305〉 아시아 민주주의 증진을 위한 교육 프로그램의 효율성 정도 : 전문가 강좌

	빈도	퍼센트
전혀 효율적이지 않음	4	2.4
별로 효율적이지 않음	22	13.0
보통	55	32.5
대체로 효율	56	33.1
매우 효율	27	16.0
잘 모르겠음	5	3.0
합 계	169	100.0

<표 306>은 네팔에서 아시아 민주주의 증진을 위한 교육 프로그램 중 문제 해결 토론의 효율성에 대한 분석이다. 문제 해결 토론의 효율성수준에 대해 대체로 효율적이라고 응답한 빈도가 69명(40.8%)으로 가장 많았으며, 그 다음으로 보통과 매우 효율이 각각 45명(각각 26.6%), 별로 효율적이지 않음 6명(3.6%), 잘 모르겠음 3명(1.8%), 전혀 효율적이지 않음 1명(0.6%) 등의 순서로 높은 빈도를 나타냈다.

<표 306> 아시아 민주주의 증진을 위한 교육 프로그램의 효율성 정도 : 문제 해결 토론

	빈도	퍼센트
전혀 효율적이지 않음	1	0.6
별로 효율적이지 않음	6	3.6
보통	45	26.6
대체로 효율	69	40.8
매우 효율	45	26.6
잘 모르겠음	3	1.8
합　계	169	100.0

<표 307>은 네팔에서 아시아 민주주의 증진을 위한 교육 프로그램 중 기술 훈련의 효율성에 대한 분석이다. 기술 훈련의 효율성수준에 대해 매우 효율적이라고 응답한 빈도가 72명(42.9%)으로 가장 많았으며, 그 다음으로 대체로 효율 64명(38.1%), 보통 20명(11.9%), 별로 효율적이지 않음 8명(4.8%), 잘 모르겠음 4명(2.4%) 등의 순서로 높은 빈도를 나타냈다.

<표 307> 아시아 민주주의 증진을 위한 교육 프로그램의 효율성 정도 : 기술 훈련

	빈도	퍼센트
별로 효율적이지 않음	8	4.8
보통	20	11.9
대체로 효율	64	38.1
매우 효율	72	42.9
잘 모르겠음	4	2.4
합 계	168	100.0

<표 308>은 네팔에서 아시아 민주주의 증진을 위한 교육 프로그램 중 인턴십·펠로우십의 효율성에 대한 분석이다. 인턴십·펠로우십의 효율성수준에 대해 매우 효율적이라고 응답한 빈도가 68명(40.2%)으로 가장 많았으며, 그 다음으로 대체로 효율 57명(33.7%), 보통 32명(18.9%), 별로 효율적이지 않음 7명(4.1%), 잘 모르겠음 4명(2.4%), 전혀 효율적이지 않음 1명(0.6%) 등의 순서로 높은 빈도를 나타냈다.

<표 308> 아시아 민주주의 증진을 위한 교육 프로그램의 효율성 정도 : 인턴십·펠로우십

	빈도	퍼센트
전혀 효율적이지 않음	1	0.6
별로 효율적이지 않음	7	4.1
보통	32	18.9
대체로 효율	57	33.7
매우 효율	68	40.2
잘 모르겠음	4	2.4
합　계	169	100.0

8. 필리핀

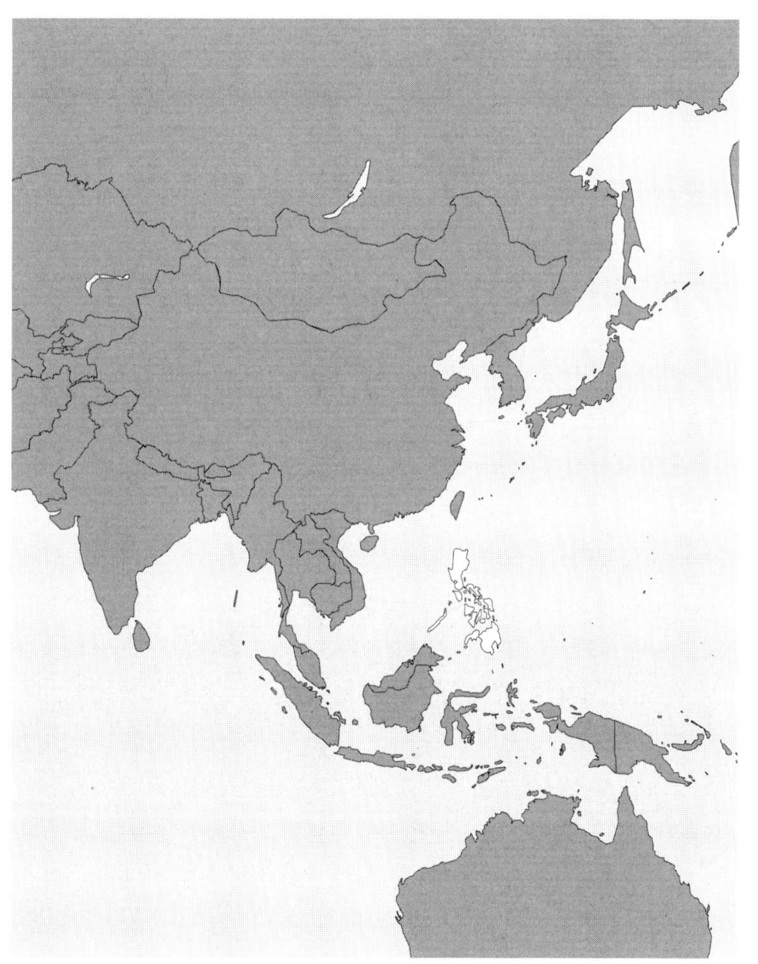

〈표 309〉는 필리핀에서 민주주의 증진을 위해 가장 필요한 국제 협력 지원의 방식에 대한 현황분석이다. 필리핀에서 가장 필요로 하는 국제협력지원의 방식은 교육 프로그램이 39명(45.3%)으로 가장 높은 빈도를 나타냈고 그 다음으로 국제 연대활동 27명(31.4%), 재정지원 16명(18.6%), 기타 2명(2.3%), 인적교류와 잘 모르겠음이 각각 1명(각각 1.2%) 등의 순서로 높은 빈도를 나타냈다.

〈표 309〉 자국 민주주의 증진을 위해 가장 필요한 국제협력 지원의 방식

	빈도	퍼센트
교육 훈련	39	45.3
인적교류	1	1.2
국제연대활동	27	31.4
재정지원	16	18.6
기타	2	2.3
잘 모르겠음	1	1.2
합　계	86	100.0

필리핀에서 가장 효과적인 국제협력 네트워크 유형에 대한 현황
분석은 〈표 310〉에 제시되었다. 필리핀에서 가장 효과적인 국제교류
협력유형은 비정부 간 네트워크가 46명(53.5%)으로 가장 높은 빈도
를 나타냈으며 그 다음으로 정당 간 네트워크 19명(22.1%), 정부 간
네트워크 9명(10.5%), 의회 간 네트워크 7명(8.1%), 기타 4명(4.7%),
언론기구 간 네트워크 1명(1.2%) 등의 순서로 높은 빈도를 나타냈다.

〈표 310〉 자국에서 가장 효과적인 국제협력 네트워크 유형

	빈도	퍼센트
정부 간 네트워크	9	10.5
의회 간 네트워크	7	8.1
정당 간 네트워크	19	22.1
비정부기구 간 네트워크	46	53.5
언론기구 간 네트워크	1	1.2
기타	4	4.7
합　계	86	100.0

〈표 311〉은 필리핀에서 민주주의 국제협력의 핵심 동기에 대한 현황분석이다. 민주주의 국제협력의 핵심 동기는 국제사회에 대한 책임이라고 응답한 빈도가 27명(31.4%)으로 가장 많았으며, 그 다음으로 외교적 영향력 제고와 국제사회 일원으로서의 인식 제고가 각각 14명(각각 16.3%), 국내의 민주주의 증진 효과가 13명(15.1%), 경제적 효과 8명(9.3%), 국가 브랜드 이미지 제고 4명(4.7%), 잘 모르겠음 3명(3.5%), 글로벌 스탠더드에 부합 2명(2.3%), 인도주의적 관심 1명(1.2%) 등의 순서로 높은 빈도를 나타냈다.

〈표 311〉 민주주의 국제협력의 핵심 동기

	빈도	퍼센트
국가브랜드 이미지 제고	4	4.7
외교적 영향력 제고	14	16.3
경제적 효과	8	9.3
국제사회 일원으로서의 인식 제고	14	16.3
국내의 민주주의 증진 효과	13	15.1
인도주의적 관심	1	1.2
국제사회에 대한 책임	27	31.4
글로벌 스탠더드에 부합	2	2.3
잘 모르겠음	3	3.5
합 계	86	100.0

<표 312>는 필리핀에서 민주주의 국제협력을 통한 긍정적 효과
에 대한 현황분석이다. 민주주의 국제협력을 통한 긍정적 효과에
대해 국제사회 일원으로서의 인식 제고라고 응답한 빈도가 28명
(32.6%)으로 가장 많았으며, 그 다음으로 국내의 민주주의 증진 효
과 19명(22.1%), 외교적 영향력 제고 17명(19.8%), 경제적 효과 12명
(14.0%), 기타 4명(4.7%), 국가브랜드 이미지 제고와 잘 모르겠음이
각각 3명(각각 3.5%) 등의 순서로 높은 빈도를 나타냈다.

<표 312> 민주주의 국제협력을 통한 긍정적 효과

	빈도	퍼센트
국가브랜드 이미지 제고	3	3.5
외교적 영향력 확대	17	19.8
경제적 이익 실현	12	14.0
국제사회로부터의 인정	28	32.6
공여국 자국의 민주주의 증진	19	22.1
기타	4	4.7
잘 모르겠음	3	3.5
합　계	86	100.0

〈표 313〉은 필리핀에서 가장 효과적인 민주주의 국제협력 프로그램에 대한 현황분석결과이다. 필리핀에서 가장 효과적인 민주주의 국제협력 프로그램은 잘 모르겠음이라고 응답한 빈도가 24명(27.9%)으로 가장 많았으며, 그 다음으로 교육 프로그램 23명(26.7%), 민주적 리더십 프로그램과 재정지원 프로그램이 각각 15명(각각 17.4%), 인적교류 프로그램 6명(7.0%), 기타 3명(3.5%) 등의 순서로 높은 빈도를 나타냈다.

〈표 313〉 가장 효과적인 민주주의 국제협력 프로그램

	빈도	퍼센트
민주적 리더십 프로그램	15	17.4
인적교류 프로그램	6	7.0
교육 프로그램	23	26.7
재정지원 프로그램	15	17.4
기타	3	3.5
잘 모르겠음	24	27.9
합 계	86	100.0

<표 314>는 필리핀에서 가장 효과적이지 못한 민주주의 국제협력 프로그램에 대한 현황분석이다. 필리핀에서 가장 효과적이지 못한 민주주의 국제협력 프로그램에 대해 잘 모르겠다고 응답한 빈도가 42명(48.8%)으로 가장 많았으며, 그 다음으로 인적교류 프로그램 19명(22.1%), 재정지원 프로그램 9명(10.5%), 민주적 리더십 프로그램 7명(8.1%), 교육 프로그램 6명(7.0%), 기타 3명(3.5%) 등의 순서로 높은 빈도를 나타냈다.

<표 314> 가장 효과적이지 못한 민주주의 국제협력 프로그램

	빈도	퍼센트
민주적 리더십 프로그램	7	8.1
인적교류 프로그램	19	22.1
교육 프로그램	6	7.0
재정지원 프로그램	9	10.5
기타	3	3.5
잘 모르겠음	42	48.8
합　계	86	100.0

〈표 315〉는 필리핀에서 민주주의 국제협력 실행 상의 장애 요인
에 대한 분석결과이다. 필리핀에서 민주주의 국제협력 실행 상의
장애 요인은 외부적 요인이라고 응답한 빈도가 38명(44.2%)으로
가장 많았으며, 그 다음으로 잘 모르겠음 26명(30.2%), 기타 15명
(17.4%), 비효율적 관료제와 부패 7명(8.1%) 등의 순서로 높은 빈도
를 나타냈다.

〈표 315〉 민주주의 국제협력 실행 상의 장애 요인

	빈도	퍼센트
외부적 요인	38	44.2
비효율적 관료제와 부패	7	8.1
기타	15	17.4
잘 모르겠음	26	30.2
합 계	86	100.0

<표 316>은 필리핀의 자국 민주주의 수준의 평가에 대한 현황분석이다. 자국 민주주의 수준의 평가에 대해 다소 비민주적이라고 응답한 빈도가 36명(41.9%)으로 가장 많았으며, 그 다음으로 보통 34명(39.5%), 매우 비민주적 9명(10.5%), 민주적 5명(5.8%), 매우 민주적과 잘 모르겠음이 각각 1명(각각 1.2%) 등의 순서로 높은 빈도를 나타냈다.

〈표 316〉 자국 민주주의 수준에 대한 평가

	빈도	퍼센트
매우 비민주적	9	10.5
다소 비민주적	36	41.9
보통	34	39.5
민주적	5	5.8
매우 민주적	1	1.2
잘 모르겠음	1	1.2
합 계	86	100.0

<표 317>은 필리핀에서 자국 민주주의의 핵심 이슈에 대한 분석이다. 자국 민주주의의 핵심 이슈에 대해 정의라고 응답한 빈도가 32명(37.2%)으로 가장 많았으며, 그 다음으로 부정부패 척결 27명(31.4%), 자유 17명(19.8%), 발전 6명(7.0%), 평등 3명(3.5%), 기타 1명(1.2%) 등의 순서로 높은 빈도를 나타냈다.

<표 317> 자국 민주주의의 핵심 이슈

	빈도	퍼센트
자유	17	19.8
정의	32	37.2
부정부패 척결	27	31.4
평등	3	3.5
발전	6	7.0
기타	1	1.2
합 계	86	100.0

<표 318>은 필리핀에서 자국의 민주주의 발전을 저해하는 요인 중 취약한 정당 시스템에 대한 분석이다. 취약한 정당 시스템의 심각성 정도에 대해 다소 심각하지 않음이라고 응답한 빈도가 28명(32.9%)으로 가장 많았으며, 그 다음으로 전혀 심각하지 않음 23명(27.1%), 매우 심각 14명(16.5%), 대체로 심각 9명(10.6%), 보통 8명(9.4%), 잘 모르겠음 3명(3.5%) 등의 순서로 높은 빈도를 나타냈다.

<표 318> 자국의 민주주의 발전을 저해하는 요인들의 심각성 정도 :
취약한 정당 시스템

	빈도	퍼센트
전혀 심각하지 않음	23	27.1
다소 심각하지 않음	28	32.9
보통	8	9.4
대체로 심각	9	10.6
매우 심각	14	16.5
잘 모르겠음	3	3.5
합 계	85	100.0

〈표 319〉는 필리핀에서 자국의 민주주의 발전을 저해하는 요인 중 부정부패에 대한 분석이다. 부정부패에 대한 심각성에 대해 전혀 심각하지 않다고 응답한 빈도가 30명(34.9%)으로 가장 많았으며, 그 다음으로 매우 심각 20명(23.3%), 별로 심각하지 않음 19명(22.1%), 보통 8명(9.3%), 대체로 심각 6명(7.0%), 잘 모르겠음 3명(3.5%) 등의 순서로 높은 빈도를 나타냈다.

〈표 319〉 자국의 민주주의 발전을 저해하는 요인들의 심각성 성노
: 부정부패

	빈도	퍼센트
전혀 심각하지 않음	30	34.9
별로 심각하지 않음	19	22.1
보통	8	9.3
대체로 심각	6	7.0
매우 심각	20	23.3
잘 모르겠음	3	3.5
합　계	86	100.0

〈표 320〉은 필리핀에서 자국의 민주주의 발전을 저해하는 요인 중 시민사회의 취약성에 대한 분석이다. 시민사회의 취약성에 대해 보통이라고 응답한 빈도가 27명(31.8%)으로 가장 많았으며, 그 다음으로 별로 심각하지 않음과 매우 심각이 각각 16명(각각 18.8%), 대체로 심각 13명(15.3%), 전혀 심각하지 않음 8명(9.4%), 잘 모르겠음 5명(5.9%) 등의 순서로 높은 빈도를 나타냈다.

〈표 320〉 자국의 민주주의 발전을 저해하는 요인들의 심각성 정도 :
시민사회의 취약성

	빈도	퍼센트
전혀 심각하지 않음	8	9.4
별로 심각하지 않음	16	18.8
보통	27	31.8
대체로 심각	13	15.3
매우 심각	16	18.8
잘 모르겠음	5	5.9
합 계	85	100.0

<표 321>은 필리핀에서 자국의 민주주의 발전을 저해하는 요인 중 민주적 문화의 결핍에 대한 분석이다. 민주적 문화의 결핍에 대해 보통이라고 응답한 빈도가 24명(27.9%)으로 가장 많았으며, 그 다음으로 별로 심각하지 않음 22명(25.6%), 매우 심각 14명(16.3%), 대체로 심각 13명(15.1%), 전혀 심각하지 않음 8명(9.3%), 잘 모르겠음 5명(5.8%) 등의 순서로 높은 빈도를 나타냈다.

<표 321> 자국의 민주주의 발전을 저해하는 요인들의 심각성 정도 : 민주적 문화의 결핍

	빈도	퍼센트
전혀 심각하지 않음	8	9.3
별로 심각하지 않음	22	25.6
보통	24	27.9
대체로 심각	13	15.1
매우 심각	14	16.3
잘 모르겠음	5	5.8
합 계	86	100.0

<표 322>는 필리핀에서 자국의 민주주의 발전을 저해하는 요인 중 관료주의적 시스템에 대한 분석이다. 관료주의적 시스템에 대해 별로 심각하지 않음이라고 응답한 빈도가 24명(27.9%)으로 가장 많았으며, 그 다음으로 전혀 심각하지 않음 20명(23.3%), 대체로 심각과 매우 심각이 각각 14명(각각 16.3%), 보통 11명(12.8%), 잘 모르겠음 3명(3.5%) 등의 순서로 높은 빈도를 나타냈다.

<표 322> 자국의 민주주의 발전을 저해하는 요인들의 심각성 정도 : 관료주의적 시스템

	빈도	퍼센트
전혀 심각하지 않음	20	23.3
별로 심각하지 않음	24	27.9
보통	11	12.8
대체로 심각	14	16.3
매우 심각	14	16.3
잘 모르겠음	3	3.5
합 계	86	100.0

〈표 323〉은 필리핀에서 자국의 민주주의 발전을 저해하는 요인 중 사법 체계의 취약성에 대한 분석이다. 사법 체계의 취약성에 대해 전혀 별로 심각하지 않음이라고 응답한 빈도가 22명(25.6%)으로 가장 많았으며, 그 다음으로 보통 20명(23.3%), 매우 심각 16명(18.6%), 전혀 심각하지 않음 13명(15.1%), 대체로 심각 12명(14.0%), 잘 모르겠음 3명(3.5%)등의 순서로 높은 빈도를 나타냈다.

〈표 323〉 자국의 민주주의 발전을 저해하는 요인들의 심각성 정도 :
　　　　　 사법 체계의 취약성

	빈도	퍼센트
전혀 심각하지 않음	13	15.1
별로 심각하지 않음	22	25.6
보통	20	23.3
대체로 심각	12	14.0
매우 심각	16	18.6
잘 모르겠음	3	3.5
합　계	86	100.0

<표 324>는 필리핀에서 자국의 민주주의 발전을 저해하는 요인 중 민주적 가치 정향의 부재에 대한 분석이다. 민주적 가치 정향의 부재에 대해 보통이라고 응답한 빈도가 25명(29.1%)으로 가장 많았으며, 그 다음으로 대체로 심각 17명(19.8%), 별로 심각하지 않음과 매우 심각이 각각 14명(각각 16.3%), 전혀 심각하지 않음 12명(14.0%), 잘 모르겠음 4명(4.7%) 등의 순서로 높은 빈도를 나타냈다.

<표 324> 자국의 민주주의 발전을 저해하는 요인들의 심각성 정도 : 민주적 가치 정향의 부재

	빈도	퍼센트
전혀 심각하지 않음	12	14.0
별로 심각하지 않음	14	16.3
보통	25	29.1
대체로 심각	17	19.8
매우 심각	14	16.3
잘 모르겠음	4	4.7
합 계	86	100.0

<표 325>는 필리핀에서 민주주의 발전에 대한 문화적 장애 요인 중 봉건적 문화에 대한 분석이다. 봉건적 문화에 대해 대체로 심각하다고 응답한 빈도가 30명(34.9%)으로 가장 많았으며, 그 다음으로 매우 심각 29명(33.7%), 보통 18명(20.9%), 별로 심각하지 않음 5명(5.8), 전혀 심각하지 않음 4명(4.7%) 등의 순서로 높은 빈도를 나타냈다.

<표 325> 민주주의 발전에 대한 문화적 장애 요인의 심각성 정도 : 봉건적 문화

	빈도	퍼센트
전혀 심각하지 않음	4	4.7
별로 심각하지 않음	5	5.8
보통	18	20.9
대체로 심각	30	34.9
매우 심각	29	33.7
합 계	86	100.0

<표 326>은 필리핀에서 민주주의 발전에 대한 문화적 장애 요인 중 군사주의 문화에 대한 분석이다. 군사주의 문화에 대해 매우 심각하다고 응답한 빈도가 37명(43.0%)으로 가장 많았으며, 그 다음으로 대체로 심각 27명(31.4%), 보통 14명(16.3%), 전혀 심각하지 않음과 별로 심각하지 않음이 각각 4명(각각 4.7%) 등의 순서로 높은 빈도를 나타냈다.

<표 326> 민주주의 발전에 대한 문화적 장애 요인의 심각성 정도 : 군사주의 문화

	빈도	퍼센트
전혀 심각하지 않음	4	4.7
별로 심각하지 않음	4	4.7
보통	14	16.3
대체로 심각	27	31.4
매우 심각	37	43.0
합 계	86	100.0

　〈표 327〉은 필리핀에서 민주주의 발전에 대한 문화적 장애 요인
중 가부장 문화에 대한 분석이다. 가부장 문화에 대해 매우 심각하
다고 응답한 빈도가 32명(37.6%)으로 가장 많았으며, 그 다음으로
다소 심각 28명(32.9%), 보통 16명(18.8%), 전혀 심각하지 않음 4명
(4.7), 대체로 심각하지 않음 3명(3.5%), 잘 모르겠음 2명(2.4%) 등의
순서로 높은 빈도를 나타냈다.

〈표 327〉 민주주의 발전에 대한 문화적 장애 요인의 심각성 정도 :
　　　　　가부장 문화

	빈도	퍼센트
전혀 심각하지 않음	4	4.7
대체로 심각하지 않음	3	3.5
보통	16	18.8
다소 심각	28	32.9
매우 심각	32	37.6
잘 모르겠음	2	2.4
합　계	85	100.0

〈표 328〉은 필리핀에서 민주주의 발전에 대한 문화적 장애 요인 중 종교 문화에 대한 분석이다. 종교 문화에 대해 매우 심각하다고 응답한 빈도가 28명(32.6%)으로 가장 많았으며, 그 다음으로 보통 25명(29.1%), 대체로 심각 24명(27.9%), 전혀 심각하지 않음 6명 (7.0%), 별로 심각하지 않음 3명(3.5%) 등의 순서로 높은 빈도를 나타냈다.

〈표 328〉 민주주의 발전에 대한 문화적 장애 요인의 심각성 정도 : 종교 문화

	빈도	퍼센트
전혀 심각하지 않음	6	7.0
별로 심각하지 않음	3	3.5
보통	25	29.1
대체로 심각	24	27.9
매우 심각	28	32.6
합 계	86	100.0

<표 329>는 필리핀에서 민주주의 발전에 대한 문화적 장애 요인 중 물질주의, 자본주의 문화에 대한 분석이다. 물질주의, 자본주의 문화에 대해 매우 심각하다고 응답한 빈도가 35명(40.7%)으로 가장 많았으며, 그 다음으로 대체로 심각 30명(34.9%), 보통 13명(15.1%), 별로 심각하지 않음 4명(4.7%), 전혀 심각하지 않음 3명(3.5%), 잘 모르겠음 1명(1.2%) 등의 순서로 높은 빈도를 나타냈다.

<표 329> 민주주의 발전에 대한 문화적 장애 요인의 심각성 정도 : 물질주의, 자본주의 문화

	빈도	퍼센트
전혀 심각하지 않음	3	3.5
별로 심각하지 않음	4	4.7
보통	13	15.1
대체로 심각	30	34.9
매우 심각	35	40.7
잘 모르겠음	1	1.2
합　계	86	100.0

<표 330>은 필리핀에서 자국 민주주의 발전에 관련된 요소들 중 헌법과 헌정 질서의 중요성에 대한 분석이다. 헌법과 헌정 질서의 중요성에 대해 매우 중요하다고 응답한 빈도가 32명(38.1%)으로 가장 많았으며, 그 다음으로 대체로 중요 31명(36.9%), 보통 12명(14.3%), 별로 중요하지 않음 6명(7.1%), 잘 모르겠음 2명(2.4%), 전혀 중요하지 않음 1명(1.2%) 등의 순서로 높은 빈도를 나타냈다.

<표 330> 자국 민주주의 발전에 관련된 요소들의 중요성 정도 : 헌법과 헌정 질서

	빈도	퍼센트
전혀 중요하지 않음	1	1.2
별로 중요하지 않음	6	7.1
보통	12	14.3
대체로 중요	31	36.9
매우 중요	32	38.1
잘 모르겠음	2	2.4
합 계	84	100.0

<표 331>은 필리핀에서 자국 민주주의 발전에 관련된 요소들 중 다당제의 중요성에 대한 분석이다. 다당제의 중요성에 대해 매우 중요하다고 응답한 빈도가 29명(33.7%)으로 가장 많았으며, 그 다음으로 대체로 중요 23명(26.7%), 보통 16명(18.6%), 별로 중요하지 않음 10명(11.6%), 전혀 중요하지 않음 6명(7.0%), 잘 모르겠음 2명(2.3%) 등의 순서로 높은 빈도를 나타냈다.

<표 331> 자국 민주주의 발전에 관련된 요소들의 중요성 정도 : 다당제

	빈도	퍼센트
전혀 중요하지 않음	6	7.0
별로 중요하지 않음	10	11.6
보통	16	18.6
대체로 중요	23	26.7
매우 중요	29	33.7
잘 모르겠음	2	2.3
합　계	86	100.0

<표 332>는 필리핀에서 자국 민주주의 발전에 관련된 요소들 중 사법 체제의 독립성에 대한 분석이다. 사법 체제의 독립성에 대해 매우 중요하다고 응답한 빈도가 45명(52.3%)으로 가장 많았으며, 그 다음으로 대체로 중요 28명(32.6%), 보통 5명(5.8%), 별로 중요하지 않음과 잘 모르겠음이 각각 명(각각 4.7%) 등의 순서로 높은 빈도를 나타냈다.

<표 332> 자국 민주주의 발전에 관련된 요소들의 중요성 징도 : 사법 체제의 독립성

	빈도	퍼센트
별로 중요하지 않음	4	4.7
보통	5	5.8
대체로 중요	28	32.6
매우 중요	45	52.3
잘 모르겠음	4	4.7
합 계	86	100.0

<표 333>은 필리핀에서 자국 민주주의 발전에 관련된 요소들 중 언론 자유에 대한 분석이다. 언론자유에 대해 매우 중요하다고 응답한 빈도가 52명(60.5%)으로 가장 많았으며, 그 다음으로 대체로 중요 22명(25.6%), 보통 10명(11.6%), 잘 모르겠음 2명(2.3%) 등의 순서로 높은 빈도를 나타냈다.

<표 333> 자국 민주주의 발전에 관련된 요소들의 중요성 정도 : 언론 자유

	빈도	퍼센트
보통	10	11.6
대체로 중요	22	25.6
매우 중요	52	60.5
잘 모르겠음	2	2.3
합　계	86	100.0

<표 334>는 필리핀에서 자국 민주주의 발전에 관련된 요소들 중 시민사회 공고화에 대한 분석이다. 시민사회 공고화에 대해 매우 중요하다고 응답한 빈도가 49명(57.0%)으로 가장 많았으며, 그 다음으로 대체로 중요 22명(25.6%), 보통 10명(11.6%), 별로 중요하지 않음과 잘 모르겠음이 각각 2명(각각 2.3%), 전혀 중요하지 않음 1명(1.2%) 등의 순서로 높은 빈도를 나타냈다.

<표 334> 자국 민주주의 발전에 관련된 요소들의 중요성 정도 : 시민사회 공고화

	빈도	퍼센트
전혀 중요하지 않음	1	1.2
별로 중요하지 않음	2	2.3
보통	10	11.6
대체로 중요	22	25.6
매우 중요	49	57.0
잘 모르겠음	2	2.3
합 계	86	100.0

〈표 335〉는 필리핀에서 자국 민주주의 발전에 관련된 요소들
중 시민교육에 대한 분석이다. 시민교육의 중요성에 대해 매우 중
요하다고 응답한 빈도가 44명(51.2%)으로 가장 많았으며, 그 다음
으로 대체로 중요 30명(34.9%), 보통 7명(8.1%), 잘 모르겠음 3명
(3.5%), 전혀 중요하지 않음과 별로 중요 하지 않음이 각각 1명(각
각 1.2%) 등의 순서로 높은 빈도를 나타냈다.

〈표 335〉 자국 민주주의 발전에 관련된 요소들의 중요성 정도 : 시민
교육

	빈도	퍼센트
전혀 중요하지 않음	1	1.2
별로 중요하지 않음	1	1.2
보통	7	8.1
대체로 중요	30	34.9
매우 중요	44	51.2
잘 모르겠음	3	3.5
합　계	86	100.0

<표 336>은 필리핀에서 자국 민주주의 발전에 관련된 요소들 중 민주적 가치 정향에 대한 분석이다. 민주적 가치정향에 대해 매우 중요하다고 응답한 빈도가 54명(62.8%)으로 가장 많았으며, 그 다음으로 대체로 중요 23명(26.7%), 보통 7명(8.1%), 전혀 중요하지 않음과 별로 중요하지 않음이 각각 1명(각각 1.2%) 등의 순서로 높은 빈도를 나타냈다.

<표 336> 자국 민주주의 발전에 관련된 요소들의 중요성 정도 : 민주적 가치 정향

	빈도	퍼센트
전혀 중요하지 않음	1	1.2
별로 중요하지 않음	1	1.2
보통	7	8.1
대체로 중요	23	26.7
매우 중요	54	62.8
합　계	86	100.0

〈표 337〉은 필리핀에서 민주주의 국제협력 프로그램의 수요에 대한 현황분석이다. 민주주의 국제협력 프로그램의 수요는 민주적 리더십 프로그램이라고 응답한 빈도가 28명(32.6%)으로 가장 많았으며, 그 다음으로 교육프로그램과 재정지원 프로그램이 각각 13명(각각 15.1%), 조직교류프로그램 11명(12.8%), 인적교류 프로그램 10명(11.6%), 인간 안보 발전 4명(4.7%), 미디어프로그램 3명(3.5%), 기타와 잘 모르겠음이 각각 2명(각각 2.3%) 등의 순서로 높은 빈도를 나타냈다.

〈표 337〉 민주주의 국제협력 프로그램에 대한 수요

	빈도	퍼센트
민주적 리더십 프로그램	28	32.6
인적교류 프로그램	10	11.6
조직교류프로그램	11	12.8
교육프로그램	13	15.1
인간 안보 발전	4	4.7
미디어프로그램	3	3.5
재정지원 프로그램	13	15.1
기타	2	2.3
잘 모르겠음	2	2.3
합 계	86	100.0

〈표 338〉은 필리핀에서 한국에 대한 가장 큰 인상에 대한 분석이
다. 한국에 대한 가장 큰 인상에 대해 남북 분단이라고 응답한 빈도
가 46명(53.5%)으로 가장 많았으며, 그 다음으로 급속한 경제 성장
24명(27.9%), 민주화운동 6명(7.0%), 기타 5명(5.8%), 잘 모르겠음
3명(3.5%), 한국문화와 IT 기술이 각각 1명(각각 1.2%) 등의 순서로
높은 빈도를 나타냈다.

〈표 338〉 한국에 대한 가장 큰 인상

	빈도	퍼센트
남북분단	46	53.5
급속한 경제 성장	24	27.9
민주화운동	6	7.0
한국문화	1	1.2
IT 기술	1	1.2
기타	5	5.8
잘 모르겠음	3	3.5
합 계	86	100.0

〈표 339〉는 필리핀에서 한국 민주주의 수준의 평가에 대한 분석이다. 한국민주주의의 수준에 대해 보통이라고 응답한 빈도가 45명(52.3%)으로 가장 많았으며, 그 다음으로 다소 민주적 23명(26.7%), 다소 비민주적과 잘 모르겠음이 각각 7명(각각 8.1%), 매우 민주적 3명(3.5%), 매우 비민주적 1명(1.2%) 등의 순서로 높은 빈도를 나타냈다.

〈표 339〉 한국 민주주의 수준에 대한 평가

	빈도	퍼센트
매우 비민주적	1	1.2
다소 비민주적	7	8.1
보통	45	52.3
다소 민주적	23	26.7
매우 민주적	3	3.5
잘 모르겠음	7	8.1
합 계	86	100.0

<표 340>은 필리핀에서 향후 한국에 기대되는 민주주의 국제협력 프로그램에 대한 분석이다. 향후 한국에 기대되는 민주주의 국제협력 프로그램에 대해 네트워킹과 상호 교류라고 응답한 빈도가 43명(50.0%)으로 가장 많았으며, 그 다음으로 교육훈련 16명(18.6%), 적극적 개입 15명(17.4%), 민주주의 관련 재정적 지원 8명(9.3%), 연구조사 4명(4.7%) 등의 순서로 높은 빈도를 나타냈다.

<표 340> 향후 한국에 기대되는 민주주의 국제협력 프로그램

	빈도	퍼센트
네트워킹과 상호 교류	43	50.0
연구조사	4	4.7
적극적 개입	15	17.4
교육훈련	16	18.6
민주주의 관련 재정적 지원	8	9.3
합 계	86	100.0

<표 341>은 필리핀에서 민주화운동기념사업회가 추진해야 할 프로그램 중 세계적 지역적 포럼에 대한 분석이다. 세계적 지역적 포럼의 필요성에 대해 대체로 필요하다고 응답한 빈도가 40명 (47.1%)으로 가장 많았으며, 그 다음으로 보통 21명(24.7%), 매우 필요 18명(21.2%), 잘 모르겠음 5명(5.9%), 별로 필요치 않음 1명 (1.2%) 등의 순서로 높은 빈도를 나타냈다.

<표 341> 민주화운동기념사업회가 추진해야 할 프로그램의 필요 : 세계적 지역적 포럼

	빈도	퍼센트
별로 필요치 않음	1	1.2
보통	21	24.7
대체로 필요	40	47.1
매우 필요	18	21.2
잘 모르겠음	5	5.9
합 계	85	100.0

〈표 342〉는 필리핀에서 민주화운동기념사업회가 추진해야 할 프로그램 중 책임성 있고 효율적인 통치 모델 개발에 대한 분석이다. 책임성 있고 효율적인 통치 모델 개발의 필요성에 대해 대체로 필요하다고 응답한 빈도가 32명(37.2%)으로 가장 많았으며, 그 다음으로 매우 필요 22명(25.6%), 보통 21명(24.4%), 잘 모르겠음 6명(7.0%), 별로 필요치 않음 5명(5.8%) 등의 순서로 높은 빈도를 나타냈다.

〈표 342〉 민주화운동기념사업회가 추진해야 할 프로그램의 필요 : 책임성 있고 효율적인 통치 모델 개발

	빈도	퍼센트
별로 필요치 않음	5	5.8
보통	21	24.4
대체로 필요	32	37.2
매우 필요	22	25.6
잘 모르겠음	6	7.0
합　계	86	100.0

〈표 343〉은 필리핀에서 민주화운동기념사업회가 추진해야 할 프로그램 중 지식 기반 서비스에 대한 분석이다. 지식기반서비스에 대한 필요성에 대해 대체로 필요하다고 응답한 빈도가 38명(44.2%)으로 가장 많았으며, 그 다음으로 보통과 매우 필요가 각각 20명(각각 23.3%), 잘 모르겠음 7명(8.1%), 별로 필요치 않음 1명(1.2%) 등의 순서로 높은 빈도를 나타냈다.

〈표 343〉 민주화운동기념사업회가 추진해야 할 프로그램의 필요 : 지식 기반 서비스

	빈도	퍼센트
별로 필요치 않음	1	1.2
보통	20	23.3
대체로 필요	38	44.2
매우 필요	20	23.3
잘 모르겠음	7	8.1
합　계	86	100.0

<표 344>는 필리핀에서 민주화운동기념사업회가 추진해야 할 프로그램 중 커뮤니티 프로그램 증진에 대한 분석이다. 커뮤니티 프로그램 증진에 대해 대체로 필요하다고 응답한 빈도가 42명(48.8%)으로 가장 많았으며, 그 다음으로 매우 필요치 않음 33명(38.4%), 보통 7명(8.1%), 잘 모르겠음 4명(4.7%) 등의 순서로 높은 빈도를 나타냈다.

<표 344> 민주화운동기념사업회가 추진해야 할 프로그램의 필요 : 커뮤니티 프로그램 증진

	빈도	퍼센트
보통	7	8.1
대체로 필요	42	48.8
매우 필요치 않음	33	38.4
잘 모르겠음	4	4.7
합 계	86	100.0

<표 345>는 필리핀에서 민주화운동기념사업회가 추진해야 할 프로그램 중 교육 훈련 프로그램에 대한 분석이다. 교육훈련프로그램의 필요성에 대해 매우 필요하다고 응답한 빈도가 37명(43.0%)으로 가장 많았으며, 그 다음으로 대체로 필요 35명(40.7%), 보통 7명(8.1%), 잘 모르겠음 5명(5.8%), 별로 필요치 않음 2명(2.3%) 등의 순서로 높은 빈도를 나타냈다.

<표 345> 민주화운동기념사업회가 추진해야 할 프로그램의 필요 : 교육 훈련 프로그램

	빈도	퍼센트
별로 필요치 않음	2	2.3
보통	7	8.1
대체로 필요	35	40.7
매우 필요	37	43.0
잘 모르겠음	5	5.8
합 계	86	100.0

〈표 346〉은 필리핀에서 민주화운동기념사업회가 추진해야 할 프로그램 중 인적·조직적 교환 프로그램에 대한 분석이다. 인적·조직적 교환 프로그램의 필요성에 대해 대체로 필요하다고 응답한 빈도가 31명(36.0%)으로 가장 많았으며, 그 다음으로 매우 필요 23명(26.7%), 보통 19명(22.1%), 별로 필요치 않음과 잘 모르겠음이 각각 6명(각각 7.0%), 전혀 필요치 않음 1명(1.2%) 등의 순서로 높은 빈도를 나타냈다.

〈표 346〉 민주화운동기념사업회가 추진해야 할 프로그램의 필요 :
인적·조직적 교환 프로그램

	빈도	퍼센트
전혀 필요치 않음	1	1.2
별로 필요치 않음	6	7.0
보통	19	22.1
대체로 필요	31	36.0
매우 필요	23	26.7
잘 모르겠음	6	7.0
합 계	86	100.0

<표 347>은 필리핀에서 민주화운동기념사업회가 추진해야 할 프로그램 중 한국의 민주화 경험 공유에 대한 분석이다. 한국의 민주화 경험 공유의 필요성에 대한 대체로 필요하다고 응답한 빈도가 31명(36.0%)으로 가장 많았으며, 그 다음으로 보통 22명(25.6%), 매우 필요 21명(24.4%), 잘 모르겠음 8명(9.3%), 별로 필요치 않음 4명(4.7%) 등의 순서로 높은 빈도를 나타냈다.

<표 347> 민주화운동기념사업회가 추진해야 할 프로그램의 필요 : 한국의 민주화 경험 공유

	빈도	퍼센트
별로 필요치 않음	4	4.7
보통	22	25.6
대체로 필요	31	36.0
매우 필요	21	24.4
잘 모르겠음	8	9.3
합 계	86	100.0

<표 348>은 필리핀에서 아시아 민주주의 증진을 위한 교육 프로그램 중 현장 연구 및 체험의 효율성에 대한 분석이다. 현장 연구 및 체험의 효율성에 대해 매우 효율적이라고 응답한 빈도가 32명(37.6%)으로 가장 많았으며, 그 다음으로 대체로 효율 25명(29.4%), 보통 20명(23.5%), 잘 모르겠음 6명(7.1%), 전혀 효율적이지 않음 2명(2.4%) 등의 순서로 높은 빈도를 나타냈다.

<표 348> 아시아 민주주의 증진을 위한 교육 프로그램의 효율성 정도 : 현장 연구 및 체험

	빈도	퍼센트
전혀 효율적이지 않음	2	2.4
보통	20	23.5
대체로 효율	25	29.4
매우 효율	32	37.6
잘 모르겠음	6	7.1
합 계	85	100.0

<표 349>는 필리핀에서 아시아 민주주의 증진을 위한 교육 프로그램 중 전문가 강좌의 효율성에 대한 분석이다. 전문가 강좌의 효율성수준에 보통이라고 응답한 빈도가 34명(39.5%)으로 가장 많았으며, 그 다음으로 대체로 효율 22명(25.6%), 별로 효율적이지 않음과 매우 효율이 각각 10명(각각 11.6%), 잘 모르겠음 8명(9.3%), 전혀 효율적이지 않음 2명(2.3%) 등의 순서로 높은 빈도를 나타냈다.

<표 349> 아시아 민주주의 증진을 위한 교육 프로그램의 효율성 정도
: 전문가 강좌

	빈도	퍼센트
전혀 효율적이지 않음	2	2.3
별로 효율적이지 않음	10	11.6
보통	34	39.5
대체로 효율	22	25.6
매우 효율	10	11.6
잘 모르겠음	8	9.3
합 계	86	100.0

〈표 350〉은 필리핀에서 아시아 민주주의 증진을 위한 교육 프로
그램 중 문제 해결 토론의 효율성에 대한 분석이다. 문제 해결 토론
의 효율성수준에 대해 보통이라고 응답한 빈도가 29명(33.7%)으로
가장 많았으며, 그 다음으로 대체로 효율 25명(29.1%), 매우 효율
14명(16.3%), 별로 효율적이지 않음과 잘 모르겠음이 각각 8명(각각
9.3%), 전혀 효율적이지 않음 2명(2.3%) 등의 순서로 높은 빈도를
나타냈다.

〈표 350〉 아시아 민주주의 증진을 위한 교육 프로그램의 효율성 정도 :
　　　　　 문제 해결 토론

	빈도	퍼센트
전혀 효율적이지 않음	2	2.3
별로 효율적이지 않음	8	9.3
보통	29	33.7
대체로 효율	25	29.1
매우 효율	14	16.3
잘 모르겠음	8	9.3
합　계	86	100.0

<표 351>은 필리핀에서 아시아 민주주의 증진을 위한 교육 프로
그램 중 기술 훈련의 효율성에 대한 분석이다. 기술 훈련의 효율성
수준에 대해 매우 효율적이라고 응답한 빈도가 34명(39.5%)으로
가장 많았으며, 그 다음으로 대체로 효율 30명(34.9%), 보통 13명
(15.1%), 잘 모르겠음 6명(7.0%), 별로 효율적이지 않음 3명(3.5%)
등의 순서로 높은 빈도를 나타냈다.

<표 351> 아시아 민주주의 증진을 위한 교육 프로그램의 효율성 정도 :
　　　　　 기술 훈련

	빈도	퍼센트
별로 효율적이지 않음	3	3.5
보통	13	15.1
대체로 효율	30	34.9
매우 효율	34	39.5
잘 모르겠음	6	7.0
합　계	86	100.0

<표 352>는 필리핀에서 아시아 민주주의 증진을 위한 교육 프로그램 중 인턴십·펠로우십의 효율성에 대한 분석이다. 인턴십·펠로우십의 효율성수준에 대해 대체로 효율적이라고 응답한 빈도가 37명(43.0%)으로 가장 많았으며, 그 다음으로 보통 21명(24.4%), 매우 효율 18명(20.9%), 잘 모르겠음 6명(7.0%), 전혀 효율적이지 않음과 별로 효율적이지 않음이 각각 2명(각각 2.3%) 등의 순서로 높은 빈도를 나타냈다.

<표 352> 아시아 민주주의 증진을 위한 교육 프로그램의 효율성 정도 : 인턴십·펠로우십

	빈도	퍼센트
전혀 효율적이지 않음	2	2.3
별로 효율적이지 않음	2	2.3
보통	21	24.4
대체로 효율	37	43.0
매우 효율	18	20.9
잘 모르겠음	6	7.0
합　계	86	100.0

9. 스리랑카

<표 353>은 스리랑카에서 민주주의 증진을 위해 가장 필요한 국제협력 지원의 방식에 대한 현황분석이다. 스리랑카에서 가장 필요로 하는 국제협력지원의 방식은 교육 프로그램이 71명(52.2%)으로 가장 높은 빈도를 나타냈고 그 다음으로 국제연대활동 28명(20.6%), 재정지원 14명(10.3%), 상호 이해 형성 9명(6.6%), 인적교류 7명(5.1%), 기타 6명(4.4%), 잘 모르겠음 1명(0.7%) 등의 순서로 높은 빈도를 나타냈다.

<표 353> 자국 민주주의 증진을 위해 가장 필요한 국제협력 지원의 방식

	빈도	퍼센트
교육 훈련	71	52.2
인적교류	7	5.1
국제연대활동	28	20.6
재정지원	14	10.3
상호 이해 형성	9	6.6
기타	6	4.4
잘 모르겠음	1	0.7
합 계	136	100.0

　　스리랑카에서 가장 효과적인 국제협력 네트워크 유형에 대한 현황분석은 〈표 354〉에 제시되었다. 스리랑카에서 가장 효과적인 국제교류협력유형은 비 정부기구 간 네트워크가 71명(52.2%)으로 가장 높은 빈도를 나타냈으며 그 다음으로 정부 간 네트워크 20명 (14.7%), 언론기구간 16명(11.8%), 정당 간 네트워크 13명(9.6%), 의회 간 네트워크 8명(5.9%), 기타와 잘 모르겠음이 각각 4명(2.9%) 등의 순서로 높은 빈도를 나타냈다.

〈표 354〉 자국에서 가장 효과적인 국제협력 네트워크 유형

	빈도	퍼센트
정부 간 네트워크	20	14.7
의회 간 네트워크	8	5.9
정당 간 네트워크	13	9.6
비정부기구 간 네트워크	71	52.2
언론기구 간 네트워크	16	11.8
기타	4	2.9
잘 모르겠음	4	2.9
합　계	136	100.0

<표 355>는 스리랑카에서 민주주의 국제협력의 핵심 동기에 대
한 현황분석이다. 민주주의 국제협력의 핵심 동기는 국제사회일원
으로서의 인식 제고라고 응답한 빈도가 34명(25.0%)으로 가장 많았
으며, 그 다음으로 경제적 효과 26명(19.1%), 국내의 민주주의 증진
효과 23명(16.9%), 외교적 영향력 제고 17명(12.5%), 국가브랜드 이
미지 제고 11명(8.1%), 잘 모르겠음 10명(7.4%), 인도주의적 관심
8명(5.9%), 국제사회에 대한 책임 7명(5.1%) 등의 순서로 높은 빈도
를 나타냈다.

<표 355> 민주주의 국제협력의 핵심 동기

	빈도	퍼센트
국가브랜드이미지제고	11	8.1
외교적 영향력 제고	17	12.5
경제적 효과	26	19.1
국제사회일원	34	25.0
국내민주주의증진	23	16.9
인도주의적 관심	8	5.9
국제사회에 대한 책임	7	5.1
잘 모르겠음	10	7.4
합　계	136	100.0

<표 356>은 스리랑카에서 민주주의 국제협력을 통한 긍정적 효과에 대한 현황분석이다. 민주주의 국제협력을 통한 긍정적 효과에 대해 국제사회일원으로서의 인식 제고라고 응답한 빈도가 53명(39.0%)으로 가장 많았으며, 그 다음으로 국내민주주의 증진 26명(19.1%), 경제적 효과 18명(13.2%), 외교적 영향력 제고 16명(11.8%), 잘 모르겠음 11명(8.1%), 국가브랜드 이미지 제고 8명(5.9%), 기타 4명(2.9%) 등의 순서로 높은 빈도를 나타냈다.

<표 356> 민주주의 국제협력을 통한 긍정적 효과

	빈도	퍼센트
국가브랜드 이미지 제고	8	5.9
외교적 영향력 확대	16	11.8
경제적 이익 실현	18	13.2
국제사회로부터의 인정	53	39.0
공여국 자국의 민주주의 증진	26	19.1
기타	4	2.9
잘 모르겠음	11	8.1
합　계	136	100.0

　〈표 357〉은 스리랑카에서 가장 효과적인 민주주의 국제협력 프로그램에 대한 현황분석결과이다. 스리랑카에서 가장 효과적인 민주주의 국제협력 프로그램은 교육 프로그램이라 응답한 빈도가 42명(30.9%)으로 가장 많았으며, 그 다음으로 민주적 리더십 프로그램 32명(23.5%), 잘 모르겠음 29명(21.3%), 인적교류 프로그램 18명(13.2%), 재정지원 프로그램 8명(5.9%), 기타 7명(5.1%) 등의 순서로 높은 빈도를 나타냈다.

〈표 357〉 가장 효과적인 민주주의 국제협력 프로그램

	빈도	퍼센트
민주적 리더십 프로그램	32	23.5
인적교류 프로그램	18	13.2
교육 프로그램	42	30.9
재정지원 프로그램	8	5.9
기타	7	5.1
잘 모르겠음	29	21.3
합　계	136	100.0

<표 358>은 스리랑카에서 가장 효과적이지 못한 민주주의 국제
협력 프로그램에 대한 현황분석이다. 스리랑카에서 가장 효과적이
지 못한 민주주의 국제협력 프로그램잘 모르겠다고 응답한 빈도가
39명(28.7%)으로 가장 많았으며, 그 다음으로 인적교류 프로그램과
재정지원 프로그램이 각각 35명(각각 25.7%), 민주적 리더십 프로
그램 14명(10.3%), 교육 프로그램 10명(7.4%), 기타 3명(2.2%) 등의
순서로 높은 빈도를 나타냈다.

<표 358> 가장 효과적이지 못한 민주주의 국제협력 프로그램

	빈도	퍼센트
민주적 리더십 프로그램	14	10.3
인적교류 프로그램	35	25.7
교육 프로그램	10	7.4
재정지원 프로그램	35	25.7
기타	3	2.2
잘 모르겠음	39	28.7
합 계	136	100.0

〈표 359〉는 스리랑카에서 민주주의 국제협력 실행 상의 장애 요인에 대한 분석결과이다. 스리랑카에서 민주주의 국제협력 실행 상의 장애 요인은 외부적 요인과 비효율적 관료제와 부패라고 응답한 빈도가 각각 36명(각각 26.5%)으로 가장 많았으며, 그 다음으로 잘 모르겠음 29명(21.3%), 기타 20명(14.7%), 지원의 지속성 15명(11.0%) 등의 순서로 높은 빈도를 나타냈다.

〈표 359〉 민주주의 국제협력 실행 상의 장애 요인

	빈도	퍼센트
외부적 요인	36	26.5
비효율적인 행정체계	36	26.5
지원의 지속성	15	11.0
기타	20	14.7
잘 모르겠음	29	21.3
합　계	136	100.0

〈표 360〉은 스리랑카의 자국 민주주의 수준의 평가에 대한 현황 분석이다. 자국 민주주의 수준의 평가에 대해 보통이라고 응답한 빈도가 48명(35.3%)으로 가장 많았으며, 그 다음으로 매우 비민주적 36명(26.5%), 다소 비민주적 28명(20.6%), 잘 모르겠음 12명(8.8%), 매우 민주적 7명(5.1%), 민주적 5명(3.7%) 등의 순서로 높은 빈도를 나타냈다.

〈표 360〉 자국 민주주의 수준에 대한 평가

	빈도	퍼센트
매우 비민주적	36	26.5
다소 비민주적	28	20.6
보통	48	35.3
민주적	5	3.7
매우 민주적	7	5.1
잘 모르겠음	12	8.8
합 계	136	100.0

<표 361>은 스리랑카에서 자국 민주주의의 핵심 이슈에 대한 분석이다. 자국 민주주의의 핵심 이슈에 대해 자유라고 응답한 빈도가 54명(39.7%)으로 가장 많았으며, 그 다음으로 부정부패 척결 36명(26.5%), 정의 14명(10.3%), 평등 11명(8.1%), 발전 9명(6.6%), 잘 모르겠음 7명(5.1%), 관용 5명(3.7%) 등의 순서로 높은 빈도를 나타냈다.

<표 361> 자국 민주주의의 핵심 이슈

	빈도	퍼센트
자유	54	39.7
정의	14	10.3
부정부패 척결	36	26.5
관용	5	3.7
평등	11	8.1
발전	9	6.6
잘 모르겠음	7	5.1
합 계	136	100.0

<표 362>는 스리랑카에서 자국의 민주주의 발전을 저해하는 요인 중 취약한 정당 시스템에 대한 분석이다. 취약한 정당 시스템의 심각성 정도에 대해 매우 심각하다고 응답한 빈도가 50명(36.8%)으로 가장 많았으며, 그 다음으로 잘 모르겠음 40명(29.4%), 보통 17명(12.5%), 대체로 심각 12명(8.8%), 전혀 심각하지 않음 11명(8.1%), 다소 심각하지 않음 6명(4.4%) 등의 순서로 높은 빈도를 나타냈다.

<표 362> 자국의 민주주의 발전을 저해하는 요인들의 심각성 정도 : 취약한 정당 시스템

	빈도	퍼센트
전혀 심각하지 않음	11	8.1
다소 심각하지 않음	6	4.4
보통	17	12.5
대체로 심각	12	8.8
매우 심각	50	36.8
잘 모르겠음	40	29.4
합　계	136	100.0

<표 363>은 스리랑카에서 자국의 민주주의 발전을 저해하는 요인 중 부정부패에 대한 분석이다. 부정부패에 대한 심각성에 대해 매우 심각하다고 응답한 빈도가 70명(51.5%)으로 가장 많았으며, 그 다음으로 잘 모르겠음 32명(23.5%), 전혀 심각하지 않음 13명(9.6%), 보통과 대체로 심각이 각각 8명(각각 5.9%), 다소 심각하지 않음 5명(3.7%) 등의 순서로 높은 빈도를 나타냈다.

<표 363> 자국의 민주주의 발전을 저해하는 요인들의 심각성 정도 : 부정부패

	빈도	퍼센트
전혀 심각하지 않음	13	9.6
다소 심각하지 않음	5	3.7
보통	8	5.9
대체로 심각	8	5.9
매우 심각	70	51.5
잘 모르겠음	32	23.5
합 계	136	100.0

<표 364>는 스리랑카에서 자국의 민주주의 발전을 저해하는 요인 중 시민사회의 취약성에 대한 분석이다. 시민사회의 취약성에 대해 잘 모르겠다고 응답한 45명(33.1%)로 가장 많았으며, 그 다음으로 매우 심각 41명(30.1%), 보통 16명(11.8%), 대체로 심각 15명(11.0%), 전혀 심각하지 않음 13명(9.6%), 다소 심각하지 않음 6명(4.4%) 등의 순서로 높은 빈도를 나타냈다.

<표 364> 자국의 민주주의 발전을 저해하는 요인들의 심각성 정도 : 시민사회의 취약성

	빈도	퍼센트
전혀 심각하지 않음	13	9.6
다소 심각하지 않음	6	4.4
보통	16	11.8
대체로 심각	15	11.0
매우 심각	41	30.1
잘 모르겠음	45	33.1
합 계	136	100.0

〈표 365〉는 스리랑카에서 자국의 민주주의 발전을 저해하는 요인 중 민주적 문화의 결핍에 대한 분석이다. 민주적 문화의 결핍에 대해 매우 심각하하다고 응답한 빈도가 48명(35.3%)으로 가장 많았으며, 그 다음으로 잘 모르겠음 45명(33.1%), 보통과 대체로 심각이 각각 15명(각각 11.0%), 전혀 심각하지 않음 10명(7.4%), 다소 심각하지 않음 3명(2.2%) 등의 순서로 높은 빈도를 나타냈다.

〈표 365〉 자국의 민주주의 발전을 저해하는 요인들의 심각성 정도 :
민주적 문화의 결핍

	빈도	퍼센트
전혀 심각하지 않음	10	7.4
다소 심각하지 않음	3	2.2
보통	15	11.0
대체로 심각	15	11.0
매우 심각	48	35.3
잘 모르겠음	45	33.1
합 계	136	100.0

<표 366>은 스리랑카에서 자국의 민주주의 발전을 저해하는 요인 중 관료주의적 시스템에 대한 분석이다. 관료주의적 시스템에 대해 매우 심각하다고 응답한 빈도가 44명(32.4%)으로 가장 많았으며, 그 다음으로 잘 모르겠음 42명(30.9%), 보통과 대체로 심각이 각각 16명(각각 11.8%), 전혀 심각하지 않음 14명(10.3%), 다소 심각하지 않음 4명(2.9%) 등의 순서로 높은 빈도를 나타냈다.

<표 366> 자국의 민주주의 발전을 저해하는 요인들의 심각성 정도 : 관료주의적 시스템

	빈도	퍼센트
전혀 심각하지 않음	14	10.3
다소 심각하지 않음	4	2.9
보통	16	11.8
대체로 심각	16	11.8
매우 심각	44	32.4
잘 모르겠음	42	30.9
합 계	136	100.0

　　〈표 367〉은 스리랑카에서 자국의 민주주의 발전을 저해하는 요인 중 사법 체계의 취약성에 대한 분석이다. 사법 체계의 취약성에 대해 잘 모르겠다고 응답한 빈도가 45명(33.1%)으로 가장 많았으며, 그 다음으로 매우 심각 44명(32.4%), 보통 17명(12.5%), 대체로 심각 12명(8.8%), 전혀 심각하지 않음 11명(8.1%), 다소 심각하지 않음 7명(5.1%) 등의 순서로 높은 빈도를 나타냈다.

〈표 367〉 자국의 민주주의 발전을 저해하는 요인들의 심각성 정도 :
　　　　　사법 체계의 취약성

	빈도	퍼센트
전혀 심각하지 않음	11	8.1
다소 심각하지 않음	7	5.1
보통	17	12.5
대체로 심각	12	8.8
매우 심각	44	32.4
잘 모르겠음	45	33.1
합　계	136	100.0

<표 368>은 스리랑카에서 자국의 민주주의 발전을 저해하는 요인 중 민주적 가치 정향의 부재에 대한 분석이다. 민주적 가치 정향의 부재에 대해 잘 모르겠음이라고 응답한 빈도가 52명(38.2%)으로 가장 많았으며, 그 다음으로 매우 심각 47명(34.6%), 보통 14명(10.3%), 대체로 심각 12명(8.8%), 전혀 심각하지 않음 7명(5.1%), 다소 심각하지 않음 4명(2.9%) 등의 순서로 높은 빈도를 나타냈다.

<표 368> 자국의 민주주의 발전을 저해하는 요인들의 심각성 정도 :
민주적 가치 정향의 부재

	빈도	퍼센트
전혀 심각하지 않음	7	5.1
다소 심각하지 않음	4	2.9
보통	14	10.3
대체로 심각	12	8.8
매우 심각	47	34.6
잘 모르겠음	52	38.2
합　계	136	100.0

<표 369>는 스리랑카에서 민주주의 발전에 대한 문화적 장애 요인 중 봉건적 문화에 대한 분석이다. 봉건적 문화에 대해 잘 모르겠다고 응답한 빈도가 41명(30.1%)으로 가장 많았으며, 그 다음으로 매우 심각 28명(20.6%), 보통 25명(18.4%), 대체로 심각 15명(11.0%), 다소 심각하지 않음 14명(10.3%), 전혀 심각하지 않음 13명(9.6%) 등의 순서로 높은 빈도를 나타냈다.

<표 369> 민주주의 발전에 대한 문화적 장애 요인의 심각성 정도 : 봉건적 문화

	빈도	퍼센트
전혀 심각하지 않음	13	9.6
다소 심각하지 않음	14	10.3
보통	25	18.4
대체로 심각	15	11.0
매우 심각	28	20.6
잘 모르겠음	41	30.1
합 계	136	100.0

<표 370>은 스리랑카에서 민주주의 발전에 대한 문화적 장애 요인 중 군사주의 문화에 대한 분석이다. 군사주의 문화에 대해 잘 모르겠다고 응답한 빈도가 50명(36.8%)으로 가장 많았으며, 그 다음으로 매우 심각 34명(25.0%), 보통 20명(14.7%), 전혀 심각하지 않음 14명(10.3%), 대체로 심각 13명(9.6%), 다소 심각하지 않음 5명 (3.7%) 등의 순서로 높은 빈도를 나타냈다.

<표 370> 민주주의 발전에 대한 문화적 장애 요인의 심각성 정도 : 군사주의 문화

	빈도	퍼센트
전혀 심각하지 않음	14	10.3
다소 심각하지 않음	5	3.7
보통	20	14.7
대체로 심각	13	9.6
매우 심각	34	25.0
잘 모르겠음	50	36.8
합　계	136	100.0

<표 371>은 스리랑카에서 민주주의 발전에 대한 문화적 장애 요인 중 가부장 문화에 대한 분석이다. 가부장 문화에 대해 잘 모르겠다고 응답한 빈도가 40명(29.4%)으로 가장 많았으며, 그 다음으로 매우 심각 36명(26.5%), 보통 26명(19.1%), 대체로 심각 15명(11.0%), 전혀 심각하지 않음 12명(8.8%), 다소 심각하지 않음 7명(5.1%) 등의 순서로 높은 빈도를 나타냈다.

<표 371> 민주주의 발전에 대한 문화적 장애 요인의 심각성 정도 : 가부장 문화

	빈도	퍼센트
전혀 심각하지 않음	12	8.8
다소 심각하지 않음	7	5.1
보통	26	19.1
대체로 심각	15	11.0
매우 심각	36	26.5
잘 모르겠음	40	29.4
합　계	136	100.0

〈표 372〉는 스리랑카에서 민주주의 발전에 대한 문화적 장애 요인 중 종교 문화에 대한 분석이다. 종교 문화에 대해 잘 모르겠다고 응답한 빈도가 51명(37.5%)으로 가장 많았으며, 그 다음으로 매우 심각 21명(15.4%), 대체로 심각 20명(14.7%), 보통 19명(14.0%), 다소 심각하지 않음 18명(13.2%), 전혀 심각하지 않음 7명(5.1%) 등의 순서로 높은 빈도를 나타냈다.

〈표 372〉 민주주의 발전에 대한 문화적 장애 요인의 심각성 정도 : 종교 문화

	빈도	퍼센트
전혀 심각하지 않음	7	5.1
다소 심각하지 않음	18	13.2
보통	19	14.0
대체로 심각	20	14.7
매우 심각	21	15.4
잘 모르겠음	51	37.5
합　계	136	100.0

〈표 373〉은 스리랑카에서 민주주의 발전에 대한 문화적 장애 요인 중 물질주의, 자본주의 문화에 대한 분석이다. 물질주의, 자본주의 문화에 대해 잘 모르겠다고 응답한 빈도가 52명(38.2%)으로 가장 많았으며, 그 다음으로 매우 심각 30명(22.1%), 보통 26명(19.1%), 대체로 심각 13명(9.6%), 다소 심각하지 않음 11명(8.1%), 전혀 심각하지 않음 4명(2.9%) 등의 순서로 높은 빈도를 나타냈다.

〈표 373〉 민주주의 발전에 대한 문화적 장애 요인의 심각성 정도 :
물질주의, 자본주의 문화

	빈도	퍼센트
전혀 심각하지 않음	4	2.9
다소 심각하지 않음	11	8.1
보통	26	19.1
대체로 심각	13	9.6
매우 심각	30	22.1
잘 모르겠음	52	38.2
합 계	136	100.0

<표 374>는 스리랑카에서 자국 민주주의 발전에 관련된 요소들 중 헌법과 헌정 질서의 중요성에 대한 분석이다. 헌법과 헌정 질서의 중요성에 대해 매우 중요하다고 응답한 빈도가 47명(34.6%)으로 가장 많았으며, 그 다음으로 잘 모르겠음 43명(31.6%), 보통 22명(16.2%), 대체로 중요 19명(14.0%), 전혀 중요하지 않음 3명(2.2%), 별로 중요하지 않음 2명(1.5%) 등의 순서로 높은 빈도를 나타냈다.

<표 374> 자국 민주주의 발전에 관련된 요소들의 중요성 정도 : 헌법과 헌정 질서

	빈도	퍼센트
전혀 중요하지 않음	3	2.2
별로 중요하지 않음	2	1.5
보통	22	16.2
대체로 중요	19	14.0
매우 중요	47	34.6
잘 모르겠음	43	31.6
합 계	136	100.0

<표 375>는 스리랑카에서 자국 민주주의 발전에 관련된 요소들 중 다당제의 중요성에 대한 분석이다. 다당제의 중요성에 대해 잘 모르겠다고 응답한 빈도가 44명(32.4%)으로 가장 많았으며, 그 다음으로 매우 중요 34명(25.0%), 보통 26명(19.1%), 대체로 중요 23명(16.9%), 전혀 중요하지 않음 5명(3.7%), 별로 중요하지 않음 4명(2.9%) 등의 순서로 높은 빈도를 나타냈다.

<표 375> 자국 민주주의 발전에 관련된 요소들의 중요성 정도 : 다당제

	빈도	퍼센트
전혀 중요하지 않음	5	3.7
별로 중요하지 않음	4	2.9
보통	26	19.1
대체로 중요	23	16.9
매우 중요	34	25.0
잘 모르겠음	44	32.4
합 계	136	100.0

〈표 376〉은 스리랑카에서 자국 민주주의 발전에 관련된 요소들 중 사법 체제의 독립성에 대한 분석이다. 사법 체제의 독립성에 대해 매우 중요하다고 응답한 빈도가 64명(47.1%)으로 가장 많았으며, 그 다음으로 잘 모르겠음 39명(28.7%), 보통 17명(12.5%), 대체로 중요 13명(9.6%), 전혀 중요하지 않음 2명(1.5%), 별로 중요하지 않음 1명(0.7%) 등의 순서로 높은 빈도를 나타냈다.

〈표 376〉 자국 민주주의 발전에 관련된 요소들의 중요성 정도 : 사법 체제의 독립성

	빈도	퍼센트
전혀 중요하지 않음	2	1.5
별로 중요하지 않음	1	0.7
보통	17	12.5
대체로 중요	13	9.6
매우 중요	64	47.1
잘 모르겠음	39	28.7
합　계	136	100.0

<표 377>은 스리랑카에서 자국 민주주의 발전에 관련된 요소들 중 언론 자유에 대한 분석이다. 언론자유에 대해 매우 중요하다고 응답한 빈도가 65명(47.8%)으로 가장 많았으며, 그 다음으로 잘 모르겠음 41명(30.1%), 보통 16명(11.8%), 별로 중요하지 않음과 대체로 중요가 각각 6명(각각 4.4%), 전혀 중요하지 않음 2명(1.5%) 등의 순서로 높은 빈도를 나타냈다.

<표 377> 자국 민주주의 발전에 관련된 요소들의 중요성 정도 : 언론 자유

	빈도	퍼센트
전혀 중요하지 않음	2	1.5
별로 중요하지 않음	6	4.4
보통	16	11.8
대체로 중요	6	4.4
매우 중요	65	47.8
잘 모르겠음	41	30.1
합 계	136	100.0

<표 378>은 스리랑카에서 자국 민주주의 발전에 관련된 요소들 중 시민사회 공고화에 대한 분석이다. 시민사회 공고화에 대해 매우 중요하다고 응답한 빈도가 66명(48.5%)으로 가장 많았으며, 그 다음으로 잘 모르겠음 40명(29.4%), 대체로 중요 13명(9.6%), 보통 8명(5.9%), 별로 중요하지 않음 6명(4.4%), 전혀 중요하지 않음 3명 (2.2%) 등의 순서로 높은 빈도를 나타냈다.

<표 378> 자국 민주주의 발전에 관련된 요소들의 중요성 정도 : 시민 사회 공고화

	빈도	퍼센트
전혀 중요하지 않음	3	2.2
별로 중요하지 않음	6	4.4
보통	8	5.9
대체로 중요	13	9.6
매우 중요	66	48.5
잘 모르겠음	40	29.4
합 계	136	100.0

<표 379>는 스리랑카에서 자국 민주주의 발전에 관련된 요소들 중 시민교육에 대한 분석이다. 시민교육의 중요성에 대해 잘 모르겠다고 응답한 빈도가 46명(33.8%)으로 가장 많았으며, 그 다음으로 매우 중요 37명(27.2%), 보통 30명(22.1%), 대체로 중요 13명(9.6%), 전혀 중요하지 않음과 별로 중요하지 않음이 각각 5명(각각 3.7%) 등의 순서로 높은 빈도를 나타냈다.

<표 379> 자국 민주주의 발전에 관련된 요소들의 중요성 정도 : 시민교육

	빈도	퍼센트
전혀 중요하지 않음	5	3.7
별로 중요하지 않음	5	3.7
보통	30	22.1
대체로 중요	13	9.6
매우 중요	37	27.2
잘 모르겠음	46	33.8
합　계	136	100.0

<표 380>은 스리랑카에서 자국 민주주의 발전에 관련된 요소들 중 민주적 가치 정향에 대한 분석이다. 민주적 가치정향에 대해 매우 중요하다고 응답한 빈도가 55명(40.4%)으로 가장 많았으며, 그 다음으로 잘 모르겠음 45명(33.1%), 대체로 중요 17명(12.5%), 보통 13명(9.6%), 별로 중요하지 않음 4명(2.9%), 전혀 중요하지 않음 2명(1.5%) 등의 순서로 높은 빈도를 나타냈다.

<표 380> 자국 민주주의 발전에 관련된 요소들의 중요성 정도 : 민주적 가치 정향

	빈도	퍼센트
전혀 중요하지 않음	2	1.5
별로 중요하지 않음	4	2.9
보통	13	9.6
대체로 중요	17	12.5
매우 중요	55	40.4
잘 모르겠음	45	33.1
합 계	136	100.0

<표 381>은 스리랑카에서 민주주의 국제협력 프로그램의 수요에 대한 현황분석이다. 민주주의 국제협력 프로그램의 수요는 민주적 리더십 프로그램이라고 응답한 빈도가 52명(38.2%)으로 가장 많았으며, 그 다음으로 교육프로그램 27명(19.9%), 조직교류프로그램 15명(11.0%), 인적교류 프로그램과 인간 안보 발전이 각각 12명(각각 8.8%), 미디어 프로그램 7명(5.1%), 잘 모르겠음 6명(4.4%), 재정지원 프로그램 4명(2.9%), 기타 1명(0.7%) 등의 순서로 높은 빈도를 나타냈다.

<표 381> 민주주의 국제협력 프로그램에 대한 수요

	빈도	퍼센트
민주적 리더십 프로그램	52	38.2
인적교류 프로그램	12	8.8
조직교류프로그램	15	11.0
교육프로그램	27	19.9
인간 안보 발전	12	8.8
미디어프로그램	7	5.1
재정지원 프로그램	4	2.9
기타	1	0.7
잘 모르겠음	6	4.4
합 계	136	100.0

<표 382>는 스리랑카에서 한국에 대한 가장 큰 인상에 대한 분석이다. 한국에 대한 가장 큰 인상에 대해 급속한 경제 성장이라고 응답한 빈도가 62명(45.6%)으로 가장 많았으며, 그 다음으로 남북분단 28명(20.6%), 잘 모르겠음 17명(12.5%), 민주화운동과 한국문화가 각각 9명(각각 6.6%), IT 기술 8명(5.9%), 기타 3명(2.2%) 등의 순서로 높은 빈도를 나타냈다.

<표 382> 한국에 대한 가장 큰 인상

	빈도	퍼센트
남북분단	28	20.6
급속한 경제 성장	62	45.6
민주화운동	9	6.6
한국문화	9	6.6
IT 기술	8	5.9
기타	3	2.2
잘 모르겠음	17	12.5
합 계	136	100.0

<표 383>은 스리랑카에서 한국 민주주의 수준의 평가에 대한 분석이다. 한국 민주주의의 수준에 대해 보통이라고 응답한 빈도가 59명(43.4%)으로 가장 많았으며, 그 다음으로 다소 민주적 잘 모르겠음 29명(21.3%), 매우 민주적 24명(17.6%), 다소 민주적 15명(11.0%), 다소 비민주적 6명(4.4%), 매우 비민주적 3명(2.2% 등의 순서로 높은 빈도를 나타냈다.

<표 383> 한국 민주주의 수준에 대한 평가

	빈도	퍼센트
매우 비민주적	3	2.2
다소 비민주적	6	4.4
보통	59	43.4
다소 민주적	15	11.0
매우 민주적	24	17.6
잘 모르겠음	29	21.3
합 계	136	100.0

<표 384>는 스리랑카에서 향후 한국에 기대되는 민주주의 국제협력 프로그램에 대한 분석이다. 향후 한국에 기대되는 민주주의 국제협력 프로그램에 대해 네트워킹과 상호 교류이라고 응답한 빈도가 48명(35.3%)으로 가장 많았으며, 그 다음으로 교육훈련과 민주주의 관련 재정적 지원이 각각 20명(각각 14.7%), 적극적 개입 19명(14.0%), 연구조사 16명(11.8%), 잘 모르겠음 13명(9.6%) 등의 순서로 높은 빈도를 나타냈다.

<표 384> 향후 한국에 기대되는 민주주의 국제협력 프로그램

	빈도	퍼센트
네트워킹과 상호 교류	48	35.3
연구조사	16	11.8
적극적 개입	19	14.0
교육훈련	20	14.7
민주주의 관련 재정적 지원	20	14.7
잘 모르겠음	13	9.6
합 계	136	100.0

〈표 385〉는 스리랑카에서 민주화운동기념사업회가 추진해야 할 프로그램 중 세계적 지역적 포럼에 대한 분석이다. 세계적 지역적 포럼의 필요성에 대해 잘 모르겠다고 응답한 빈도가 57명(41.9%)으로 가장 많았으며, 그 다음으로 보통 28명(20.6%), 매우 필요 27명(19.9%), 대체로 필요 19명(14.0%), 별로 필요치 않음 4명(2.9%), 전혀 필요치 않음 1명(0.7%) 등의 순서로 높은 빈도를 나타냈다.

〈표 385〉 민주화운동기념사업회가 추진해야 할 프로그램의 필요 :
세계적 지역적 포럼

	빈도	퍼센트
전혀 필요치 않음	1	0.7
별로 필요치 않음	4	2.9
보통	28	20.6
대체로 필요	19	14.0
매우 필요	27	19.9
잘 모르겠음	57	41.9
합 계	136	100.0

〈표 386〉은 스리랑카에서 민주화운동기념사업회가 추진해야 할 프로그램 중 책임성 있고 효율적인 통치 모델 개발에 대한 분석이다. 책임성 있고 효율적인 통치 모델 개발의 필요성에 대해 잘 모르겠다고 응답한 빈도가 49명(36.0%)으로 가장 많았으며, 그 다음으로 매우 필요 36명(26.5%), 대체로 필요 25명(18.4%), 보통 21명(15.4%), 별로 필요치 않음 3명(2.2%), 전혀 필요치 않음 2명(1.5%) 등의 순서로 높은 빈도를 나타냈다.

〈표 386〉 민주화운동기념사업회가 추진해야 할 프로그램의 필요 : 책임성 있고 효율적인 통치 모델 개발

	빈도	퍼센트
전혀 필요치 않음	2	1.5
별로 필요치 않음	3	2.2
보통	21	15.4
대체로 필요	25	18.4
매우 필요	36	26.5
잘 모르겠음	49	36.0
합 계	136	100.0

〈표 387〉은 스리랑카에서 민주화운동기념사업회가 추진해야 할 프로그램 중 지식 기반 서비스에 대한 분석이다. 지식기반서비스에 대한 필요성에 대해 잘 모르겠다고 응답한 빈도가 53명(39.0%)으로 가장 많았으며, 그 다음으로 매우 필요 46명(33.8%), 대체로 필요 20명(14.7%), 보통 15명(11.0%), 별로 필요치 않음 2명(1.5%) 등의 순서로 높은 빈도를 나타냈다.

〈표 387〉 민주화운동기념사업회가 추진해야 할 프로그램의 필요 :
지식 기반 서비스

	빈도	퍼센트
별로 필요치 않음	2	1.5
보통	15	11.0
대체로 필요	20	14.7
매우 필요	46	33.8
잘 모르겠음	53	39.0
합　계	136	100.0

<표 388>은 스리랑카에서 민주화운동기념사업회가 추진해야 할 프로그램 중 커뮤니티 프로그램 증진에 대한 분석이다. 커뮤니티 프로그램 증진에 대해 잘 모르겠다고 응답한 빈도가 50명(36.8%)으로 가장 많았으며, 그 다음으로 매우 필요 45명(33.1%), 대체로 필요 22명(16.2%), 보통 16명(11.8%), 별로 필요치 않음 2명(1.5%), 전혀 필요치 않음 1명(0.7%) 등의 순서로 높은 빈도를 나타냈다.

<표 388> 민주화운동기념사업회가 추진해야 할 프로그램의 필요 : 커뮤니티 프로그램 증진

	빈도	퍼센트
전혀 필요치 않음	1	0.7
별로 필요치 않음	2	1.5
보통	16	11.8
대체로 필요	22	16.2
매우 필요	45	33.1
잘 모르겠음	50	36.8
합　계	136	100.0

<표 389>는 스리랑카에서 민주화운동기념사업회가 추진해야 할 프로그램 중 교육 훈련 프로그램에 대한 분석이다. 교육훈련프로그램의 필요성에 대해 매우 필요하다고 잘 모르겠다고 응답한 빈도가 각각 47명(각각 34.6%), 대체로 필요 20명(14.7%), 보통 18명(13.2%), 전혀 필요치 않음과 별로 필요치 않음 이 각각 2명(각각 1.5%) 등의 순서로 높은 빈도를 나타냈다.

<표 389> 민주화운동기념사업회가 추진해야 할 프로그램의 필요 : 교육 훈련 프로그램

	빈도	퍼센트
전혀 필요치 않음	2	1.5
별로 필요치 않음	2	1.5
보통	18	13.2
대체로 필요	20	14.7
매우 필요	47	34.6
잘 모르겠음	47	34.6
합 계	136	100.0

<표 390>은 스리랑카에서 민주화운동기념사업회가 추진해야 할
프로그램 중 인적·조직적 교환 프로그램에 대한 분석이다. 인적·
조직적 교환 프로그램의 필요성에 대해 잘 모르겠다고 응답한 빈도
가 56명(41.2%)으로 가장 많았으며, 그 다음으로 매우 필요 33명
(24.3%), 보통 23명(16.9%), 대체로 필요 13명(9.6%), 별로 필요치
않음 9명(6.6%), 전혀 필요치 않음 2명(1.5%) 등의 순서로 높은 빈도
를 나타냈다.

<표 390> 민주화운동기념사업회가 추진해야 할 프로그램의 필요 :
인적·조직적 교환 프로그램

	빈도	퍼센트
전혀 필요치 않음	2	1.5
별로 필요치 않음	9	6.6
보통	23	16.9
대체로 필요	13	9.6
매우 필요	33	24.3
잘 모르겠음	56	41.2
합 계	136	100.0

<표 391>은 스리랑카에서 민주화운동기념사업회가 추진해야 할 프로그램 중 한국의 민주화 경험 공유에 대한 분석이다. 한국의 민주화 경험 공유의 필요성에 대한 잘 모르겠다고 응답한 빈도가 51명(37.5%)으로 가장 많았으며, 그 다음으로 매우 필요 33명(24.3%), 보통 29명(21.3%), 대체로 필요 16명(11.8%), 별로 필요치 않음 5명(3.7%), 전혀 필요치 않음 2명(1.5%) 등의 순서로 높은 빈도를 나타냈다.

<표 391> 민주화운동기념사업회가 추진해야 할 프로그램의 필요 :
한국의 민주화 경험 공유

	빈도	퍼센트
전혀 필요치 않음	2	1.5
별로 필요치 않음	5	3.7
보통	29	21.3
대체로 필요	16	11.8
매우 필요	33	24.3
잘 모르겠음	51	37.5
합 계	136	100.0

　〈표 392〉는 스리랑카에서 아시아 민주주의 증진을 위한 교육 프로그램 중 현장 연구 및 체험의 효율성에 대한 분석이다. 현장 연구 및 체험의 효율성에 대해 잘 모르겠다고 응답한 빈도가 46명(33.8%)으로 가장 많았으며, 그 다음으로 매우 효율 35명(25.7%), 대체로 효율 25명(18.4%), 보통 20명(14.7%), 별로 효율적이지 않음 7명(5.1%), 전혀 효율적이지 않음 3명(2.2%) 등의 순서로 높은 빈도를 나타냈다.

〈표 392〉 아시아 민주주의 증진을 위한 교육 프로그램의 효율성 정도 : 현장 연구 및 체험

	빈도	퍼센트
전혀 효율적이지 않음	3	2.2
별로 효율적이지 않음	7	5.1
보통	20	14.7
대체로 효율	25	18.4
매우 효율	35	25.7
잘 모르겠음	46	33.8
합　계	136	100.0

〈표 393〉은 스리랑카에서 아시아 민주주의 증진을 위한 교육 프로 그램 중 전문가 강좌의 효율성에 대한 분석이다. 전문가 강좌의 효율 성수준에 대해 잘 모르겠다고 응답한 빈도가 48명(35.3%)으로 가장 많았으며, 그 다음으로 보통 32명(23.5%), 매우 효율 18명(13.2%), 별 로 효율적이지 않음과 대체로 효율이 각각 16명(각각 11.8%), 전혀 효율적이지 않음 6명(4.4%) 등의 순서로 높은 빈도를 나타냈다.

〈표 393〉 아시아 민주주의 증진을 위한 교육 프로그램의 효율성 정도 :
전문가 강좌

	빈도	퍼센트
전혀 효율적이지 않음	6	4.4
별로 효율적이지 않음	16	11.8
보통	32	23.5
대체로 효율	16	11.8
매우 효율	18	13.2
잘 모르겠음	48	35.3
합　계	136	100.0

〈표 394〉는 스리랑카에서 아시아 민주주의 증진을 위한 교육 프로그램 중 문제 해결 토론의 효율성에 대한 분석이다. 문제 해결 토론의 효율성수준에 대해 매우 효율적이라고 응답한 빈도가 42명(30.9%)으로 가장 많았으며, 그 다음으로 잘 모르겠음 41명(30.1%), 대체로 효율 24명(17.6%), 보통 22명(16.2%), 별로 효율적이지 않음 7명(5.1%) 등의 순서로 높은 빈도를 나타냈다.

〈표 394〉 아시아 민주주의 증진을 위한 교육 프로그램의 효율성 정도 : 문제 해결 토론

	빈도	퍼센트
별로 효율적이지 않음	7	5.1
보통	22	16.2
대체로 효율	24	17.6
매우 효율	42	30.9
잘 모르겠음	41	30.1
합 계	136	100.0

〈표 395〉는 스리랑카에서 아시아 민주주의 증진을 위한 교육 프로그램 중 기술 훈련의 효율성에 대한 분석이다. 기술 훈련의 효율성수준에 대해 매우 효율적이라고 응답한 빈도가 52명(38.2%)으로 가장 많았으며, 그 다음으로 잘 모르겠음 47명(34.6%), 보통 16명(11.8%), 대체로 효율 14명(10.3%), 별로 효율적이지 않음 5명 (3.7%), 전혀 효율적이지 않음 2명(1.5%) 등의 순서로 높은 빈도를 나타냈다.

〈표 395〉 아시아 민주주의 증진을 위한 교육 프로그램의 효율성 정도 : 기술 훈련

	빈도	퍼센트
전혀 효율적이지 않음	2	1.5
별로 효율적이지 않음	5	3.7
보통	16	11.8
대체로 효율	14	10.3
매우 효율	52	38.2
잘 모르겠음	47	34.6
합 계	136	100.0

〈표 396〉은 스리랑카에서 아시아 민주주의 증진을 위한 교육 프로그램 중 인턴십·펠로우십의 효율성에 대한 분석이다. 인턴십·펠로우십의 효율성수준에 대해 잘 모르겠다고 응답한 빈도가 47명(34.6%)으로 가장 많았으며, 그 다음으로 매우 효율 39명(28.7%), 보통 18명(13.2%), 대체로 효율 16명(11.8%), 별로 효율적이지 않음 9명(6.6%), 전혀 효율적이지 않음 7명(5.1%) 등의 순서로 높은 빈도를 나타냈다.

〈표 396〉 아시아 민주주의 증진을 위한 교육 프로그램의 효율성 정도 : 인턴십·펠로우십

	빈도	퍼센트
전혀 효율적이지 않음	7	5.1
별로 효율적이지 않음	9	6.6
보통	18	13.2
대체로 효율	16	11.8
매우 효율	39	28.7
잘 모르겠음	47	34.6
합 계	136	100.0

10. 대 만

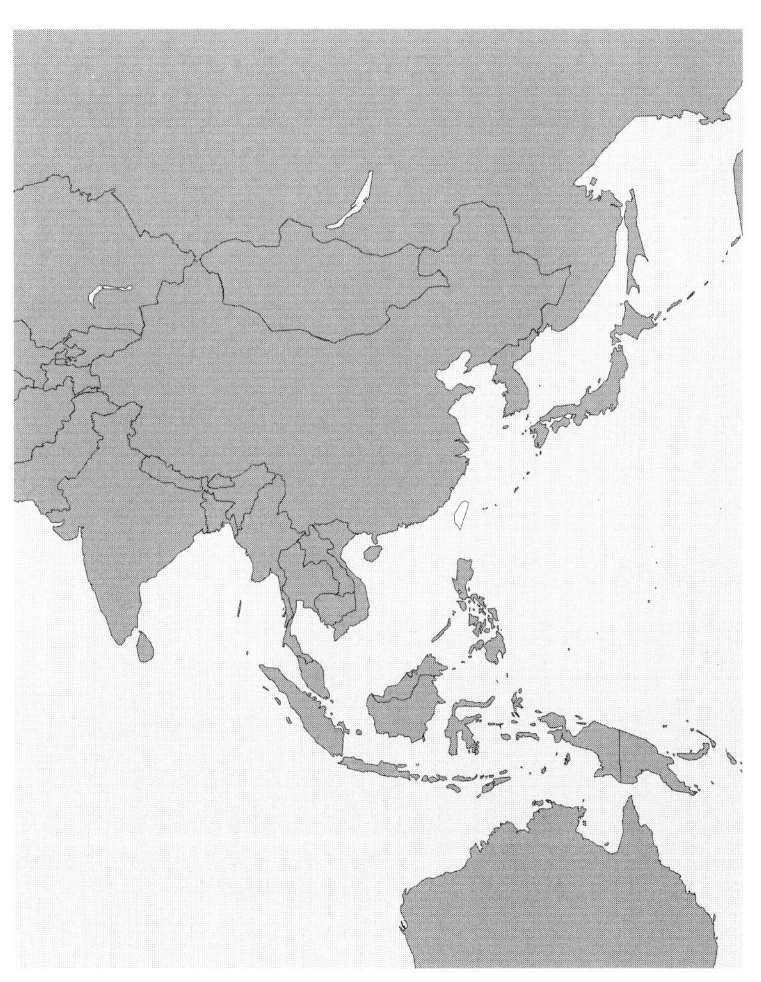

<표 397>은 대만에서 민주주의 증진을 위해 가장 필요한 국제협력 지원의 방식에 대한 현황분석이다. 대만에서 가장 필요로 하는 국제협력지원의 방식은 국제연대활동이 21명(43.8%)으로 가장 높은 빈도를 나타냈고 그 다음으로 교육 프로그램 11명(22.9%), 인적교류 10명(20.8%), 재정지원과 자료교환 및 미디어공유가 각각 3명(각각 6.3%) 순으로 높은 빈도를 나타냈다.

<표 397> 자국 민주주의 증진을 위해 가장 필요한 국제협력 지원의 방식

	빈도	퍼센트
교육 훈련	11	22.9
인적교류	10	20.8
국제연대활동	21	43.8
재정지원	3	6.3
상호 이해 형성	3	6.3
합 계	48	100.0

대만에서 가장 효과적인 국제협력 네트워크 유형에 대한 현황분석은 〈표 398〉에 제시되었다. 대만에서 가장 효과적인 국제교류협력유형은 비 정부기구 간 네트워크가 35명(72.9%)으로 가장 높은 빈도를 나타냈으며 그 다음으로 정부 간 네트워크 6명(12.5%), 언론기구 간 네트워크 4명(8.3%), 의회 간 네트워크 2명(4.2%), 정당 간 네트워크 1명(2.1%) 등의 순서로 높은 빈도를 나타냈다.

〈표 398〉 자국에서 가장 효과적인 국제협력 네트워크 유형

	빈도	퍼센트
정부 간 네트워크	6	12.5
의회 간 네트워크	2	4.2
정당 간 네트워크	1	2.1
비정부기구 간 네트워크	35	72.9
언론기구 간 네트워크	4	8.3
합 계	48	100.0

〈표 399〉는 대만에서 민주주의 국제협력의 핵심 동기에 대한 현황분석이다. 민주주의 국제협력의 핵심 동기는 국제사회일원으로서의 인식 제고라고 응답한 빈도가 22명(45.8%)으로 가장 많았으며, 그 다음으로 외교적 영향력 제고 11명(22.9%), 국내민주주의 증진 5명(10.4%), 국제사회에 대한 책임과 글로벌 스탠더드에 부합이 각각 3명(각각 6.3%), 국가브랜드이미지 제고 및 경제적 효과가 각각 2명(각각 4.2%) 순으로 높은 빈도를 나타냈다.

〈표 399〉 민주주의 국제협력의 핵심 동기

	빈도	퍼센트
국가브랜드이미지제고	2	4.2
외교적 영향력 제고	11	22.9
경제적 효과	2	4.2
국제사회일원	22	45.8
국내민주주의증진	5	10.4
국제사회에 대한 책임	3	6.3
글로벌 스탠더드에 부합	3	6.3
합　계	48	100.0

<표 400>은 대만에서 민주주의 국제협력을 통한 긍정적 효과에
대한 현황분석이다. 민주주의 국제협력을 통한 긍정적 효과에 대해
국제사회일원으로서의 인식 제고라고 응답한 빈도가 16명(33.3%)
으로 가장 많았으며, 그 다음으로 국가브랜드이미지 제고 14명
(29.2%), 외교적 영향력 제고와 국내민주주의 증진이 각각 7명(각
각 14.6%), 경제적 효과와 기타가 각각 2명(각각 4.2%) 순으로 순서
로 높은 빈도를 나타냈다.

<표 400> 민주주의 국제협력을 통한 긍정적 효과

	빈도	퍼센트
국가브랜드 이미지 제고	14	29.2
외교적 영향력 확대	7	14.6
경제적 이익 실현	2	4.2
국제사회로부터의 인정	16	33.3
공여국 자국의 민주주의 증진	7	14.6
기타	2	4.2
합 계	48	100.0

<표 401>은 대만에서 가장 효과적인 민주주의 국제협력 프로그램에 대한 현황분석결과이다. 대만에서 가장 효과적인 민주주의 국제협력 프로그램은 잘 모르겠다고 응답한 빈도가 27명(56.3%)으로 가장 많았으며, 그 다음으로 교육 프로그램 12명(25.0%), 인적교류 프로그램 5명(10.4%), 기타 3명(6.3%), 재정지원 프로그램 1명(2.1% 등의 순서로 높은 빈도를 나타냈다.

<표 401> 가장 효과적인 민주주의 국제협력 프로그램

	빈도	퍼센트
인적교류 프로그램	5	10.4
교육 프로그램	12	25.0
재정지원 프로그램	1	2.1
기타	3	6.3
잘 모르겠음	27	56.3
합　계	48	100.0

<표 402>는 대만에서 가장 효과적이지 못한 민주주의 국제협력 프로그램에 대한 현황분석이다. 대만에서 가장 효과적이지 못한 민주주의 국제협력 프로그램에 대해 잘 모르겠다고 응답한 빈도가 30명(62.5%)으로 가장 많았으며, 그 다음으로 민주적 리더십 프로그램 9명(18.8%), 기타 7명(14.6%), 교육 프로그램과 재정지원 프로그램이 각각 1명(각각 2.1%) 순으로 높은 빈도를 나타냈다.

<표 402> 가장 효과적이지 못한 민주주의 국제협력 프로그램

	빈도	퍼센트
민주적 리더십 프로그램	9	18.8
교육 프로그램	1	2.1
재정지원 프로그램	1	2.1
기타	7	14.6
잘 모르겠음	30	62.5
합　계	48	100.0

<표 403>은 대만에서 민주주의 국제협력 실행 상의 장애 요인에 대한 분석결과이다. 대만에서 민주주의 국제협력 실행 상의 장애 요인은 잘 모르겠다고 응답한 빈도가 23명(47.9%)으로 가장 많았으며, 그 다음으로 기타 9명(18.8%), 외부적 요인과 비효율적 관료제와 부패가 각각 8명(각각 16.7%) 순으로 높은 빈도를 나타냈다.

<표 403> 민주주의 국제협력 실행 상의 장애 요인

	빈도	퍼센트
외부적 요인	8	16.7
비효율적인 행정체계	8	16.7
기타	9	18.8
잘 모르겠음	23	47.9
합　계	48	100.0

　〈표 404〉는 대만의 자국 민주주의 수준의 평가에 대한 현황분석
이다. 자국 민주주의 수준의 평가에 대해 민주적이라고 응답한 빈
도가 22명(45.8%)으로 가장 많았으며, 그 다음으로 보통 21명
(43.8%), 매우 민주적 3명(6.3%), 다소 비민주적 2명(4.2%) 등의 순
서로 높은 빈도를 나타냈다.

〈표 404〉 자국 민주주의 수준에 대한 평가

	빈도	퍼센트
다소 비민주적	2	4.2
보통	21	43.8
민주적	22	45.8
매우 민주적	3	6.3
합　계	48	100.0

〈표 405〉는 대만에서 자국 민주주의의 핵심 이슈에 대한 분석이
다. 자국 민주주의의 핵심 이슈에 대해 부정부패 척결이라고 응답
한 빈도가 34명(70.8%)으로 가장 많았으며, 그 다음으로 정의 9명
(18.8%), 관용 2명(4.2%), 자유, 기타, 잘 모르겠음 각각 1명(각각
2.1%) 등의 순서로 높은 빈도를 나타냈다.

〈표 405〉 자국 민주주의의 핵심 이슈

	빈도	퍼센트
자유	1	2.1
정의	9	18.8
부정부패 척결	34	70.8
관용	2	4.2
기타	1	2.1
잘 모르겠음	1	2.1
합 계	48	100.0

　〈표 406〉은 대만에서 자국의 민주주의 발전을 저해하는 요인 중 취약한 정당 시스템에 대한 분석이다. 취약한 정당 시스템의 심각성 정도에 대해 대체로 심각하다는 응답과 매우 심각하다는 응답의 빈도가 16명(33.3%)으로 가장 많았으며, 그 다음으로 보통 11명(22.9%), 별로 심각하지 않음 3명(6.3%), 전혀 심각하지 않음 2명(4.2%) 등의 순서로 높은 빈도를 나타냈다.

〈표 406〉 자국의 민주주의 발전을 저해하는 요인들의 심각성 정도 : 취약한 정당 시스템

	빈도	퍼센트
전혀 심각하지 않음	2	4.2
별로 심각하지 않음	3	6.3
보통	11	22.9
대체로 심각	16	33.3
매우 심각	16	33.3
합　계	48	100.0

<표 407>은 대만에서 자국의 민주주의 발전을 저해하는 요인 중 부정부패에 대한 분석이다. 부정부패에 대한 심각성에 대해 대체로 심각하다고 응답한 빈도가 20명(41.7%)으로 가장 많았으며, 그 다음으로 매우 심각 18명(37.5%), 보통 9명(18.8%), 별로 심각하지 않음 1명(2.1%)등의 순서로 높은 빈도를 나타냈다.

<표 407> 자국의 민주주의 발전을 저해하는 요인들의 심각성 정도 :
　　　　　부정부패

	빈도	퍼센트
별로 심각하지 않음	1	2.1
보통	9	18.8
대체로 심각	20	41.7
매우 심각	18	37.5
합　계	48	100.0

〈표 408〉은 대만에서 자국의 민주주의 발전을 저해하는 요인 중 시민사회의 취약성에 대한 분석이다. 시민사회의 취약성에 대해 대체로 심각하다고 응답한 빈도가 19명(39.6%)로 가장 많았으며, 그 다음으로 매우 심각 13명(27.1%), 보통 10명(20.8%), 별로 심각하지 않음 4명(8.3%), 전혀 심각하지 않음과 잘 모르겠음 각 1명(2.1%) 등의 순서로 높은 빈도를 나타냈다.

〈표 408〉 자국의 민주주의 발전을 저해하는 요인들의 심각성 정도 :
시민사회의 취약성

	빈도	퍼센트
전혀 심각하지 않음	1	2.1
별로 심각하지 않음	4	8.3
보통	10	20.8
대체로 심각	19	39.6
매우 심각	13	27.1
잘 모르겠음	1	2.1
합　계	48	100.0

〈표 409〉는 대만에서 자국의 민주주의 발전을 저해하는 요인 중 민주적 문화의 결핍에 대한 분석이다. 민주적 문화의 결핍에 대해 대체로 심각하다고 응답한 빈도가 16명(33.3%)으로 가장 많았으며, 그 다음으로 보통 15명(31.3%), 매우 심각 13명(27.1%), 별로 심각하지 않음 3명(6.3%), 전혀 심각하지 않음 1명(2.1%) 등의 순서로 높은 빈도를 나타냈다.

〈표 409〉 자국의 민주주의 발전을 저해하는 요인들의 심각성 정도 : 민주적 문화의 결핍

	빈도	퍼센트
전혀 심각하지 않음	1	2.1
별로 심각하지 않음	3	6.3
보통	15	31.3
대체로 심각	16	33.3
매우 심각	13	27.1
합　계	48	100.0

〈표 410〉은 대만에서 자국의 민주주의 발전을 저해하는 요인 중 관료주의적 시스템에 대한 분석이다. 관료주의적 시스템에 대해 대체로 심각하다고 응답한 빈도가 18명(37.5%)으로 가장 많았으며, 그 다음으로 매우 심각 15명(31.3%), 보통 13명(27.1%), 전혀 심각하지 않음과 별로 심각하지 않음 각 1명(2.1%) 등의 순서로 높은 빈도를 나타냈다.

〈표 410〉 자국의 민주주의 발전을 저해하는 요인들의 심각성 정도 : 관료주의적 시스템

	빈도	퍼센트
전혀 심각하지 않음	1	2.1
별로 심각하지 않음	1	2.1
보통	13	27.1
대체로 심각	18	37.5
매우 심각	15	31.3
합　계	48	100.0

〈표 411〉은 대만에서 자국의 민주주의 발전을 저해하는 요인 중 사법 체계의 취약성에 대한 분석이다. 사법 체계의 취약성에 대해 대체로 심각하다고 응답한 빈도가 21명(43.8%)으로 가장 많았으며, 그 다음으로 매우 심각 14명(29.2%), 보통 10명(20.8%), 별로 심각하지 않음 3명(6.3%) 등의 순서로 높은 빈도를 나타냈다.

〈표 411〉 자국의 민주주의 발전을 저해하는 요인들의 심각성 정도 : 사법 체계의 취약성

	빈도	퍼센트
별로 심각하지 않음	3	6.3
보통	10	20.8
대체로 심각	21	43.8
매우 심각	14	29.2
합　계	48	100.0

<표 412>는 대만에서 자국의 민주주의 발전을 저해하는 요인 중 민주적 가치 정향의 부재에 대한 분석이다. 민주적 가치 정향의 부재에 대해 대체로 심각하다는 응답의 빈도가 23명(47.9%)으로 가장 많았으며, 그 다음으로 매우 심각 14명(29.2%), 보통 9명(18.8%), 별로 심각하지 않음과 전혀 심각하지 않음이 각 1명(2.1%) 등의 순서로 높은 빈도를 나타냈다.

<표 412> 자국의 민주주의 발전을 저해하는 요인들의 심각성 정도 : 민주적 가치 정향의 부재

	빈도	퍼센트
전혀 심각하지 않음	1	2.1
별로 심각하지 않음	1	2.1
보통	9	18.8
대체로 심각	23	47.9
매우 심각	14	29.2
합　계	48	100.0

〈표 413〉은 대만에서 민주주의 발전에 대한 문화적 장애 요인 중 봉건적 문화에 대한 분석이다. 봉건적 문화에 대해 보통이라고 응답한 빈도가 15명(31.3%)으로 가장 많았으며, 그 다음으로 대체로 심각 12명(25.0%), 매우 심각 10명(20.8%), 전혀 심각하지 않음 6명(12.5%), 별로 심각하지 않음 5명(10.4%) 등의 순서로 높은 빈도를 나타냈다.

〈표 413〉 민주주의 발전에 대한 문화적 장애 요인의 심각성 정도 : 봉건적 문화

	빈도	퍼센트
전혀 심각하지 않음	6	12.5
별로 심각하지 않음	5	10.4
보통	15	31.3
대체로 심각	12	25.0
매우 심각	10	20.8
합 계	48	100.0

〈표 414〉는 대만에서 민주주의 발전에 대한 문화적 장애 요인 중 군사주의 문화에 대한 분석이다. 군사주의 문화에 대해 전혀 심각하지 않다고 응답한 빈도가 13명(27.1%)으로 가장 많았으며, 그 다음으로 보통 12명(25.0%), 별로 심각하지 않음 9명(18.8%), 대체로 심각 8명(16.7%), 매우 심각 6명(12.5%) 등의 순서로 높은 빈도를 나타냈다.

〈표 414〉 민주주의 발전에 대한 문화적 장애 요인의 심각성 정도 : 군사주의 문화

	빈도	퍼센트
전혀 심각하지 않음	13	27.1
별로 심각하지 않음	9	18.8
보통	12	25.0
대체로 심각	8	16.7
매우 심각	6	12.5
합　계	48	100.0

〈표 415〉는 대만에서 민주주의 발전에 대한 문화적 장애 요인 중 가부장 문화에 대한 분석이다. 가부장 문화에 대해 대체로 심각하다고 응답한 빈도가 17명(35.4%)으로 가장 많았으며, 그 다음으로 보통과 매우 심각하다는 응답이 각 11명(22.9%), 별로 심각하지 않음 9명(18.8%) 등의 순서로 높은 빈도를 나타냈다.

〈표 415〉 민주주의 발전에 대한 문화적 장애 요인의 심각성 정도 : 가부장 문화

	빈도	퍼센트
별로 심각하지 않음	9	18.8
보통	11	22.9
대체로 심각	17	35.4
매우 심각	11	22.9
합　계	48	100.0

<표 416>은 대만에서 민주주의 발전에 대한 문화적 장애 요인 중 종교 문화에 대한 분석이다. 종교 문화에 대해 보통이라고 응답한 빈도가 18명(37.5%)으로 가장 많았으며, 그 다음으로 전혀 심각하지 않음 13명(27.1%), 별로 심각하지 않음 10명(20.8%), 대체로 심각 5명(10.4%), 매우 심각하다와 잘 모르겠음이 각 1명(2.1%) 등의 순서로 높은 빈도를 나타냈다.

<표 416> 민주주의 발전에 대한 문화적 장애 요인의 심각성 정도 : 종교 문화

	빈도	퍼센트
전혀 심각하지 않음	13	27.1
별로 심각하지 않음	10	20.8
보통	18	37.5
대체로 심각	5	10.4
매우 심각	1	2.1
잘 모르겠음	1	2.1
합 계	48	100.0

〈표 417〉은 대만에서 민주주의 발전에 대한 문화적 장애 요인 중 물질주의, 자본주의 문화에 대한 분석이다. 물질주의, 자본주의 문화에 대해 대체로 심각하다고 응답한 빈도가 20명(41.7%)으로 가장 많았으며, 그 다음으로 보통 13명(27.1%), 매우 심각 10명(20.8%), 별로 심각하지 않음 3명(6.3%), 전혀 심각하지 않음 2명(4.2%) 등의 순서로 높은 빈도를 나타냈다.

〈표 417〉 민주주의 발전에 대한 문화적 장애 요인의 심각성 정도 :
물질주의, 자본주의 문화

	빈도	퍼센트
전혀 심각하지 않음	2	4.2
별로 심각하지 않음	3	6.3
보통	13	27.1
대체로 심각	20	41.7
매우 심각	10	20.8
합　계	48	100.0

<표 418>은 대만에서 자국 민주주의 발전에 관련된 요소들 중 헌법과 헌정 질서의 중요성에 대한 분석이다. 헌법과 헌정 질서의 중요성에 대해 매우 중요하다고 응답한 빈도가 20명(41.7%)으로 가장 많았으며, 그 다음으로 보통 11명(22.9%), 대체로 중요 10명(20.8%), 별로 중요하지 않음 4명(8.3%), 전혀 중요하지 않음 3명(6.3%) 등의 순서로 높은 빈도를 나타냈다.

<표 418> 자국 민주주의 발전에 관련된 요소들의 중요성 정도 : 헌법과 헌정 질서

	빈도	퍼센트
전혀 중요하지 않음	3	6.3
별로 중요하지 않음	4	8.3
보통	11	22.9
대체로 중요	10	20.8
매우 중요	20	41.7
합 계	48	100.0

<표 419>는 대만에서 자국 민주주의 발전에 관련된 요소들 중 다당제의 중요성에 대한 분석이다. 다당제의 중요성에 대해 매우 중요하다고 응답한 빈도가 21명(43.8%)으로 가장 많았으며, 그 다음으로 대체로 중요 13명(27.1%), 보통 9명(18.8%), 별로 중요하지 않음 3명(6.3%), 전혀 중요하지 않음과 잘모르겠음이 각각 1명(각각 2.1%) 순으로 높은 빈도를 나타냈다.

<표 419> 자국 민주주의 발전에 관련된 요소들의 중요성 정도 : 다당제

	빈도	퍼센트
전혀 중요하지 않음	1	2.1
별로 중요하지 않음	3	6.3
보통	9	18.8
대체로 중요	13	27.1
매우 중요	21	43.8
잘 모르겠음	1	2.1
합　계	48	100.0

<표 420>은 대만에서 자국 민주주의 발전에 관련된 요소들 중 사법 체제의 독립성에 대한 분석이다. 사법 체제의 독립성에 대해 매우 중요하다고 응답한 빈도가 30명(62.5%)으로 가장 많았으며, 그 다음으로 대체로 중요 12명(25.0%), 보통 3명(6.3%), 별로 중요하지 않음 2명(4.2%), 전혀 중요하지 않음 1명(2.1%) 등의 순서로 높은 빈도를 나타냈다.

<표 420> 자국 민주주의 발전에 관련된 요소들의 중요성 정도 : 사법 체제의 독립성

	빈도	퍼센트
전혀 중요하지 않음	1	2.1
별로 중요하지 않음	2	4.2
보통	3	6.3
대체로 중요	12	25.0
매우 중요	30	62.5
합 계	48	100.0

　〈표 421〉은 대만에서 자국 민주주의 발전에 관련된 요소들 중 언론 자유에 대한 분석이다. 언론자유에 대해 보통이라고 응답한 빈도가 20명(41.7%)으로 가장 많았으며, 그 다음으로 대체로 중요 18명(37.5%), 별로 중요하지 않음 8명(16.7%), 전혀 중요하지 않음 과 매우 중요가 각각 1명(각각 2.1%) 순으로 높은 빈도를 나타냈다.

〈표 421〉 자국 민주주의 발전에 관련된 요소들의 중요성 정도 : 언론 자유

	빈도	퍼센트
전혀 중요하지 않음	1	2.1
별로 중요하지 않음	8	16.7
보통	20	41.7
대체로 중요	18	37.5
매우 중요	1	2.1
합　계	48	100.0

〈표 422〉는 대만에서 자국 민주주의 발전에 관련된 요소들 중 시민사회 공고화에 대한 분석이다. 시민사회 공고화에 대해 매우 중요하다고 응답한 빈도가 30명(62.5%)으로 가장 많았으며, 그 다음으로 대체로 중요 12명(25.0%), 보통 3명(6.3%), 잘 모르겠음과 전혀 중요하지 않음 그리고 별로 중요하지 않음이 각 1명(2.1%)의 순서로 높은 빈도를 나타냈다.

〈표 422〉 자국 민주주의 발전에 관련된 요소들의 중요성 정도 : 시민사회 공고화

	빈도	퍼센트
전혀 중요하지 않음	1	2.1
별로 중요하지 않음	1	2.1
보통	3	6.3
대체로 중요	12	25.0
매우 중요	30	62.5
잘 모르겠음	1	2.1
합　계	48	100.0

　〈표 423〉은 대만에서 자국 민주주의 발전에 관련된 요소들 중 시민교육에 대한 분석이다. 시민교육의 중요성에 대해 매우 중요하다고 응답한 빈도가 32명(66.7%)으로 가장 많았으며, 그 다음으로 대체로 중요 8명(16.7%), 보통 4명(8.3%), 별로중요하지 않음 2명(4.2%), 전혀 중요하지 않음과 잘 모르겠음이 각 1명(2.1%)등의 순서로 높은 빈도를 나타냈다.

〈표 423〉 자국 민주주의 발전에 관련된 요소들의 중요성 정도 : 시민교육

	빈도	퍼센트
전혀 중요하지 않음	1	2.1
별로 중요하지 않음	2	4.2
보통	4	8.3
대체로 중요	8	16.7
매우 중요	32	66.7
잘 모르겠음	1	2.1
합　계	48	100.0

<표 424>는 대만에서 자국 민주주의 발전에 관련된 요소들 중 민주적 가치 정향에 대한 분석이다. 민주적 가치정향에 대해 매우 중요하다고 응답한 빈도가 27명(56.3%)으로 가장 많았으며, 그 다음으로 대체로 중요 15명(31.3%), 보통 3명(6.3%), 별로 중요하지 않음 2명(4.2%), 전혀 중요하지 않음 1명(2.1%)등의 순서로 높은 빈도를 나타냈다.

<표 424> 자국 민주주의 발전에 관련된 요소들의 중요성 정도 : 민주적 가치 정향

	빈도	퍼센트
전혀 중요하지 않음	1	2.1
별로 중요하지 않음	2	4.2
보통	3	6.3
대체로 중요	15	31.3
매우 중요	27	56.3
합 계	48	100.0

〈표 425〉는 대만에서 민주주의 국제협력 프로그램의 수요에 대한 현황분석이다. 민주주의 국제협력 프로그램의 수요는 교육프로그램이라고 응답한 빈도가 14명(29.2%)으로 가장 많았으며, 그 다음으로 재정지원 프로그램 12명(25.0%), 조직교류프로그램 9명(18.8%), 인적교류 프로그램 7명(14.6%), 민주적 리더십 프로그램 4명(8.3%), 인간 안보 발전과 기타가 각각 1명(각각 2.1%) 순으로 높은 빈도를 나타냈다.

〈표 425〉 민주주의 국제협력 프로그램에 대한 수요

	빈도	퍼센트
민주적 리더십 프로그램	4	8.3
인적교류 프로그램	7	14.6
조직교류프로그램	9	18.8
교육프로그램	14	29.2
인간 안보 발전	1	2.1
재정지원 프로그램	12	25.0
기타	1	2.1
합 계	48	100.0

〈표 426〉은 대만에서 한국에 대한 가장 큰 인상에 대한 분석이다. 한국에 대한 가장 큰 인상에 대해 한국문화라고 응답한 빈도가 16명(33.3%)으로 가장 많았으며, 그 다음으로 남북분단 12명(25.0%), 급속한 경제 성장 7명(14.6%), IT 기술 5명(10.4%), 민주화운동과 잘 모르겠음이 각 4명(8.3%) 등의 순서로 높은 빈도를 나타냈다.

〈표 426〉 한국에 대한 가장 큰 인상

	빈도	퍼센트
남북분단	12	25.0
급속한 경제 성장	7	14.6
민주화운동	4	8.3
한국문화	16	33.3
IT 기술	5	10.4
잘 모르겠음	4	8.3
합　계	48	100.0

〈표 427〉은 대만에서 한국 민주주의 수준의 평가에 대한 분석이
다. 한국 민주주의의 수준에 대해 보통이라는 응답과 대체로 민주
적이라고 응답한 빈도가 각 22명(45.8%)으로 가장 많았으며, 그 다
음으로 다소 비민주적 3명(6.3%), 매우 민주적 1명(2.1%) 등의 순서
로 높은 빈도를 나타냈다.

〈표 427〉 한국 민주주의 수준에 대한 평가

	빈도	퍼센트
다소 비민주적	3	6.3
보통	22	45.8
대체로 민주적	22	45.8
매우 민주적	1	2.1
합 계	48	100.0

<표 428>은 대만에서 향후 한국에 기대되는 민주주의 국제협력 프로그램에 대한 분석이다. 향후 한국에 기대되는 민주주의 국제협력 프로그램에 대해 네트워킹과 상호 교류이라고 응답한 빈도가 31명(64.6%)으로 가장 많았으며, 그 다음으로 교육훈련 5명(10.4%), 적극적 개입과 민주주의 관련 재정적 지원, 연구조사가 각 4명(8.3%) 등의 순서로 높은 빈도를 나타냈다.

<표 428> 향후 한국에 기대되는 민주주의 국제협력 프로그램

	빈도	퍼센트
네트워킹과 상호 교류	31	64.6
연구조사	4	8.3
적극적 개입	4	8.3
교육훈련	5	10.4
민주주의 관련 재정적 지원	4	8.3
합　계	48	100.0

<표 429>는 대만에서 민주화운동기념사업회가 추진해야 할 프로그램 중 세계적 지역적 포럼에 대한 분석이다. 세계적 지역적 포럼의 필요성에 대해 대체로 필요하다고 응답한 빈도가 26명(54.2%)으로 가장 많았으며, 그 다음으로 매우 필요 11명(22.9%), 보통 9명(18.8%), 별로 필요치 않음 2명(4.2%) 등의 순서로 높은 빈도를 나타냈다.

<표 429> 민주화운동기념사업회가 추진해야 할 프로그램의 필요 :
세계적 지역적 포럼

	빈도	퍼센트
별로 필요치 않음	2	4.2
보통	9	18.8
대체로 필요	26	54.2
매우 필요	11	22.9
합　계	48	100.0

<표 430>은 대만에서 민주화운동기념사업회가 추진해야 할 프로그램 중 책임성 있고 효율적인 통치 모델 개발에 대한 분석이다. 책임성 있고 효율적인 통치 모델 개발의 필요성에 대해 대체로 필요하다고 응답한 빈도가 28명(58.3%)으로 가장 많았으며, 그 다음으로 보통 13명(27.1%), 매우 필요 5명(10.4%), 별로 필요치 않음과 전혀 필요치 않음 각 1명(2.1%) 등의 순서로 높은 빈도를 나타냈다.

<표 430> 민주화운동기념사업회가 추진해야 할 프로그램의 필요 : 책임성 있고 효율적인 통치 모델 개발

	빈도	퍼센트
전혀 필요치 않음	1	2.1
별로 필요치 않음	1	2.1
보통	13	27.1
대체로 필요	28	58.3
매우 필요	5	10.4
합 계	48	100.0

<표 431>은 대만에서 민주화운동기념사업회가 추진해야 할 프로그램 중 지식 기반 서비스에 대한 분석이다. 지식기반서비스에 대한 필요성에 대해 대체로 필요하다고 응답한 빈도가 33명(68.8%)으로 가장 많았으며, 그 다음으로 매우 필요 10명(20.8%), 보통 4명(8.3%), 별로 필요치 않음 1명(2.1%) 등의 순서로 높은 빈도를 나타냈다.

<표 431> 민주화운동기념사업회가 추진해야 할 프로그램의 필요 : 지식 기반 서비스

	빈도	퍼센트
별로 필요치 않음	1	2.1
보통	4	8.3
대체로 필요	33	68.8
매우 필요	10	20.8
합　계	48	100.0

<표 432>는 대만에서 민주화운동기념사업회가 추진해야 할 프로그램 중 커뮤니티 프로그램 증진에 대한 분석이다. 커뮤니티 프로그램 증진에 대해 대체로 필요하다고 응답한 빈도가 22명(45.8%)으로 가장 많았으며, 그 다음으로 매우 필요 16명(33.3%), 보통 9명(18.8%), 별로 필요치 않음 1명(2.1%) 등의 순서로 높은 빈도를 나타냈다.

〈표 432〉 민주화운동기념사업회가 추진해야 할 프로그램의 필요 :
커뮤니티 프로그램 증진

	빈도	퍼센트
별로 필요치 않음	1	2.1
보통	9	18.8
대체로 필요	22	45.8
매우 필요	16	33.3
합　계	48	100.0

〈표 433〉은 대만에서 민주화운동기념사업회가 추진해야 할 프로그램 중 교육 훈련 프로그램에 대한 분석이다. 교육훈련프로그램의 필요성에 대해 대체로 필요하다고 응답한 빈도가 29명(60.4%)으로 가장 많았으며, 그 다음으로 매우 필요 16명(33.3%), 보통 3명(6.3%) 등의 순서로 높은 빈도를 나타냈다.

〈표433〉 민주화운동기념사업회가 추진해야 할 프로그램의 필요 : 교육 훈련 프로그램

	빈도	퍼센트
보통	3	6.3
대체로 필요	29	60.4
매우 필요	16	33.3
합 계	48	100.0

〈표 434〉는 대만에서 민주화운동기념사업회가 추진해야 할 프로그램 중 인적·조직적 교환 프로그램에 대한 분석이다. 인적·조직적 교환 프로그램의 필요성에 대해 대체로 필요하다고 응답한 빈도가 31명(64.6%)으로 가장 많았으며, 그 다음으로 보통 9명(18.8%), 매우 필요 8명(16.7%) 등의 순서로 높은 빈도를 나타냈다.

〈표 434〉 민주화운동기념사업회가 추진해야 할 프로그램의 필요 : 인적·조직적 교환 프로그램

	빈도	퍼센트
보통	9	18.8
대체로 필요	31	64.6
매우 필요	8	16.7
합　계	48	100.0

〈표 435〉는 대만에서 민주화운동기념사업회가 추진해야 할 프로
그램 중 한국의 민주화 경험 공유에 대한 분석이다. 한국의 민주화
경험 공유의 필요성에 대한 대체로 필요하다고 응답한 빈도가 17명
(35.4%)으로 가장 많았으며, 그 다음으로 보통 15명(31.3%), 매우
필요 9명(18.8%), 별로 필요치 않음 7명(14.6%) 등의 순서로 높은
빈도를 나타냈다.

〈표 435〉 민주화운동기념사업회가 추진해야 할 프로그램의 필요 :
　　　　　 한국의 민주화 경험 공유

	빈도	퍼센트
별로 필요치 않음	7	14.6
보통	15	31.3
대체로 필요	17	35.4
매우 필요	9	18.8
합　계	48	100.0

<표 436>은 대만에서 아시아 민주주의 증진을 위한 교육 프로그램 중 현장 연구 및 체험의 효율성에 대한 분석이다. 현장 연구 및 체험의 효율성에 대해 보통이라는 응답과 대체로 효율적이라는 응답의 빈도가 19명(39.6%)으로 가장 많았으며, 그 다음으로 별로 효율적이지 않음 6명(12.5%), 매우 효율 2명(4.2%), 전혀 효율적이지 않음과 잘 모르겠음이 각 1명(2.1%) 등의 순서로 높은 빈도를 나타냈다.

<표 436> 아시아 민주주의 증진을 위한 교육 프로그램의 효율성 정도 : 현장 연구 및 체험

	빈도	퍼센트
전혀 효율적이지 않음	1	2.1
별로 효율적이지 않음	6	12.5
보통	19	39.6
대체로 효율	19	39.6
매우 효율	2	4.2
잘 모르겠음	1	2.1
합　계	48	100.0

〈표 437〉은 대만에서 아시아 민주주의 증진을 위한 교육 프로그램 중 전문가 강좌의 효율성에 대한 분석이다. 전문가 강좌의 효율성수준에 대해 대체로 효율적이라고 응답한 빈도가 27명(56.3%)으로 가장 많았으며, 그 다음으로 보통과 매우 효율이라는 응답이 각 9명(각 18.8%), 전혀 효율적이지 않음과 별로 효율적이지 않음 그리고 잘 모르겠음이 각 1명(2.1%) 등의 순서로 높은 빈도를 나타냈다.

〈표 437〉 아시아 민주주의 증진을 위한 교육 프로그램의 효율성 정도 : 전문가 강좌

	빈도	퍼센트
전혀 효율적이지 않음	1	2.1
별로 효율적이지 않음	1	2.1
보통	9	18.8
대체로 효율	27	56.3
매우 효율	9	18.8
잘 모르겠음	1	2.1
합　계	48	100.0

<표 438>은 대만에서 아시아 민주주의 증진을 위한 교육 프로그
램 중 문제 해결 토론의 효율성에 대한 분석이다. 문제 해결 토론의
효율성수준에 대해 대체로 효율적이라고 응답한 빈도가 27명
(56.3%)으로 가장 많았으며, 그 다음으로 보통과 매우 효율이 각
9명(18.8%), 잘 모르겠음과 별로 효율적이지 않음 그리고 전혀 효율
적이지 않음이 각 1명(2.1%)등의 순서로 높은 빈도를 나타냈다.

<표 438> 아시아 민주주의 증진을 위한 교육 프로그램의 효율성 정도 :
　　　　　문제 해결 토론

	빈도	퍼센트
전혀 효율적이지 않음	1	2.1
별로 효율적이지 않음	1	2.1
보통	9	18.8
대체로 효율	27	56.3
매우 효율	9	18.8
잘 모르겠음	1	2.1
합　　계	48	100.0

〈표 439〉는 대만에서 아시아 민주주의 증진을 위한 교육 프로그램 중 기술 훈련의 효율성에 대한 분석이다. 기술 훈련의 효율성수준에 대해 대체로 효율적이라고 응답한 빈도가 21명(43.8%)으로 가장 많았으며, 그 다음으로 매우 효율과 보통이 각 12명(25.0%), 별로 효율적이지 않음 2명(4.2%), 잘 모르겠음 1명(2.1%) 등의 순서로 높은 빈도를 나타냈다.

〈표 439〉 아시아 민주주의 증진을 위한 교육 프로그램의 효율성 정도 : 기술 훈련

	빈도	퍼센트
별로 효율적이지 않음	2	4.2
보통	12	25.0
대체로 효율	21	43.8
매우 효율	12	25.0
잘 모르겠음	1	2.1
합 계	48	100.0

〈표 440〉은 대만에서 아시아 민주주의 증진을 위한 교육 프로그램 중 인턴십·펠로우십의 효율성에 대한 분석이다. 인턴십·펠로우십의 효율성수준에 대해 대체로 효율적이라고 응답한 빈도가 21명(43.8%)으로 가장 많았으며, 그 다음으로 보통과 매우 효율이 각 12명(25.0%), 별로 효율적이지 않음 2명(4.2%), 전혀 효율적이지 않음 1명(2.1%) 등의 순서로 높은 빈도를 나타냈다.

〈표 440〉 아시아 민주주의 증진을 위한 교육 프로그램의 효율성 정도 : 인턴십·펠로우십

	빈도	퍼센트
전혀 효율적이지 않음	1	2.1
별로 효율적이지 않음	2	4.2
보통	12	25.0
대체로 효율	21	43.8
매우 효율	12	25.0
합　계	48	100.0

Survey for Program Development
on International Cooperation Program

Korea Democracy Foundation

Paichai Chongdong "B" Bldg. #34-5 Chongdong, Jung-gu, Seoul, Korea (100-785)
Tel: 82- 2- 3709- 7633 Fax: 82-2-3709-7610

Dear Friends for Democracy,

Greetings of solidarity from Seoul. We would like to ask for your kind assistance and cooperation in conducting an international survey about democracy and development.

Your opinion is greatly important as it will shape the direction and contents\ of the future international program of the Korea Democracy Foundation.

Thanking you for your kind attention.

Prof. Lee Jung-ok

Director

International Program of Korean Democracy Foundation

1. Do you think external / international assistance is necessary to promote domestic democratic development?

| 1 | 2 | 3 | 4 | 5 |

← not necessary   highly necessary →

2. What type of INTERNAIONAL ASSISTANCE do you think is needed most to improve the current democratic condition in your country? (choose one)

   A) Education and training   B) Personnel exchange

   C) Solidarity action   D) Financial assistance

   E) Tolerance building   F) Other(specify __________)

3. In your country, what type of NETWORK was the most effective in coordinating and implementing programs of international cooperation?

   A) Inter−government network   B) Inter−parliament network

   C) Inter−party network   D) Inter−NGO network

   E) Inter−press network   F) Other (specify ________)

4. Has your organization or institution ever been offered external assistance to promote democracy?

   A) Yes (Go to Number 5)

   B) No (Go to Number 8)

5. What was the MOST EFFECTIVE PROGRAM that you've been offered?

   A) Democratic leadership program

   B) Personnel exchange program

   C) Education program

   D) Financial aid

   E) Other (specify ____________________________)

6. What was THE LEAST EFFECTIVE PROGRAM that you've been offered?
   A) Democratic leadership program
   B) Personnel exchange program
   C) Education program
   D) Financial aid
   E) Other (specify ____________)

7. Which of the following issues were major challenges to the program
   of international cooperation and assistance?(select all applicable options)
   A) External impact(global economic change; diffusion of neo−liberalism; war)
   B) Inefficient bureaucracy and corruption
   D) Sustainability of assistance
   E) Local Initiatives
   F) Others (specify ____________________________________)
   G) No idea

8. Do you think your organization needs outside assistance?
   A) Yes
   B) No

9. What kind of program does your organization need to promote the
   democracy IN THE FUTURE?
   A) Democratic leadership program
   B) Personnel exchange program
   C) Organizational exchange program
   D) Education program
   E) Human Security Development
   F) Media program
   G) Financial aid
   H) Other(specify ________________________________)

10. What do you think is the MAIN MOTIVATION behind the program
    of international democratic assistance and cooperation?
    A) National brand image
    B) Diplomatic influence
    C) Economic benefit
    D) For the awareness of global citizenship
    E) Promoting the democratization in the donor country
    F) Philanthropic concern
    G) Global responsibility
    H) Global standardization
    I) Other (specify ________________________________)

11. What were the positive outcomes of the program of international
    cooperation?
    A) National brand image   B) Diplomatic influence
    C) Economic benefit   D) Awareness of global citizenship
    E) Promoting the democratization in the donor country
    F) Other (specify ________________________________)

12. Please evaluate your own country's state of democratization.

1	2	3	4	5

← Non−democratic   highly democratized →

13. Considering the current democratic condition in your country, what
    is the hottest issue among the following democratic values?
    A) Freedom   B) Justice
    C) Corruption   D) Tolerance
    E) Equality   F) Development
    G) Others(specify ________________________________)

14. Please make a circle around "Agree" or "Disagree".
  1) Economic development leads to Democracy.

  <u>AGREE / DISAGREE</u>

  2) The promotion of democracy should occur prior to expanding economic development

  <u>AGREE / DISAGREE</u>

  3) Development and democracy should be interdependent and intertwined.

  <u>AGREE / DISAGREE</u>

  4) Democracy and economic development can and should be achieved at the same time.

  <u>AGREE / DISAGREE</u>

  5) Universal (democratic) values should supercede traditional values.

  <u>AGREE / DISAGREE</u>

15. To what extent do you think the following components are important in promoting democracy in your country?

Rarely ← ———————————————————————— → Seriously

A) A Constitution

  1 _________ 2 _________ 3 _________ 4 _________ 5

B) A Multi-party system

  1 _________ 2 _________ 3 _________ 4 _________ 5

C) Independence of the judiciary system

  1 _________ 2 _________ 3 _________ 4 _________ 5

D) Freedom of the press

  1 _________ 2 _________ 3 _________ 4 _________ 5

E) Consolidation of Civil society

  1 _________ 2 _________ 3 _________ 4 _________ 5

F) Civic education

    1 _________ 2 _________ 3 _________ 4 _________ 5

G) Democratic value orientation

    1 _________ 2 _________ 3 _________ 4 _________ 5

16. To what extent do you think the following problems are addressed
to promote democracy in your country?

    Rarely ← ----------------------------- → Seriously

A) Weak political party   system

    1 _________ 2 _________ 3 _________ 4 _________ 5

B) Corruption

    1 _________ 2 _________ 3 _________ 4 _________ 5

C) Weak civil society

    1 _________ 2 _________ 3 _________ 4 _________ 5

D) A lack of democratic culture

    1 _________ 2 _________ 3 _________ 4 _________ 5

E) The bureaucratic system

    1 _________ 2 _________ 3 _________ 4 _________ 5

F) Malfunction of the Judiciary system

    1 _________ 2 _________ 3 _________ 4 _________ 5

G) Democratic value orientation

    1 _________ 2 _________ 3 _________ 4 _________ 5

17. To what extent do you think the following value−orientations
undermine democracy in your country?

    Rarely ← ----------------------------- → Seriously

A) Feudalistic culture

    1 _________ 2 _________ 3 _________ 4 _________ 5

B) Militarism

    1 __________ 2 __________ 3 __________ 4 __________ 5

C) Patriarchal culture

    1 __________ 2 __________ 3 __________ 4 __________ 5

D) Religious culture

    1 __________ 2 __________ 3 __________ 4 __________ 5

E) Materialistic or capitalistic culture

    1 __________ 2 __________ 3 __________ 4 __________ 5

18. What do you think about the state of democratization in Korea?

    1   2   3   4   5

← Highly undemocratic   Highly democratized →

19. What kind of program/s do you expect from Korea, as members
    of OECD countries, to further democratize Asia?
    A) Networking and exchange
    B) Research
    C) Active engagement
    D) Education and training
    E) Providing/increasing financial assistance on issues of democracy

20. To what extent do you think the following programs are necessary
    for KDF (Korea Democracy Foundation) to promote
    democratization in Asia?

    Rarely ← -------------------------- → Seriously
    A) Global/ Regional forums

    1 __________ 2 __________ 3 __________ 4 __________ 5

    B) Exploring good governance models

    1 __________ 2 __________ 3 __________ 4 __________ 5

C) Information/ knowledge service programs

1 _________ 2 _________ 3 _________ 4 _________ 5

D) Promoting community democracy

1 _________ 2 _________ 3 _________ 4 _________ 5

E) Education and training programs

1 _________ 2 _________ 3 _________ 4 _________ 5

F) Organizational/ Personal exchange programs

1 _________ 2 _________ 3 _________ 4 _________ 5

G) Sharing Korean experiences on democratization

1 _________ 2 _________ 3 _________ 4 _________ 5

21. To what extent do you think the following education programs are efficient in building democratic capacity in Asia?

Rarely ← ----------------------------- → Seriously

A) Field exposure

1 _________ 2 _________ 3 _________ 4 _________ 5

B) Professional lectures

1 _________ 2 _________ 3 _________ 4 _________ 5

C) Problem−solving debates

1 _________ 2 _________ 3 _________ 4 _________ 5

D) Technical training (research, project, lobby, etc.)

1 _________ 2 _________ 3 _________ 4 _________ 5

E) Internships/ fellowships

1 _________ 2 _________ 3 _________ 4 _________ 5

22. Whom do you think the educational program should be mainly targeted at?

A) Parliamentarians   B) Government officials

C) Journalists   D) Community leaders

E) Future generations   F) NGO staff

G) Union/farmers associations H) Social movement activists

I) Other(specify   )

23. How long do you think is appropriate for educational programs?

A) Less than 1 month   B) 1 to 3 months

C) 3 to 6 months   D) 6 to 12 months

E) More than 1 year   F) Other(specify __________)

24. What is your most prominent impression of Korea?

A) Divided into two Koreas

B) Rapid economic growth

C) Democratization movement

D) Korean culture (soap opera, movie, food etc)

E) Information Technology (IT)

H) Other(specify   )

I) No idea

Thank you for your cooperation. Would you kindly let us know your personal background?

1. What is your gender?

A) Female   B) Male   C) Other

2. What age group do you belong to?

A) ~20 B) 20~30 C) 30~40

D) 40~50 E) 50~

3. What is your nationality? _____________________________________

4. What is your religion?

A) Buddhist   B) Catholic

C) Christian   D) Hindu

E) Muslim   F) No religion

G) Other _______________________________

5. What is your highest level of education?

A) No official education

B) Elementary education

C) Secondary education

D) College or University

E) Graduate school(master degree) or higher

6. Please provide information about your organization:

Name: _______________________________

Address : _______________________________

Phone number (with international code): _______________________

Web : _______________________________

E–mail : ___________ @ _______________________

Country : _______________________________

7. With which field of work is your organization or institute mainly involved?

A) Advocacy   B) Research and education

C) Charity or philanthropy   D) Community development

E) More than of the above fields

8. How long have you been working in the above field?

A) for 1–3 years   B) for 3–5 years

C) for 5–10 years   D) for 10–15 years

E) for more than 15 years

Please send us by email cases of best practice or success stories of bilateral or multilateral projects related to international cooperation for the development of democracy. In addition, if you have any questions on the survey or the procedures, please send your inquiries.

민주주의의 지구화와 아시아 민주주의

ⓒ 민주화운동기념사업회

초판1쇄 발행일 • 2008년 12월 26일

지은이 • 이정옥 · 권대근
발행처 • 민주화운동기념사업회
발행인 • 함세웅

100-785
서울시 중구 미술관길 9 배재정동빌딩 B동 1층
T. 02-3709-7639   F. 02-3709-7610
http://www.kdemocracy.or.kr

유   통 • 리북(LeeBook) 02-322-6435

정   가 • 20,000원

ISBN 978-89-91057-47-0